metro 4

for AQA

Vert

Gill Ramage

Heinemann

Heinemann Educational Publishers, Halley Court, Jordan Hill, Oxford OX2 8EJ
A division of Reed Educational & Professional Publishing Limited

Heinemann is a registered trademark of Reed Educational & Professional Publishing Limited

OXFORD MELBOURNE AUCKLAND IBADAN
BLANTYRE JOHANNESBURG GABORONE
PORTSMOUTH (NH) USA CHICAGO

© Gill Ramage 2001

First published 2001

06 05 04 03 02 01
10 9 8 7 6 5 4 3 2 1

A catalogue record is available for this book from the British Library on request.

ISBN 0 435 372807

Produced by Ken Vail Graphic Design
Original illustrations © Heinemann Educational Publishers 2001

Illustrations by Celia Hart, Sylvie Poggio Artists Agency (James Arnold, Nick Duffy, Belinda Evans, Roger Haigh, Rosalind Hudson, Simon Jacob, Paul McCaffrey), Chris Smedley

Cover design by Miller, Craig and Cocking

Cover photograph by Paul Raferty

Printed and bound in Spain by Mateu Cromo

Acknowledgements

The author would like to thank Pete Milwright, Anne-Claire Robert, Tonya Hills, Monique Wilson, Muriel Lawrence, Hillary Plummer, Alex Bartley, Lynn and Alison Ramage, Gaëlle Amiot-Cadey, Nathalie Barrabé and the students of the Association Cours D'Art Dramatique, Rouen, François Casays at Accès Digital and the staff and students of the Collège Roquecoquille, Chateaurenard for their help in the making of this course.

Special thanks to Pete, and my family.

The author and publishers would also like to thank the following for permission to reproduce copyright material: Popperfoto/Reuters p. 22 (The Simpsons)

Photographs were provided by Popperfoto/Reuters p. 83 (Madonna), p. 83 (Fabien Barthez), The Kobal Collection/Danjaq LLC/Keith Hamshere p. 43 (The World is not Enough), p. 83 (Inspector Gadget), Photodisc p.74 (ice skater), Corbis p. 75 (Christmas market), p. 75 (Easter in the Caribbean), p. 92 (shopping mall), Camera Press p. 83 (Prince William), p. 83 (Kate Winslet), Ancient Art & Architecture Collection Ltd/R Sheridan p. 83 (Carnac Standing Stones), Keith Gibson p. 62. All other photos are provided by Martin Soukias and Heinemann Educational Publishers.

Tel: 01865 888058 www.heinemann.co.uk

Table des matières

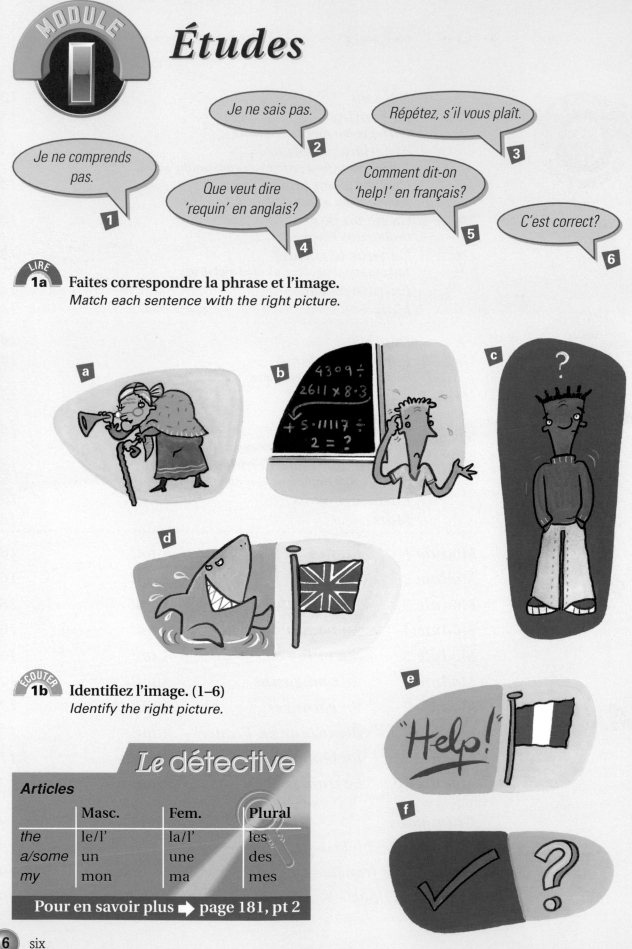

MODULE 1

Études

Je ne comprends pas. 1

Je ne sais pas. 2

Répétez, s'il vous plaît. 3

Que veut dire 'requin' en anglais? 4

Comment dit-on 'help!' en français? 5

C'est correct? 6

LIRE

1a **Faites correspondre la phrase et l'image.**
Match each sentence with the right picture.

ÉCOUTER

1b **Identifiez l'image. (1–6)**
Identify the right picture.

Le détective

Articles

	Masc.	Fem.	Plural
the	le/l'	la/l'	les
a/some	un	une	des
my	mon	ma	mes

Pour en savoir plus ➡ page 181, pt 2

2a ECOUTER
Identifiez l'image. (1–7)
Identify the right picture.

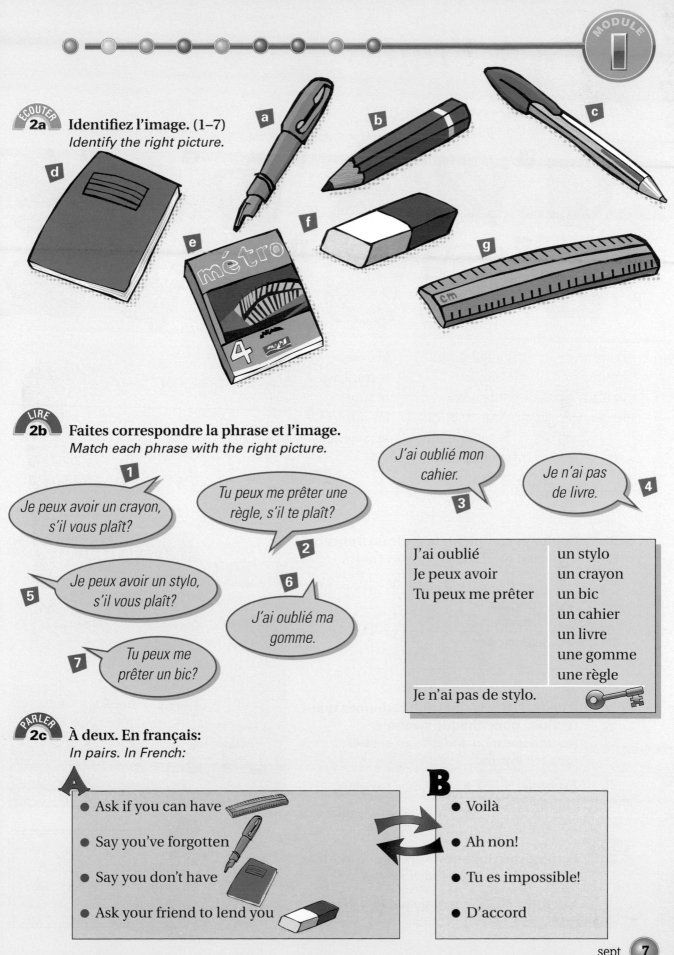

2b LIRE
Faites correspondre la phrase et l'image.
Match each phrase with the right picture.

1 Je peux avoir un crayon, s'il vous plaît?

2 Tu peux me prêter une règle, s'il te plaît?

3 J'ai oublié mon cahier.

4 Je n'ai pas de livre.

5 Je peux avoir un stylo, s'il vous plaît?

6 J'ai oublié ma gomme.

7 Tu peux me prêter un bic?

J'ai oublié	un stylo
Je peux avoir	un crayon
Tu peux me prêter	un bic
	un cahier
	un livre
	une gomme
	une règle
Je n'ai pas de stylo.	

2c PARLER
À deux. En français:
In pairs. In French:

A
- Ask if you can have
- Say you've forgotten
- Say you don't have
- Ask your friend to lend you

B
- Voilà
- Ah non!
- Tu es impossible!
- D'accord

LIRE

3a Identifiez les symboles. (a–l)
Identify the right symbol.

J'adore	l'allemand	le dessin
J'aime	l'anglais	le français
Je n'aime pas	l'histoire	le sport
Je déteste	l'informatique	les maths
	la géographie	les sciences
	la musique	
	la technologie	

ÉCOUTER

3b Copiez et complétez la grille en français. (1–8)
Copy and complete the grid in French.

	1	2	3
:)	anglais dessin		
:(	technologie		

PARLER

3c À deux. Posez la question et donnez une réponse pour chaque symbole.
Ask the question and give an answer for each symbol.

Exemple: ● Tu aimes l'anglais?

● Oui, j'adore l'anglais.

ÉCRIRE

3d Écrivez votre opinion sur chaque matière.
Write your opinion of each subject.

Exemple: Je n'aime pas l'anglais.

Le détective

-er verbs
*Most French verbs end in **-er** in the dictionary, and are called **-er** verbs. Remember, you must **change the ending** on the verb before you use it. The endings are:*

je aim**e**	nous aim**ons**
tu aim**es**	vous aim**ez**
il/elle/on aim**e**	ils/elles aim**ent**

Pour en savoir plus ➡
page 182, pt 3.2

*Always put **l', le, la,** or **les** in front of the school subject when talking about likes/dislikes.*

4a Notez l'heure. (1–10)
Note the time.

8:00	huit heures
8:30	huit heures et demie
8:15	huit heures et quart
7:45	huit heures moins le quart
8:05	huit heures cinq
7:55	huit heures moins cinq
12:00	midi/minuit

4b Faites correspondre l'heure et la phrase.
Match up the time with the right phrase.

Exemple: **1** 5:20 = g

a quatre heures
b neuf heures moins le quart
c midi dix
d quatre heures moins vingt-cinq
e huit heures moins cinq
f neuf heures et quart
g cinq heures vingt
h onze heures et demie

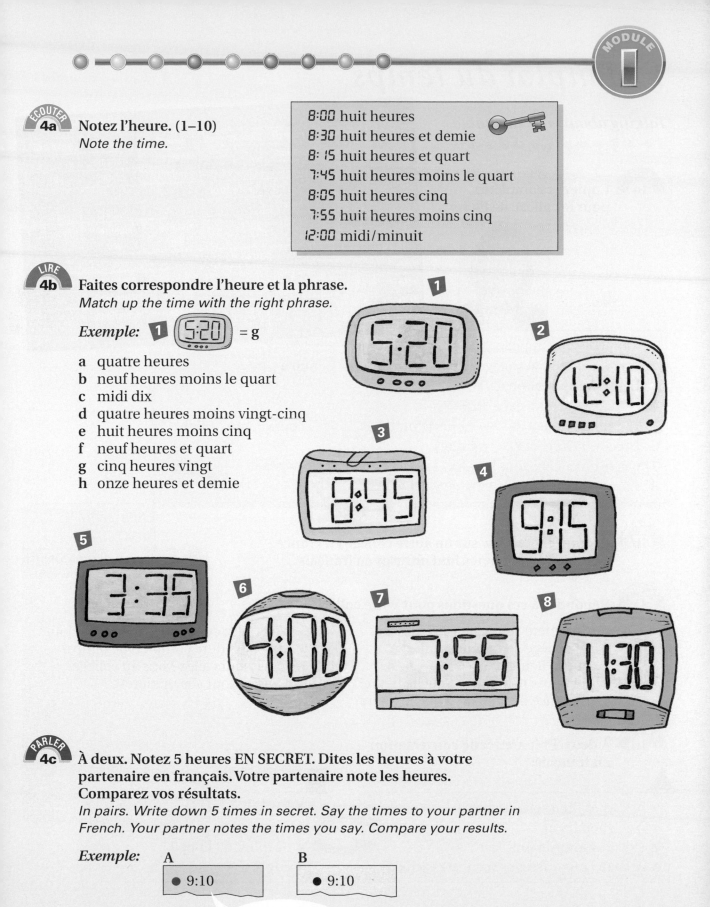

4c À deux. Notez 5 heures EN SECRET. Dites les heures à votre partenaire en français. Votre partenaire note les heures. Comparez vos résultats.
In pairs. Write down 5 times in secret. Say the times to your partner in French. Your partner notes the times you say. Compare your results.

Exemple:

A	B
● 9:10	● 9:10

neuf heures dix

1 Emploi du temps

Talking about your timetable

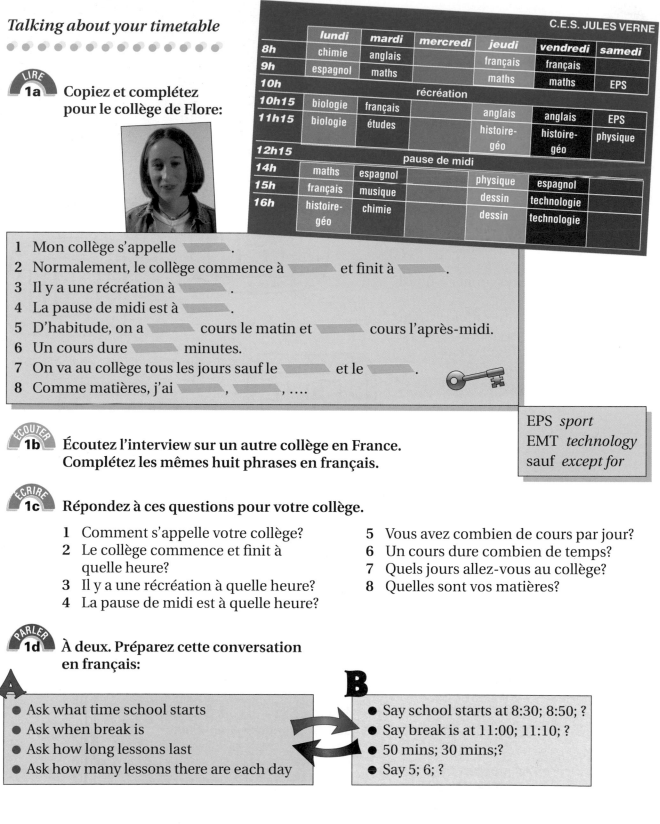

	lundi	mardi	mercredi	jeudi	vendredi	samedi
8h	chimie	anglais			français	
9h	espagnol	maths		français		
10h				maths	maths	EPS
10h	récréation					
10h15	biologie	français			anglais	anglais	EPS
11h15	biologie	études			histoire-géo	histoire-géo	physique
12h15	pause de midi					
14h	maths	espagnol			physique	espagnol	
15h	français	musique			dessin	technologie	
16h	histoire-géo	chimie			dessin	technologie	

C.E.S. JULES VERNE

LIRE

1a Copiez et complétez
pour le collège de Flore:

1 Mon collège s'appelle ⬛ .
2 Normalement, le collège commence à ⬛ et finit à ⬛ .
3 Il y a une récréation à ⬛ .
4 La pause de midi est à ⬛ .
5 D'habitude, on a ⬛ cours le matin et ⬛ cours l'après-midi.
6 Un cours dure ⬛ minutes.
7 On va au collège tous les jours sauf le ⬛ et le ⬛ .
8 Comme matières, j'ai ⬛ , ⬛ , ….

EPS *sport*
EMT *technology*
sauf *except for*

ÉCOUTER

1b Écoutez l'interview sur un autre collège en France.
Complétez les mêmes huit phrases en français.

ÉCRIRE

1c Répondez à ces questions pour votre collège.

1 Comment s'appelle votre collège?
2 Le collège commence et finit à quelle heure?
3 Il y a une récréation à quelle heure?
4 La pause de midi est à quelle heure?
5 Vous avez combien de cours par jour?
6 Un cours dure combien de temps?
7 Quels jours allez-vous au collège?
8 Quelles sont vos matières?

PARLER

1d À deux. Préparez cette conversation
en français:

A
- Ask what time school starts
- Ask when break is
- Ask how long lessons last
- Ask how many lessons there are each day

B
- Say school starts at 8:30; 8:50; ?
- Say break is at 11:00; 11:10; ?
- 50 mins; 30 mins;?
- Say 5; 6; ?

LIRE

2a Pourquoi préférez-vous certaines matières?
Faites correspondre les raisons et les images.

1	C'est facile.	2	C'est difficile.
3	C'est intéressant.	4	C'est ennuyeux.
5	Je suis fort(e) en … .	6	Je suis faible en … .
7	Le prof est sympa.	8	Le prof est trop sévère.
9	C'est très utile.	10	J'ai trop de devoirs.

ÉCOUTER

2b Flore parle de ses matières. Copiez la
grille. Complétez en français.

Matière	Opinion + raisons
le dessin	✔ prof est sympa,…

ÉCRIRE

2c Écrivez ces phrases en français.

Exemple: **a** *J'aime les maths car le prof est*
sympa et c'est intéressant.

a ☺ 7 + 7 = 14 ✔ car

b  ☺ car

c  ☹ car

d  ☹ car

e  ☺ car

f  ☹ car

When making
notes in French, jot
down key words from
what you hear.

*Le professeur est
très sympa et c'est
intéressant.*

prof sympa/intéressant

Car and **parce que** both mean
because. Give more than one reason if
you can.

Le détective

Depuis
J'apprends le français **depuis** 4 ans =
I have been learning French for 4 years.

Pour en savoir plus ➡ page 183, pt 3.2

ÉCOUTER

3a Écrivez la langue et depuis quand ils
l'apprennent. (1–5)

Exemple: 1 *anglais – 5 ans*

PARLER

3b Vous apprenez ces matières depuis
quand? Dites-le en français.

Exemple:

1 *J'apprends le
français depuis 4 ans.*

1 x 4 ans   **2** x 3 ans    **3** x 6 ans

4 x 3 ans    **5** x 8 ans

2 Mon collège

Describing your school

● ● ● ● ● ● ● ● ● ● ● ● ●

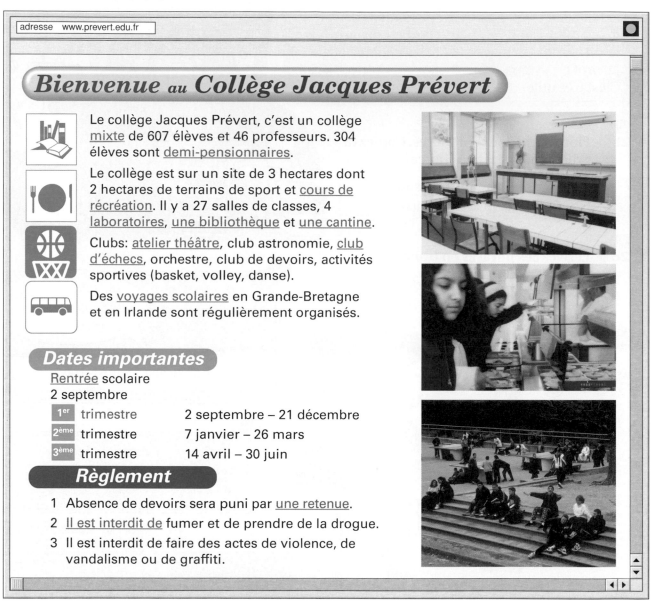

adresse   www.prevert.edu.fr

Bienvenue au Collège Jacques Prévert

Le collège Jacques Prévert, c'est un collège mixte de 607 élèves et 46 professeurs. 304 élèves sont demi-pensionnaires.

Le collège est sur un site de 3 hectares dont 2 hectares de terrains de sport et cours de récréation. Il y a 27 salles de classes, 4 laboratoires, une bibliothèque et une cantine.

Clubs: atelier théâtre, club astronomie, club d'échecs, orchestre, club de devoirs, activités sportives (basket, volley, danse).

Des voyages scolaires en Grande-Bretagne et en Irlande sont régulièrement organisés.

Dates importantes

Rentrée scolaire
2 septembre

1er	trimestre	2 septembre – 21 décembre
2ème	trimestre	7 janvier – 26 mars
3ème	trimestre	14 avril – 30 juin

Règlement

1 Absence de devoirs sera puni par une retenue.

2 Il est interdit de fumer et de prendre de la drogue.

3 Il est interdit de faire des actes de violence, de vandalisme ou de graffiti.

LIRE

1a Copiez les 12 mots soulignés dans le texte. Trouvez la définition. (The first six definitions are in English, the rest are explained in French.)

Exemple: mixte = (4) il y a des garçons et des filles

1 It's forbidden to …
2 beginning of school term after the summer
3 playground
4 detention
5 pupils who have lunch at school
6 where you play chess

7 Ici on prête des livres.
8 Des vacances avec des camarades de classe.
9 Il y a des garçons et des filles.
10 On apprend les sciences ici.
11 On mange ici.
12 On fait du théâtre ici.

ÉCOUTER 1b Flore parle de son collège. Répondez aux questions en anglais.

1 What type of school is it?
2 How many pupils are there?
   a) 720   **b**) 712   **c**) 620
3 How many teachers are there?
4 How many classrooms are there?

5 What else is there at the school?
6 What clubs are there?
7 Are there any school trips?
8 When does school start after the summer?
9 What are you forbidden to do?

PARLER 1c À deux. Lisez la conversation. Puis changez les détails pour parler de votre collège.

- C'est quelle sorte de collège?
- Il y a combien d'élèves? et de professeurs?
- Il y a combien de salles de classe?
- Qu'est qu'il y a d'autre dans le collège?

- Quels clubs est-ce qu'il y a ?

- Est-ce qu'il y a des voyages scolaires?

- Quelle est la date de la rentrée scolaire?
- Qu'est-ce qu'il est interdit de faire?

- C'est un collège <u>mixte</u>*.
- Il y a <u>720</u> élèves et il y a <u>42</u> professeurs.
- Il y a <u>36</u> salles de classe.
- Il y a aussi <u>une bibliothèque et une cantine</u>.
- Il y a <u>un club de judo, un club de basket et il y a aussi un club de foot</u>.
- Il y a un échange entre notre collège et un collège <u>en Irlande</u>.
- C'est le <u>5 septembre</u>. Quelle horreur!
- Au collège il est interdit de <u>mâcher du chewing-gum</u>.

ÉCRIRE 1d Écrivez l'interview que vous avez faite pour votre collège.

*collège pour filles/garçons
girls'/boys' school

LIRE 2a Lisez les opinions de l'uniforme scolaire. Écrivez P (*positif*) ou N (*négatif*).

1 *Il est interdit de porter du maquillage, et ça, c'est bête.*

2 *L'uniforme encourage la bonne discipline, mais coûte cher.*

3 *J'aime porter des vêtements à la mode.*

4 *C'est démodé.*

5 *Il est interdit de porter des bijoux au collège.*

6 *C'est plus chic de porter l'uniforme.*

7 *L'uniforme scolaire, c'est pratique et confortable.*

En France, il n'y a pas d'uniforme scolaire.
On a le droit de porter ce qu'on veut.

ÉCOUTER 2b Pour chaque opinion, écrivez POUR ou CONTRE l'uniforme. (1–7)

PARLER 2c Qu'est-ce que vous pensez de l'uniforme? Donnez votre opinion en français.

Exemple: Je suis pour/contre l'uniforme scolaire parce que …

Il est interdit de	porter	du maquillage
		des bijoux
C'est		démodé/pratique

Le détective

Infinitives
After expressions like il faut and il est interdit de/d' you need to use the infinitive.
Exemple: Il est interdit de **porter** des bijoux. Il faut **porter** l'uniforme scolaire.

Pour en savoir plus ➡ page 182, pt 3.1

3 Vous aimez la vie scolaire?

Talking about the good and bad aspects of school

1a Lisez l'interview, puis lisez les opinions. Est-ce qu'ils sont d'accord ou pas d'accord avec Flore? Écrivez 'd'accord' ou 'pas d'accord' pour chaque opinion a–h.

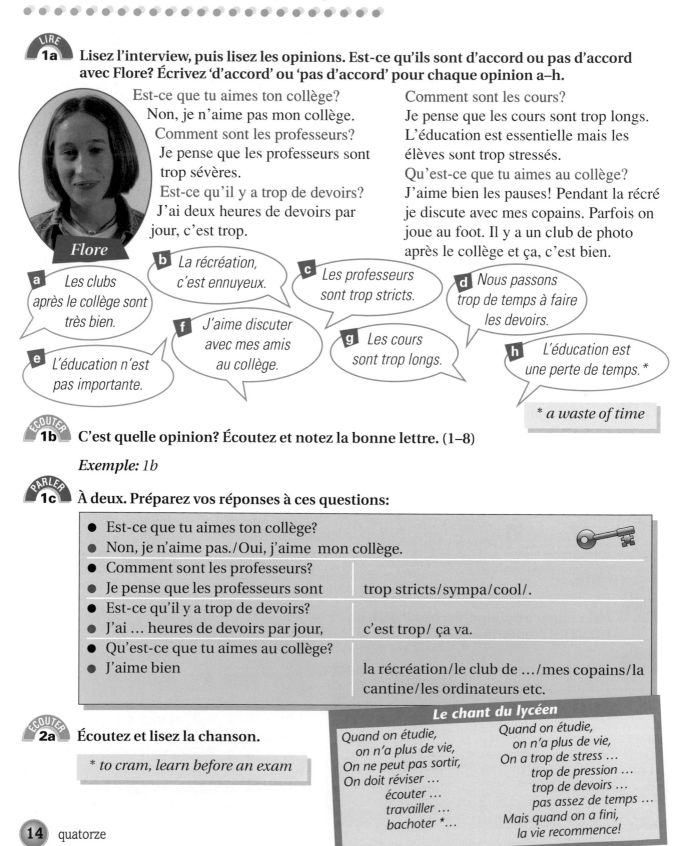

Est-ce que tu aimes ton collège?
Non, je n'aime pas mon collège.
Comment sont les professeurs?
Je pense que les professeurs sont trop sévères.
Est-ce qu'il y a trop de devoirs?
J'ai deux heures de devoirs par jour, c'est trop.

Comment sont les cours?
Je pense que les cours sont trop longs.
L'éducation est essentielle mais les élèves sont trop stressés.
Qu'est-ce que tu aimes au collège?
J'aime bien les pauses! Pendant la récré je discute avec mes copains. Parfois on joue au foot. Il y a un club de photo après le collège et ça, c'est bien.

Flore

a Les clubs après le collège sont très bien.

b La récréation, c'est ennuyeux.

c Les professeurs sont trop stricts.

d Nous passons trop de temps à faire les devoirs.

e L'éducation n'est pas importante.

f J'aime discuter avec mes amis au collège.

g Les cours sont trop longs.

h L'éducation est une perte de temps.*

* a waste of time

1b C'est quelle opinion? Écoutez et notez la bonne lettre. (1–8)

Exemple: 1b

1c À deux. Préparez vos réponses à ces questions:

● Est-ce que tu aimes ton collège?	
● Non, je n'aime pas./Oui, j'aime mon collège.	
● Comment sont les professeurs?	
● Je pense que les professeurs sont	trop stricts/sympa/cool/.
● Est-ce qu'il y a trop de devoirs?	
● J'ai … heures de devoirs par jour,	c'est trop/ ça va.
● Qu'est-ce que tu aimes au collège?	
● J'aime bien	la récréation/le club de …/mes copains/la cantine/les ordinateurs etc.

2a Écoutez et lisez la chanson.

* to cram, learn before an exam

Le chant du lycéen

Quand on étudie,
on n'a plus de vie,
On ne peut pas sortir,
On doit réviser …
écouter …
travailler …
bachoter *…

Quand on étudie,
on n'a plus de vie,
On a trop de stress …
trop de pression …
trop de devoirs …
pas assez de temps …
Mais quand on a fini,
la vie recommence!

LIRE

2b Mettez le texte en anglais dans le bon ordre.

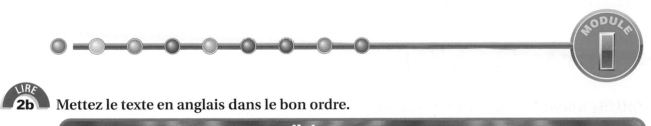

You must revise … listen … too much pressure …

not enough time … But when you've finished, life begins again!

cram …

You can't go out

You have too much stress …

When you're studying, you haven't got a life. work …

When you're studying, you haven't got a life. too much homework …

Exemple: When you're studying, you haven't got a life.

ÉCRIRE

2c Utilisez un dictionnaire et écrivez 'Le chant de la liberté'
(la vie après le collège). Copiez et complétez.

Quand on quitte le collège, la vie recommence!	
Il n'y a pas de cours	*On peut* jouer
Il n'y a pas de …	*On peut …*
Il n'y a pas de …	*On peut …*
C'est la vraie vie, ah oui!	

Choose a noun after il n'y a pas de …
Exemple: Il n'y a pas de cours.
Choose a verb (infinitive) after on peut.
Exemple: On peut écouter la radio.

LIRE

3a Vous dessinez un nouveau collège. Classifiez ces
aspects en ordre d'importance pour vous.

un gymnase   une bibliothèque
un terrain en quick de toute saison*   une salle de devoirs
des courts de tennis   un laboratoire de langues
une piste de ski artificielle   une salle d'Internet
une patinoire   une salle commune
un sauna   une salle de musique

* an all-weather court

ÉCRIRE

3b Préparez une description de votre collège.

● Qu'est-ce qu'il y a déjà dans votre collège?
● Qu'est-ce que vous voudriez aussi dans votre collège?

Exemple: Dans mon collège il y a une bibliothèque …
       J'aimerais aussi une patinoire …

Le détective

Je voudrais = ⎫
                ⎬ *I would like*
J'aimerais = ⎭
These are examples of the conditional tense.

Pour en savoir plus ➡ page 185, pt 3.7

4 Après le collège ...

Talking about further education plans

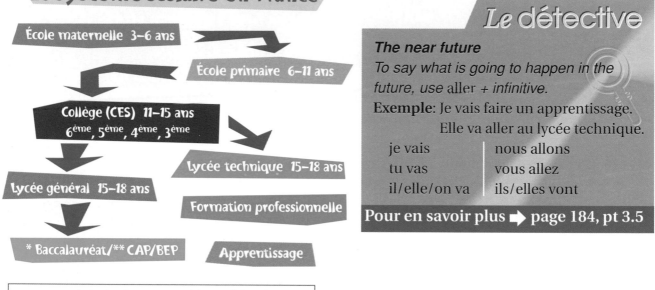

Le système scolaire en France

- École maternelle 3–6 ans
- École primaire 6–11 ans
- Collège (CES) 11–15 ans
  6ème, 5ème, 4ème, 3ème
- Lycée technique 15–18 ans
- Lycée général 15–18 ans
- Formation professionnelle
- * Baccalauréat/** CAP/BEP
- Apprentissage

* examen général qui correspond à nos A-levels
** examens qui correspondent à nos GNVQs

Le détective

The near future
To say what is going to happen in the future, use aller + infinitive.
Exemple: Je vais faire un apprentissage.
Elle va aller au lycée technique.

je vais	nous allons
tu vas	vous allez
il/elle/on va	ils/elles vont

Pour en savoir plus ➡ page 184, pt 3.5

 1a Qu'est-ce qu'ils vont faire après le collège? (1–5)

 1b Lisez la lettre de Flore. Remplissez les blancs avec un de ces verbes.

faire	étudier	passer
être	aller	quitter
continuer		

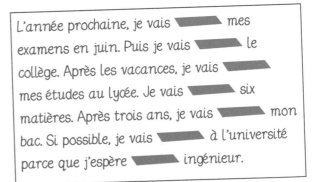

L'année prochaine, je vais ▬▬ mes examens en juin. Puis je vais ▬▬ le collège. Après les vacances, je vais ▬▬ mes études au lycée. Je vais ▬▬ six matières. Après trois ans, je vais ▬▬ mon bac. Si possible, je vais ▬▬ à l'université parce que j'espère ▬▬ ingénieur.

 1c Écrivez ces phrases en français.

1 She is going to leave school.

2 He is going to continue his studies.

3 She is going to be a teacher.

4 I am going to sit my exams next year.

5 I am going to stay at my school.

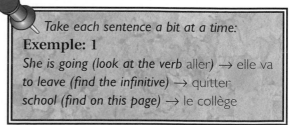

Take each sentence a bit at a time:
Exemple: 1
She is going (look at the verb aller*)* → elle va
to leave (find the infinitive) → quitter
school (find on this page) → le collège

1d Préparez 2 ou 3 phrases sur ce que vous allez faire l'année prochaine. Joignez vos phrases avec: **d'abord** (*first of all ...*)/ **après** (*afterwards ...*)/ **ensuite** (*then ...*).

2 Lisez ces e-mails, copiez la fiche et notez les détails. Écrivez en français.

> **si = if**
> *Starting your sentence with* **Si** *makes it more complex, therefore you get more marks.*
> **Exemple:** Si possible, je vais aller à l'université.
> Si j'ai de bonnes notes, je vais faire mon bac.
> Si mes résultats sont excellents, je vais étudier les langues et les maths.

1

Fichier Édition Affichage Insertion Format Outils Message

Répondre   Répondre à tous   Transférer

Salut! En réponse à votre sondage, je vous informe que je vais d'abord passer mes examens – j'espère que je vais réussir! Ensuite, je vais partir en vacances avec ma famille. On va aller dans le Midi. À la fin des vacances scolaires, je vais reprendre mes études. Je suis impatiente! J'espère que mes réponses vous aideront dans votre recherche.

alice.k@caramel.com

2

Fichier Édition Affichage Insertion Format Outils

Répondre   Répondre à tous   Transférer

Coucou!
Voici mes priorités! Je vais passer mon bac et puis je vais gagner un peu d'argent. Je vais travailler dans un magasin en ville – une petite boutique sympa. C'est une sorte de stage. La propriétaire est anglaise et je vais essayer de perfectionner mon anglais pendant ce temps.
À la rentrée, je vais continuer mes études à la fac.

elsa.pr@aol.com

3

Fichier Édition Affichage Insertion Format Outils

Répondre   Répondre à tous   Transférer

Salut! Voici ma réponse! Je vais voyager autour du monde. Je veux visiter l'Afrique francophone – le Sénégal et le Cameroun – je vais ensuite tenter ma chance au Vietnam et au Laos. Après, je vais atterrir en Amérique du sud. Quelle aventure. Je vais passer six mois à voyager et puis je vais faire un apprentissage de plombier. Ils sont indispensables les plombiers!

alex.genno@worldonline.fr

Nom:...
Adresse e-mail:...
Intentions après ses examens:..
....

> *When you are filling in forms in French, think carefully about the grammatical form you should be using. Here, for example, you can lift the infinitives from the text.*
> **Exemple:** partir en vacances

À L'ORAL

1 You are in a French lesson at your penfriend's school. Your partner will play the part of your penfriend.

Jeux de rôle

A
- Qu'est-ce que tu veux?
- Je n'en ai pas, moi. Demande à Marc.
- Une minute … voilà une règle.
- De rien. Tu aimes le français?
- C'est dommage.

B
- Ask for a ruler.
- Say you don't understand.
- Say thanks.
- Say you don't like French.

2 You are on your way to school with your French penfriend. Your partner will play the part of your penfriend.

Jeux de rôle

A
- On vient d'arriver.
- À huit heures.
- Cinquante-cinq minutes. Quelle est ta matière préférée et pourquoi?
- Qu'est-ce que tu vas faire après tes examens?
- Moi aussi.

B
- Ask when school starts.
- Ask how long a lesson lasts.
- Say what your favourite subject is and why.
- Say you are going to study computing.

3 Talk for one minute about your school. Make a cue card to help you remember what to say and include as many symbols as you want.

Exemple:

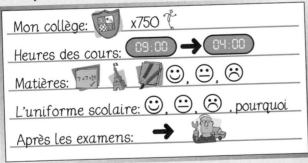

Mon collège: ⬛ x750
Heures des cours: 09:00 ➔ 04:00
Matières: 😊, 😐, 😞
L'uniforme scolaire: 😊, 😐, 😞, pourquoi
Après les examens: ➔

In the GCSE exam, you will have to talk for a short while about a subject of your own choice. Throughout the book, we will practise this skill, as confidence is the key. You are allowed notes and/or pictures to help you.

Your examiner may ask …
Quelles matières est-ce que tu as?
Quelle matière est-ce que tu n'aimes pas? Pourquoi?
Tu aimes le français? Pourquoi (pas)?
Fais-moi la description de ton collège.
Qu'est ce que tu penses de ton collège?
Qu'est ce que tu vas faire après tes examens?

The Q box suggests questions that your examiner may ask you in the General Conversation part of your speaking exam.

1 Advertising your school/college.
Your task is to advertise your school/college
(70–100 words). You could prepare:

- a brochure
- a (mock or real) website page
- a written description.

*Use what you have learned
in this module (pages 10–12).*

*Remember to write the
times like this: 9 a.m. = 9h.*

Il y a   *There is/there are*
*Use the Collège Jacques Prévert
website as a model (page 12).*

on   *'one' or 'we'*
obligatoire   *compulsory*
facultatif   *optional*

Il est interdit de …
          + *infinitive*   *It's forbidden to …*
Il faut … + *infinitive*   *You have to …*
C'est juste/Ce n'est   *It's fair/not fair*
pas juste

*To express the future, use
je voudrais + infinitive.*

Introduction
Give a description of the school: size,
starting and finishing times, number of
lessons per day, length of lessons.

Idea 1
Include a sample timetable.

Idea 2
Say what facilities you have.

Idea 3
Say what subjects are studied.

Idea 4
Describe rules and regulations, including
uniform. Give your opinion on rules and
uniform.

Conclusion
Say what you would like to have/be able to
do in your school in the future.

Mots

En classe

Je ne comprends pas.
Je ne sais pas.
C'est correct?
Comment dit-on 'help'
    en français?
Que veut dire 'requin'
    en anglais?
Répétez, s'il vous plaît.

J'ai oublié (mon bic).
Tu peux me prêter
    (un stylo)?

Je n'ai pas de (crayon).
Je peux avoir (une règle)?

un bic
un cahier
un crayon
une gomme
un livre
une règle
un stylo
les devoirs

In class

I don't understand.
I don't know.
Is that right?
How do you say 'help'
    in French?
What does 'requin' mean
    in English?
Repeat that, please.

I have forgotten (my biro).
Can you lend me (a pen)?

I haven't got (a pencil).
Can I have (a ruler)?

a biro
an exercise book
a pencil
a rubber
a book
a ruler
a pen
homework

Les matières

J'adore …
J'aime …
Je n'aime pas …
Je déteste …

l'allemand *(m)*
l'anglais *(m)*
le dessin
le français
la géographie
l'histoire *(f)*
l'informatique *(f)*
les maths *(mpl)*
la musique
les sciences *(fpl)*
le sport
la technologie
Tu aimes (l'anglais)?
Oui, j'adore (l'anglais).

School subjects

I love …
I like …
I don't like …
I hate …

German
English
Art
French
Geography
History
IT
Maths
Music
Science
Sport
Technology
Do you like (English)?
Yes, I love (English).

L'heure

huit heures
huit heures et demie
huit heures et quart
huit heures moins le quart
huit heures cinq
huit heures moins cinq
midi/minuit

Mon collège s'appelle …
Le collège commence à …
    … et finit à …
Il y a une récréation à …
La pause de midi est à …
On a (cinq) cours le matin
    et (quatre) cours
    l'après-midi.
Un cours dure (40)
    minutes.
On va au collège tous les
    jours sauf
    (le mercredi).
Comme matières, j'ai …

Time

8 o'clock
half past eight
quarter past eight
quarter to eight
five past eight
five to eight
midday/midnight

My school is called …
School starts at …
    … and finishes at …
There is a break at …
The lunch break is at …
We have (five) lessons in
    the morning and (four)
    in the afternoon.
A lesson lasts (40)
    minutes.
We go to school every day
    except (Wednesday).

My subjects are …

Les opinions

C'est …
facile
intéressant
très utile
difficile
ennuyeux

Je suis fort(e) en …
Je suis faible en …
Je pense que les profs
    sont …
trop sévères

sympa/cool
J'ai trop de devoirs.

J'ai (deux heures) de
    devoirs par jour.
C'est trop./Ça va.
Les élèves sont stressés.
J'apprends (le français)
    depuis quatre ans.
parce que/car

Opinions

It is …
easy
interesting
very useful
difficult
boring

I am good at …
I am not good at …
I think that the teachers
    are …
too strict

nice/cool
I have too much
    homework.
I have (two hours) of
    homework each day.
It's too much./It's okay.
The pupils are stressed.
I have been learning
    (French) for four years.
because

Au collège — In school

C'est un collège mixte.	*It is a mixed school.*
le collège/CES	*Secondary school (ages 10–14)*
le lycée	*6th form college*
le lycée technique	*Vocational college*
Il y a …	*There is/are …*
une bibliothèque	*a library*
une cantine	*a canteen*
des laboratoires	*laboratories*
J'aimerais/Je voudrais aussi …	*I would also like …*
des courts de tennis	*tennis courts*
Il y a des voyages scolaires.	*There are school trips.*
Il y a un échange entre notre collège et un collège en Allemagne.	*There is an exchange between our school and a school in Germany.*
Il y a des clubs.	*There are school clubs.*
le club de basket	*basketball club*
Il y a combien d'élèves/de professeurs?	*How many pupils/ teachers are there?*
Quelle est la date de la rentrée scolaire?	*When do you return to school after the summer holidays?*
un échange	*an exchange*
l'élève	*pupil*
le professeur	*teacher*
la salle de classe	*classroom*
le système scolaire	*education system*

L'uniforme scolaire — School uniform

Il est interdit de porter …	*It is forbidden to wear …*
du maquillage	*make-up*
des bijoux	*jewellery*
On n'a pas le droit de (mâcher du chewing-gum).	*We are not allowed to (eat chewing-gum).*
Il faut porter l'uniforme scolaire.	*You must wear school uniform.*
C'est démodé.	*It is old-fashioned.*
C'est plus chic.	*It is trendier.*
C'est pratique et confortable.	*It is practical and comfortable.*
C'est facultatif.	*It is optional.*
L'uniforme encourage la bonne discipline.	*Uniforms encourage good discipline.*
C'est bête.	*It is stupid.*
Ça coûte cher.	*It is expensive.*
J'aime porter des vêtements à la mode.	*I like wearing fashionable clothes.*
les baskets *(fpl)*	*trainers*
les piercings *(mpl)*	*body piercing*

Projets d'avenir — Future plans

D'abord …	*First of all …*
après …	*afterwards …*
ensuite …	*then …*
l'année prochaine …	*next year …*
Je vais gagner un peu d'argent.	*I will earn some money.*
Je vais voyager autour du monde.	*I will travel round the world.*
Je vais passer mes examens.	*I will take my exams.*
Je vais quitter le collège.	*I will leave school.*
Je vais faire un apprentissage.	*I will do an apprenticeship.*
Je vais continuer mes études (au lycée/à la faculté).	*I will continue my studies (at college/at university).*
Je vais passer mon bac.	*I will take my 'A' levels.*
Je vais aller à l'université.	*I will go to university.*
J'espère être (médicin)	*I would like to be a (doctor).*

MODULE 2

Chez moi

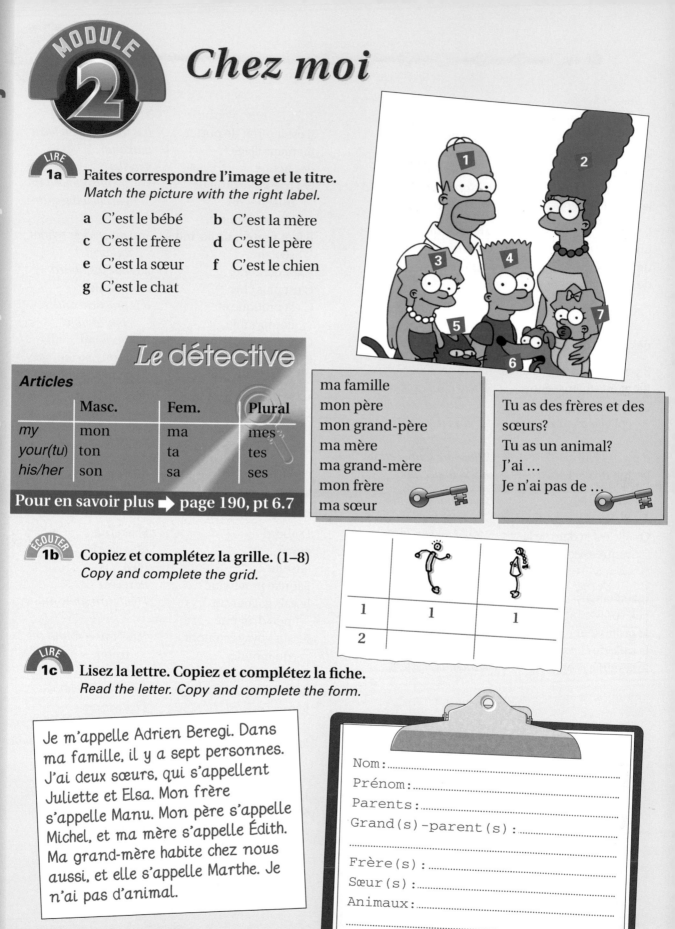

LIRE

1a **Faites correspondre l'image et le titre.**
Match the picture with the right label.

- **a** C'est le bébé
- **b** C'est la mère
- **c** C'est le frère
- **d** C'est le père
- **e** C'est la sœur
- **f** C'est le chien
- **g** C'est le chat

Le détective

Articles

	Masc.	Fem.	Plural
my	mon	ma	mes
your(tu)	ton	ta	tes
his/her	son	sa	ses

Pour en savoir plus ➡ **page 190, pt 6.7**

ma famille
mon père
mon grand-père
ma mère
ma grand-mère
mon frère
ma sœur

Tu as des frères et des sœurs?
Tu as un animal?
J'ai …
Je n'ai pas de …

ÉCOUTER

1b **Copiez et complétez la grille. (1–8)**
Copy and complete the grid.

	1	1
2		

LIRE

1c **Lisez la lettre. Copiez et complétez la fiche.**
Read the letter. Copy and complete the form.

Je m'appelle Adrien Beregi. Dans ma famille, il y a sept personnes. J'ai deux sœurs, qui s'appellent Juliette et Elsa. Mon frère s'appelle Manu. Mon père s'appelle Michel, et ma mère s'appelle Édith. Ma grand-mère habite chez nous aussi, et elle s'appelle Marthe. Je n'ai pas d'animal.

Nom:...
Prénom:..
Parents:.......................................
Grand(s)-parent(s):............................
....
Frère(s):.....................................
Sœur(s):......................................
Animaux:......................................

2a ÉCOUTER

Mettez les images dans le bon ordre. (1–10)
Put the pictures in the right order.

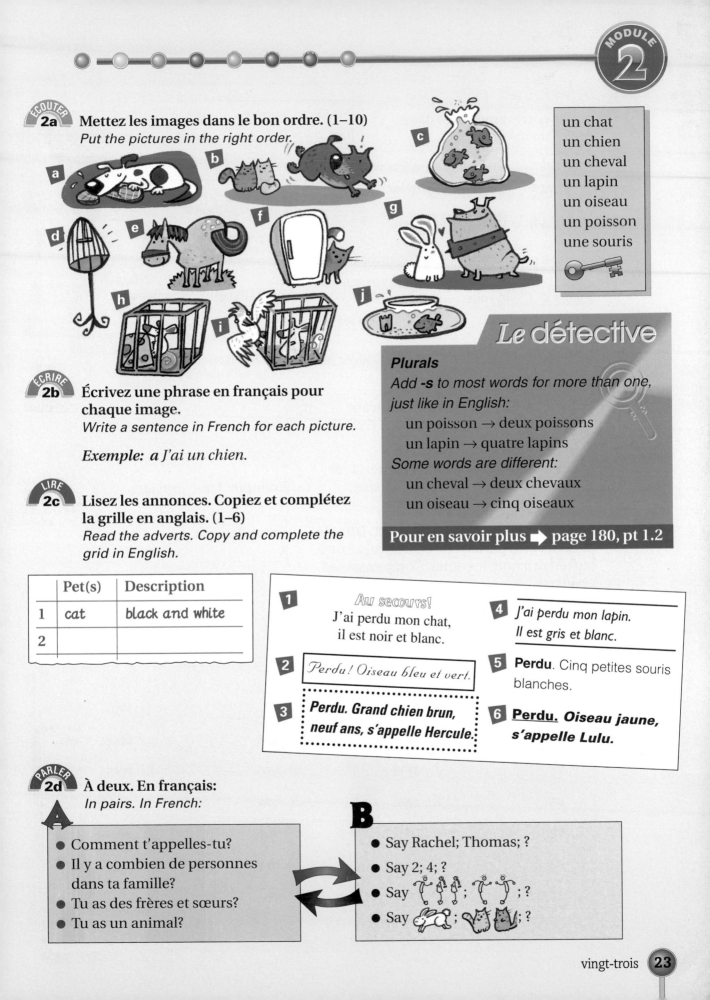

un chat
un chien
un cheval
un lapin
un oiseau
un poisson
une souris

2b ÉCRIRE

Écrivez une phrase en français pour chaque image.
Write a sentence in French for each picture.

Exemple: **a** *J'ai un chien.*

2c LIRE

Lisez les annonces. Copiez et complétez la grille en anglais. (1–6)
Read the adverts. Copy and complete the grid in English.

	Pet(s)	Description
1	cat	black and white
2		

Le détective

Plurals

Add **-s** to most words for more than one, just like in English:

un poisson → deux poissons
un lapin → quatre lapins

Some words are different:

un cheval → deux chevaux
un oiseau → cinq oiseaux

Pour en savoir plus ➡ page 180, pt 1.2

1 *Au secours!*
J'ai perdu mon chat, il est noir et blanc.

2 *Perdu! Oiseau bleu et vert.*

3 **Perdu. Grand chien brun, neuf ans, s'appelle Hercule.**

4 *J'ai perdu mon lapin. Il est gris et blanc.*

5 **Perdu**. Cinq petites souris blanches.

6 **Perdu.** *Oiseau jaune, s'appelle Lulu.*

2d PARLER

À deux. En français:
In pairs. In French:

A
- Comment t'appelles-tu?
- Il y a combien de personnes dans ta famille?
- Tu as des frères et sœurs?
- Tu as un animal?

B
- Say Rachel; Thomas; ?
- Say 2; 4; ?
- Say ; ; ?
- Say ; ; ?

LIRE
3a **Faites correspondre les dates.**
Match up the dates.

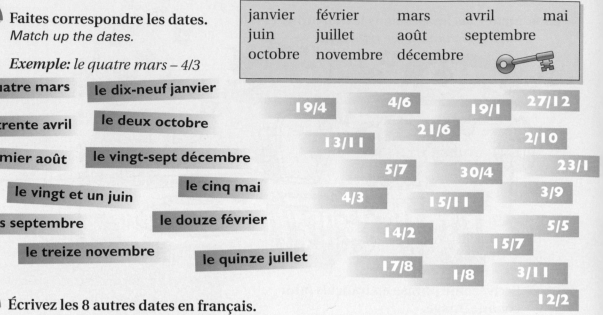

janvier	février	mars	avril	mai
juin	juillet	août	septembre	
octobre	novembre	décembre		

Exemple: le quatre mars – 4/3

le quatre mars   le dix-neuf janvier

le trente avril   le deux octobre

le premier août   le vingt-sept décembre

le vingt et un juin   le cinq mai

le trois septembre   le douze février

le treize novembre   le quinze juillet

19/4   4/6   19/1   27/12

13/11   21/6   2/10

5/7   30/4   23/1

4/3   15/11   3/9

14/2   5/5

17/8   15/7

1/8   3/11

12/2

ÉCRIRE
3b **Écrivez les 8 autres dates en français.**
Write out the 8 remaining dates in French.

ÉCOUTER
3c **Notez la date de leur anniversaire. (1–8)**
Write down the date of their birthdays.

Exemple: 1. le 5 janvier

PARLER
3d **À deux. Notez 8 dates EN SECRET. Dites les dates à votre partenaire en français. Votre partenaire note les dates. Comparez vos résultats.**
In pairs. Write down 8 dates in secret. Say the dates to your partner in French. Your partner notes the dates you say. Compare your results.

Exemple:

A   B

5/11   5/11

le cinq novembre

Comment ça se dit?

A	AH	H	ASH	O	OH	V	VAY
B	BAY	I	EE	P	PAY	W	DOOBLEH VAY
C	SAY	J	ZHEE	Q	COO	X	EEKS
D	DAY	K	KAH	R	ERR	Y	EE GREC
E	EUH	L	ELL	S	ESS	Z	ZED
F	EFF	M	EMM	T	TAY		
G	ZHAY	N	ENN	U	OO		

4a Écoutez et répétez.
Listen and repeat.

4b Notez le nom des équipes de football françaises. (1–10)
Write down the names of the French football teams.

Lyon – Rennes
PSG – Marseille
Bordeaux – Nantes
Lens – Montpellier
St Étienne – Nancy
Monaco – Le Havre
Strasbourg – Metz
Auxerre – Bastia
Sedan – Troyes

4c À deux. À tour de rôle, épelez le nom d'une équipe française. C'est quelle équipe?
In pairs. Take turns to spell out one of the French football teams. Which team is it?

5a Notez le nom des joueurs de foot français. (1–8)
Write down the names of the French players.

5b À deux. Répétez cette conversation. Remplacez les mots en caractères gras.
In pairs. Repeat this conversation, replacing the words in bold.

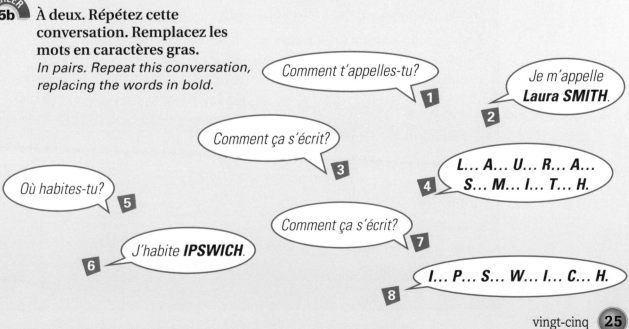

Comment t'appelles-tu? **1**

2 Je m'appelle **Laura SMITH**.

Comment ça s'écrit? **3**

4 L... A... U... R... A... S... M... I... T... H.

Où habites-tu? **5**

6 J'habite **IPSWICH**.

Comment ça s'écrit? **7**

8 I... P... S... W... I... C... H.

1 *Je vous présente ma famille*

Talking about your family
Talking about what people look like

Salut!

Je m'appelle Vincent Goubin, et j'ai 14 ans. Je suis assez grand pour mon âge - je mesure 1m67! J'ai les yeux bleus et les cheveux bruns, et je suis très mince.

Voici ma mère. Elle s'appelle Sylvie. Elle est assez petite mais mince comme moi. Elle a 39 ans. Elle a les cheveux blonds et courts et les yeux bleus. Elle porte des lunettes. Mes parents sont divorcés depuis 5 ans, et mon père habite en Belgique.

Voici mon beau-père, Christian. Il est assez petit (il mesure 1m55) et un peu gros (il pèse 87 kilos!). Il a les cheveux courts et bouclés, et les yeux verts. Il a une barbe.

Ma demi-sœur s'appelle Magali, et elle a 20 ans. Elle est grande et mince. Elle a les cheveux longs et noirs et les yeux verts, comme son père. Elle est l'aînée.

Pierre est né au mois de janvier. C'est le cadet de la famille. On a choisi ce prénom parce que c'est aussi le prénom de mon grand-père. Il est super-mignon ... mais parfois il hurle!

LIRE

1a Copiez et complétez.

1 Vincent a … ans.
2 Il a les yeux … et les cheveux …
3 Sa mère s'appelle …
4 Elle a les cheveux … et …
5 Le père de Vincent habite en …
6 Christian est le … de Vincent.
7 Christian est … et …
8 La demi-sœur de Vincent s'appelle …
9 Elle ressemble à …
10 Le bébé s'appelle … , comme le … de Vincent.

| Je m'appelle … | | et | j'ai … ans | | | | |
Il/elle s'appelle …			il/elle a … ans				
J'ai Tu as Il/elle a	les cheveux	courts longs	et	blancs gris bruns noirs blonds roux	et	les yeux	bleus verts marron
						une barbe	
Je porte Tu portes Il/elle porte	des lunettes						
Je suis Tu es Il/elle est	petit(e) grand(e) mince gros(se)						

 1b Copiez et complétez la grille en français. (1–4)

Prénom	Qui?	Âge	Anniversaire	Cheveux	Yeux	Taille	Autres détails
1							

PARLER 1c À deux. Choisissez une personne dans la classe. Décrivez la personne à votre partenaire.
C'est qui?

Le détective

Irregular verbs

The verbs **avoir** *(to have)* and **être** *(to be)* are the two most useful irregular verbs.
They do not follow a pattern (like **-er** verbs do), but are unique. Learn them by heart.

avoir = **to have**		être = **to be**	
j'ai	nous avons	je suis	nous sommes
tu as	vous avez	tu es	vous êtes
il/elle/on a	ils/elles ont	il/elle/on est	ils/elles sont

Pour en savoir plus ➡ page 193

LIRE 2a C'est quel membre de la famille? Choisissez la bonne réponse.

1 C'est la sœur de votre mère.   votre oncle/tante/nièce
2 C'est la fille de votre papa et de votre maman.   votre sœur/frère/cousin
3 C'est le fils de votre belle-mère.   votre demi-sœur/demi-frère/beau-père
4 C'est le mari de votre tante.   votre oncle/neveu/demi-frère
5 C'est le fils de votre oncle.   votre cousin/cousine/papa
6 C'est la femme de votre grand-père.   votre tante/mère/grand-mère

PARLER 2b À deux. En français:

A
● Comment s'appelle ton frère/ta sœur?
● Quel âge a-t-il/a-t-elle?
● Fais-moi sa description

B
● Say Jean; Michelle; ?
● Say 7: 14: ?
● ⚡ ; 🧑 ; ?

> Whenever you are describing somebody, think:
> **facts** then **physical**:
> **hair** and **eyes**
> **height** and **size**
> **Exemple:**
> *facts*: mon grand-père s'appelle … . Il a … ans et il habite à …
> *physical*: il a les cheveux gris et courts et les yeux bleus. Il porte des lunettes, et il est petit et gros.

ÉCRIRE 2c Choisissez deux membres de votre famille. Pour chaque personne, écrivez une description en français.

2 Comment êtes-vous?

Describing personality

● ● ● ● ● ● ● ● ● ● ● ●

1a Nicolas décrit la personnalité des membres de sa famille. Notez les adjectifs en français. (1–5)

aimable
bête
casse-pieds
calme
drôle
équilibré
gentil
idiot
impatient
poli
plein de vie
sympathique
timide
intelligent
travailleur
cool
sage
méchant
paresseux
sévère
bavard
amusant

1b Faites deux listes: adjectifs positifs/ adjectifs négatifs. Catégorisez les adjectifs.

Le détective

Adjective agreement
You need to add endings onto adjectives in French, depending on the gender of who or what you are describing:

Il est amusant
Elle est amusant**e**
Ils sont amusant**s**
Elles sont amusant**es**

Common irregular adjectives:
Il est paress**eux**/Elle est paress**euse**
Il est travaill**eur**/Elle est travaill**euse**
Il est gent**il**/Elle est gent**ille**

Adjectives already ending in -e in the masculine form don't add another -e in the feminine form:
Il est timide/Elle est timide

Some adjectives never change:
cool; casse-pieds

Pour en savoir plus ➡ page 188, pt 6.1

2a Écrivez des phrases correctes.

Exemple: 1 Elle est amusante.

1 + amusant
2 + timide
3 + bavard
4 + poli

5 + gentil
6 + sévère
7 + cool
8 + travailleur

Make your comments more interesting by using:
un peu *(a little bit)*
assez *(quite)*
très *(very)*
vraiment/
extrêmement
(really)

2b En groupe.
Monsieur Manet est … ?

Exemple:
● *Monsieur Manet est bête.*
● *Monsieur Manet est bête et travailleur.*

Continuez.

2c Complétez ces phrases. Utilisez des adjectifs.

1 Je suis …
2 Mon meilleur(e) ami(e) est …
3 Mon petit ami/ma petite amie idéal(e) est …
4 Mon professeur préféré est …
5 Mon professeur de français est …

3a Ces phrases sont fausses. Changez les mots soulignés pour corriger les phrases.

1 Élise s'entend bien avec son <u>frère</u>.
2 Son père a un bon sens <u>artistique</u>.
3 C'est la <u>tante</u> d'Élise qui est casse-pieds.
4 Élise ne peut pas sortir pendant <u>le week-end</u>.
5 La mère d'Élise <u>adore</u> son petit ami.
6 Élise est trop <u>âgée</u> pour l'amour.
7 Elle voudrait habiter chez son <u>cousin</u>.

Chère Monique

Je t'écris parce que j'ai un problème avec ma famille. En général, je m'entends bien avec mon père, qui a le sens de l'humour. Mais ma mère m'énerve. Elle me critique tout le temps, elle refuse de me donner la permission de sortir avec mes copains pendant la semaine, et elle n'aime pas mon petit ami. Pour moi, c'est l'amour, mais elle dit que je suis trop jeune pour ça.

J'ai 15 ans et j'en ai marre de ces disputes. Je voudrais quitter la maison et aller habiter chez mon petit copain. Qu'est-ce que tu en penses?

Élise

je m'entends bien avec	*I get on well with*
ma mère m'énerve	*my mother annoys me*
j'en ai marre de	*I'm fed up with*

3b Choisissez 3 phrases pour répondre à la lettre d'Élise. Commencez par:

Chère Élise, …

Tu dois parler avec ta mère.

Prépare un sac et vas chez ton petit copain immédiatement.

Reste à la maison avec tes parents.

Dis à ta mère que tu fais tes devoirs, puis sors avec tes amis en secret.

Tu es trop jeune pour avoir des rapports avec un garçon.

Invite ton petit ami à la maison, et tu peux le présenter à ta mère.

Demande à ta mère de te traiter comme une adolescente et pas comme un enfant.

des rapports	*a relationship*
traiter	*to treat*

3c Décidez si la personne est heureuse 😊 ou malheureuse ☹, et, si possible, pourquoi. (1–5)

3d Écrivez la lettre de Mark en français. Adaptez la lettre d'Élise.

Work out which bits of the sentence you can leave the same, and exactly which bits you need to change.

Dear Arthur,

I'm writing to you because I've got a problem with my brother. In general, I get on well with my sister, who has a sense of humour. But my brother gets on my nerves. He criticises me all the time, he refuses to allow me to do my homework, and he doesn't like my friends. For me, school is important, but he says he's too cool for that. I'm 14, and I'm fed up with these arguments. I want to leave home and go to live with my grandparents. What do you think?

Mark

3 Les amis, les amours, les héros

Talking about relationships

1a C'est quoi, un(e) bon(ne) ami(e)?
Quelle image correspond à chaque texte?

1 Ma petite amie s'appelle Chloé. On a beaucoup de choses en commun. Je vais souvent chez elle pour écouter des CD et pour discuter.

2 J'ai un très bon copain, Nicolas. On sort ensemble et je vais aux matchs de foot avec lui. Il est très drôle et il me fait rire.

3 Ma copine s'appelle Aline. Elle aime les mêmes choses que moi: les vêtements et le sport. Elle m'écoute quand j'ai des problèmes, et ça, c'est important.

4 J'ai plein de copains, et je sors souvent avec eux. Je n'ai pas de meilleur ami. Je m'entends bien avec tout le monde.

5 Ma meilleure amie, c'est ma mère! Elle est assez jeune et elle aime sortir et faire les achats avec moi. Je peux compter sur elle, et elle est toujours là pour moi.

1b Sabine parle des qualités d'un(e) bon(ne) ami(e).
Écoutez et mettez les qualités dans le bon ordre.

Exemple: h, …

a On a beaucoup de choses en commun.
b On sort ensemble.
c Il/elle me fait rire.
d Il/elle aime les mêmes choses que moi.
e Il/elle m'écoute quand j'ai des problèmes.
f Je m'entends bien avec elle/lui.
g Je peux compter sur lui/elle.
h Il/elle est toujours là pour moi.

Le détective

Prepositions are words like sur/avec/chez.
After prepositions, the following pronouns are used:

	moi = *me*	nous = *us*
avec *(with)…*	toi = *you*	vous = *you*
	lui = *him*	eux = *them (m)*
	elle = *her*	elles = *them (f)*

Pour en savoir plus ➡ page 191, pt 7.5

1c Mettez ces qualités dans l'ordre d'importance pour vous.

2a Jean-Michel parle d'un de ses amis.
Copiez et complétez sa description.

> Mon ami s'appelle …
> Il est …, … et …
> Je l'aime parce que …

2b À deux. Faites une description d'un(e) ami(e). Suivez le modèle de Jean-Michel.

2c Écrivez votre description.

3a Quels sont vos rêves pour l'avenir? Lisez les statistiques, puis copiez et complétez les phrases (a–e).

1 Je voudrais me marier

OUI 85%   NON 15%

3 Je voudrais avoir une bonne carrière

OUI 87%   NON 13%

a …% voudraient se marier.
b 70% voudraient avoir …
c …% ne voudraient pas se marier.
d 87% voudraient avoir …
e …% ne voudraient pas avoir d'enfants.

2 J'aimerais avoir des enfants

OUI 70%   NON 30%

3b Est-ce que les statistiques sont correctes (✔) ou incorrectes (✗)? (1–6)

Exemple: 1✗

4a Lisez les textes et décidez si vous êtes d'accord (✔) ou pas d'accord (✗) avec chaque personne.

a Mes parents sont divorcés. Avant leur séparation, il y avait beaucoup de disputes. Le mariage n'est pas pour tout le monde.	**d** Pour un couple, le mariage est plus stable.
b J'habite avec mon père, et on s'entend très bien ensemble. Il n'est pas nécessaire de vivre avec deux parents.	**e** Je ne veux pas rester avec la même personne toute ma vie.
	f Il n'est pas nécessaire d'avoir un mari ou une femme pour être heureux.
c Je voudrais me marier pour des raisons religieuses.	**g** Si on habite seul, on a beaucoup de liberté.

4b À deux. Préparez une petite conversation sur le mariage:

● Tu voudrais te marier un jour?
○ Oui/non.
● Pourquoi (pas)?
○ Parce que … (+ deux raisons).

5 Les héros et les héroïnes. Pourquoi admirent-ils ces personnes? Prenez des notes en anglais. (1–4)

4 *Aider à la maison*

Talking about helping at home
● ● ● ● ● ● ● ● ● ● ● ● ● ● ●

EST-CE QUE TU AIDES À LA MAISON?

Un sondage récent révèle que les jeunes français aident à la maison assez regulièrement.

Nous avons posé des questions à un groupe de 200 jeunes, filles et garçons, et voici les résultats.

Êtes-vous comme eux? Qu'est-ce que vous faites pour aider à la maison? Écrivez-nous pour nous dire!

		tous les jours	souvent	parfois	jamais
	faire le lit	66%	22%	4%	8%
	passer l'aspirateur	0%	5%	23%	72%
	mettre/débarrasser la table	11%	43%	19%	27%
	faire les courses	0%	14%	10%	76%
	faire la cuisine	10%	23%	26%	41%
	faire le ménage	0%	7%	17%	76%
	faire la vaisselle	30%	26%	38%	6%
	sortir la poubelle	0%	8%	12%	80%
	ranger la chambre	12%	12%	50%	26%
	faire du jardinage	0%	9%	30%	59%
	laver la voiture	0%	43%	26%	31%

1a **Complétez les phrases selon les résultats.**

a ▰▰▰ % font la cuisine tous les jours.
b ▰▰▰ % passent souvent l'aspirateur.
c ▰▰▰ % font parfois la vaisselle.
d ▰▰▰ % ne font jamais de jardinage.
e ▰▰▰ % ne font jamais le ménage.
f ▰▰▰ % sortent la poubelle tous les jours.
g ▰▰▰ % font parfois les courses.
h ▰▰▰ % rangent souvent leur chambre.

Le détective

faire = *to do or to make*

je fais	nous faisons
tu fais	vous faites
il/elle/on fait	ils/elles font

Pour en savoir plus ➡ page 193

1b **Lisez le sondage et trouvez le bon résumé.**

a La tâche ménagère la plus populaire est faire la vaisselle. Tous les jours, il y en a qui font leur lit ou mettent ou débarrassent la table. Les tâches les moins populaires, ce sont sortir la poubelle, mettre ou débarrasser la table, faire du jardinage, et faire le ménage.

b La tâche ménagère la plus populaire est faire son lit. Tous les jours, il y en a qui rangent leur chambre ou sortent la poubelle. Les tâches les moins populaires, ce sont passer l'aspirateur, faire du jardinage, faire les courses et faire le ménage.

c La tâche ménagère la plus populaire est faire son lit. Tous les jours, il y en a qui rangent leur chambre ou font la vaisselle. Les tâches les moins populaires, ce sont sortir la poubelle, faire le ménage, et passer l'aspirateur.

la tâche ménagère la plus populaire	*the most popular job*
il y en a qui	*there are some people who*
les tâches les moins populaires	*the least popular jobs*

2a Écoutez le reportage sur une jeune fille au pair.
Choisissez les bonnes images pour compléter ces phrases.

1 Julie s'occupe d'un …
2 Le lundi, elle …
3 Le mardi, elle …
4 Le jeudi, elle …
5 Tous les jours, Julie …
6 Le week-end, elle …
7 Julie trouve son travail très …

2b Répondez aux questions en francais.

1 Est-ce que tu fais la cuisine?
Exemple: Oui, je fais la cuisine tous les jours. / Non, je ne fais pas la cuisine.
2 Est-ce que tu fais la vaisselle?
3 Est-ce que tu fais les courses?
4 Est-ce que tu fais ton lit?
5 Est-ce que tu fais le ménage?
6 Est-ce que tu travailles dans le jardin?
7 Est-ce que tu laves la voiture?
8 Est-ce que tu sors la poubelle?

Le détective

Negatives

ne … pas *means* **not**.

Exemple: Tu fais le ménage?
Non, je **ne** fais **pas** le ménage.

ne … jamais = *never*
ne … rien = *nothing*

Exemple: Tu fais la cuisine?
Non, je **ne** fais **jamais** la cuisine.
Tu aides à la maison? Non, je **ne** fais **rien**.

Pour en savoir plus ➡ page 187, pt 5.1

2c Faites un sondage dans votre classe sur le travail à la maison.

2d Écrivez une lettre au magazine pour expliquer qui aide à la maison chez vous. Commencez comme ceci:

Je vous écris pour expliquer qui aide à la maison chez moi. Mon père …

Je range/lave/passe/débarrasse	souvent	mon lit	la vaisselle
Je fais/sors/mets	parfois	l'aspirateur	la poubelle
Mon père range/lave/passe		la table	la chambre
Mon père fait/sort/met		les courses	du jardinage
Mes parents rangent/lavent/passent		la cuisine	la voiture
Mes parents font/sortent/mettent		le ménage	
	pas		
Je **ne** fais/range etc	jamais		

If you want to say tous les jours *this goes at the end of the sentence*
e.g. Je fais mon lit tous les jours.

À L'ORAL

Jeux de rôle

1 You are phoning your French penfriend to talk about your new boyfriend or girlfriend. Your partner will play the part of your penfriend.

A
- Donne-moi les détails!
- Ah, et ses yeux sont de quelle couleur?
- Ah, super.
- C'est bien. Il/elle a un animal?
- Chouette!

B
- Say that his/her name is Paul/Sophie.
- Say he/she has blue eyes. Say he/she is 15 years old.
- Say he/she has two cats.

Jeux de rôle

2 You are talking about helping at home with your French penfriend. Your partner will play the part of your penfriend.

A
- Ouf, je suis fatigué(e) ce soir!
- Oui, je lave la voiture quelquefois. Et toi?
- C'est bien. Et ce soir?
- Bravo! Tu aimes faire la cuisine?
- Moi aussi!

B
- Ask if he/she helps at home.
- Say that you do the washing up every day.
- Say you are going to do the shopping with your dad.
- Say you do like cooking.

3 Bring in a photo of someone you admire and talk about him or her for one minute. Make notes to help you remember what to say and a cue card for the exam.

Exemple:

Il/elle s'appelle .../a ... ans/est ... (métier)
Il/elle habite .../Il/elle a ... sœurs/frères
Il/elle est marié(e)/célibataire/divorcé(e)/ séparé(e)
Il/elle a les cheveux ..., et les yeux ...
Il/elle est un peu/très/extrêmement ...
Il/elle aime ... Il/elle n'aime pas ...
Je l'admire parce que ...

métier   *job*

- nom/âge etc.
- physique
- personnalité
- préférences
- aime parce que

Your examiner may ask ...

Fais-moi la description de ton frère/ta sœur/ton meilleur ami(e), etc.

Décris-moi la personnalité de ta mère/ton père/ton ami(e), etc.

Et toi? Comment es-tu?

Tu aimes aider à la maison? Pourquoi (pas)?

Qui fait le ménage chez toi?

Est-ce que tu vas aider à la maison ce week-end?

1 Writing about a problem.
Your task is to write a letter to a
problem page (70–100 words).

*Use Unit 1 of this module for
help (pages 28–29).*

trop	*too*
juste	*fair*
triste	*sad*
malheureux/euse	*unhappy*
je dois (+ *infinitive*)	*I must*

*We will revise the past (perfect)
tense in the next module.
Look at page 46 for help.*

hier soir	*last night*
le week-end dernier	*last weekend*
j'ai dû	*I had to*
je me suis disputé(e) avec	*I argued with*

Introduction
  Introduce yourself and give some personal details
  (name, age, where you live, family background).
Idea 1
  Explain why you are writing and what your problem is.
  Write about a problem that you have discussed in
  your French lessons, e.g. arguments with
  parents/brothers and sisters/friends; your looks –
  too fat? too thin?; jobs around the house, etc.
  If you combine several of these problems, you will have
  more to write about.
Idea 2
  Give a recent example of the problem.
Conclusion
  Finish by asking the agony aunt for help.

Qu'est-ce que je dois faire?	*What should I do?*
S'il te plaît, aide-moi!	*Please help me!*
désespéré(e)	*desperate*

2 Your task is to write in French about helping at home (90 words).

● Introduction
  Begin by saying what you do to help and why you
  have to do it.
● Idea 1
  Say what you think about helping at home.
● Idea 2
  Describe a recent occasion when you helped.
  Say when it was and what you did.
● Idea 3
  Give your opinion.
● Idea 4
  Say what you are going to do to help next weekend.
● Idea 5
  Give your reasons.

*Include expressions to say how often
you do the different tasks. If you
don't actually do much, pretend
that you do! Explain if your parents
work, or if you get paid for helping.*

gagner de l'argent de poche
to earn pocket money

*You will need to use the past tense.
See pages 183–184 part 3.3 for a
reminder on how to form your verbs.*

You will need to refer to the future with aller + *infinitive.
Look back at Module 1, Unit 4 for help (page 16).*

Mots

Chez moi — *At home*

ma famille	*my family*
mes parents (mpl)	*my parents*
mon père	*my father*
ma mère	*my mother*
ma sœur	*my sister*
ma demi-sœur	*my stepsister*
mon frère	*my brother*
mon demi-frère	*my stepbrother*
mon grand-père	*my grandfather*
ma grand-mère	*my grandmother*
ma tante	*my aunt*
mon oncle	*my uncle*
mon cousin	*my cousin (male)*
ma cousine	*my cousin (female)*
Tu as des frères et sœurs?	*Do you have brothers and sisters?*
Il y a combien de personnes dans ta famille?	*How many people are there in your family?*

Les animaux — *Pets*

Tu as un animal?	*Do you have any pets?*
J'ai …	*I have …*
un chat	*a cat*
un chien	*a dog*
un cheval	*a horse*
un lapin	*a rabbit*
un oiseau	*a bird*
un poisson	*a fish*
une souris	*a mouse*

Les mois de l'année — *Months of the year*

janvier	*January*
février	*February*
mars	*March*
avril	*April*
mai	*May*
juin	*June*
juillet	*July*
août	*August*
septembre	*September*
octobre	*October*
novembre	*November*
décembre	*December*

Les descriptions — *Descriptions*

J'ai les cheveux …	*I have … hair*
Il/Elle a les cheveux …	*He/She has … hair*
courts/longs	*short/long*
blancs/gris/bruns	*white/grey/brown*
noirs/blonds/roux	*black/blonde/red*
J'ai les yeux …	*I have … eyes.*
Il/Elle a les yeux …	*He/She has … eyes*
bleus/verts/marron	*blue/green/brown*
Il a une barbe.	*He has a beard.*
Je porte des lunettes.	*I wear glasses.*
Je suis petit(e)/grand(e).	*I am small/tall.*
Il/Elle est mince/gros(se).	*He/She is thin/fat.*

La personnalité — *Personality*

Il/Elle est …	*He/She is …*
aimable	*friendly*
amusant(e)	*funny*
bavard(e)	*chatty*
bête	*stupid*
calme	*quiet*
casse-pieds	*annoying*
content(e)	*happy*
drôle	*funny*
equilibré(e)	*balanced*
gentil(le)	*kind*
heureux(euse)	*happy*
idiot(e)	*daft*
impatient(e)	*impatient*
intelligent(e)	*clever*
malheureux(euse)	*unhappy*
méchant(e)	*naughty*
paresseux(euse)	*lazy*
plein(e) de vie	*full of life*
poli(e)	*polite*
sage	*wise*
sympathique	*friendly*
timide	*shy*
travailleur(euse)	*hardworking*
triste	*sad*

Les rapports

On a beaucoup de choses en commun.

On sort ensemble.

Il/Elle me fait rire.

Il/Elle fait les mêmes choses que moi.

Il/Elle m'écoute quand j'ai des problèmes.

Je m'entends bien avec lui/elle.

Je peux compter sur lui/elle.

Il/Elle est toujours là pour moi.

Je voudrais me marier.

Je voudrais avoir une bonne carrière.

J'aimerais avoir des enfants.

la liberté
le mariage
le sens de l'humour
une dispute
un(e) petit(e) ami(e)
divorcé(e)
separé(e)
J'en ai marre de …

Relationships

We have a lot in common.

We go out together.

He/She makes me laugh.

He/She does the same things as me.

He/She listens to me when I have problems.

I get on well with him/her.

I can depend on him/her.

He/She is always there for me.

I would like to get married.

I would like to have a good career.

I would like to have children.

freedom
marriage
sense of humour
an argument
a boyfriend/girlfriend
divorced
separated
I'm fed up with …

Aider à la maison

Je fais les courses.

Je fais la cuisine.

Je fais du jardinage.

Je fais le lit.

Je fais le ménage.

Je fais la vaisselle.

Je lave la voiture.

Je mets/débarrasse la table.

Je passe l'aspirateur.

Je range la chambre.

Je sors la poubelle.

Il/Elle fait (les courses).

Mes parents font (la vaisselle).

souvent
parfois
tous les jours
ne … jamais

Helping at home

I do the shopping.

I do the cooking.

I do the gardening.

I make the bed.

I do the housework.

I do the washing-up.

I clean the car.

I lay/clear the table.

I hoover.

I tidy the room.

I empty the bins.

He/She does (the shopping).

My parents do (the washing-up).

often
sometimes
everyday
never

MODULE 3

Temps libre

LIRE

1a **Faites correspondre l'activité et l'image.**
Match the activity with the right picture.

Exemple: *Je vais au cinéma =* **i**

Quels sont tes passe-temps?
Je vais au cinéma
Je lis
Je nage
Je joue avec l'ordinateur
Je vais à la pêche
J'écoute de la musique
Je regarde la télé
Je fais du sport
Je fais du vélo

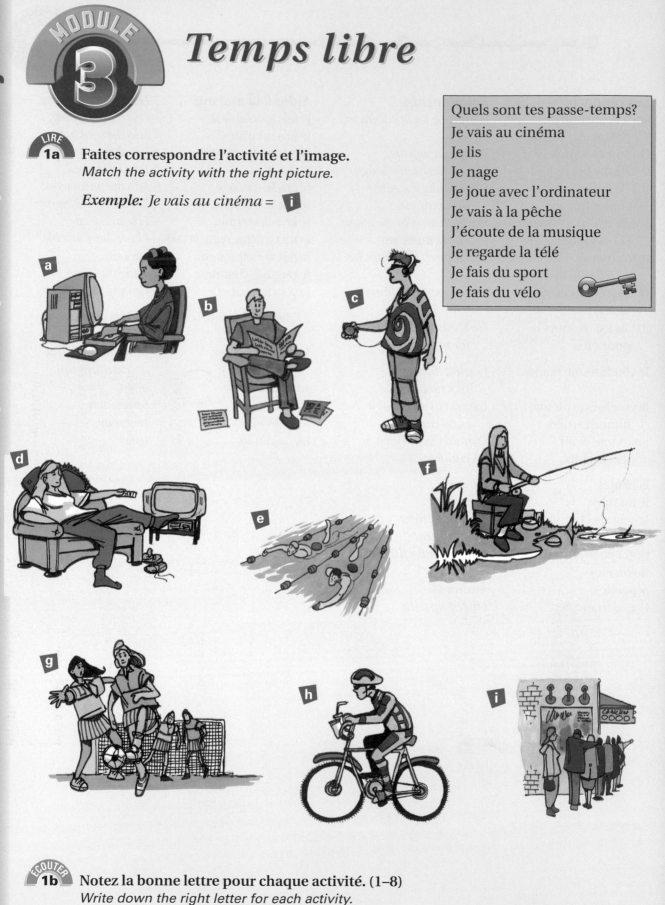

ÉCOUTER

1b **Notez la bonne lettre pour chaque activité. (1–8)**
Write down the right letter for each activity.

1c À deux. Écrivez lundi–vendredi en français.
EN SECRET notez une activité par jour.
*In pairs, write down the days of the week
(lundi–vendredi) in French. In secret, write
down one activity per day.*

> lundi – je vais à la pêche.

Trouvez les 5 activités de votre partenaire.
Ask questions to find your partner's 5 activities.

Exemple: ● *Lundi, tu regardes la télé?*
● *Non.*

*When you are asking the question,
all you do is change* **Je** *to* **Tu** *and lift
the pitch of your voice at the end of the
sentence. Remember to use the correct
verb ending with* **Tu**.
Exemple: Je vais à la pêche *becomes*
Tu vas à la pêche?

2 **Remplissez les blancs. Les blancs indiquent le nombre
de lettres dans chaque mot.**
*Fill in the blanks. The number of letters in the missing
words is shown.*

Normalement, le week-end je ▪▪▪▪▪▪▪
la télé et j'▪▪▪▪▪▪▪ de la musique. Le samedi
matin, je fais ▪▪ sport. Je ▪▪▪▪▪ au basket et
je joue ▪▪ foot. Quelquefois je fais du ▪▪▪▪
avec mes copains ou je ▪▪▪▪▪ au volley. Le
dimanche, je fais de la ▪▪▪▪▪▪▪▪ à la
piscine, et je ▪▪▪▪ des magazines. Souvent
je ▪▪▪▪▪ au cinéma ou je joue avec
l'▪▪▪▪▪▪▪▪▪▪.

Tu fais du sport?				
Je joue	au basket		Je fais	du cyclisme
	au foot			du ski
	au hockey			de la gymnastique
	au rugby			de la natation
	au tennis			de la voile
	au volley			de l'équitation

ÉCOUTER 3a **Copiez et complétez la grille pour chaque personne.** (1–6)
Copy and complete the grid for each person.

Exemple:

	club?	quand?
1	volley	mercredi soir

Tu es membre d'un club?

Je suis membre d'un club de gymnastique/ de voile/de foot/de natation/de tennis/de cyclisme/de cinéma/d'équitation/ d'informatique

Je vais au club le	lundi	matin
	mardi	après-midi
	mercredi	soir
	jeudi	
	vendredi	
	samedi	
	dimanche	

PARLER 3b **Dites ce que vous faites en français.**
Say what you do in French.

Exemple: 1

Je suis membre d'un club de foot. Je vais au club le lundi soir.

lun. 20h

mer. 20h

sam. 10h

ven. 20h

5   sam. 10h

6   mar. 15h

7   dim. 10h

8   jeu. 15h

2

3

4

4a
Copiez les phrases. Indiquez si vous êtes d'accord ✔ ou pas d'accord ✘.
Copy the sentences. Show if you agree ✔ or disagree ✘.

1 Le cyclisme, c'est chouette.
2 Le volley, c'est super.
3 Le foot, c'est barbant.
4 Le hockey, c'est pénible.
5 La natation, c'est affreux.
6 Le cinéma, c'est génial.
7 Le rugby, c'est pas mal.
8 La gymnastique, c'est amusant.
9 La voile, c'est passionnant.

Qu'est-ce que tu penses de … ?	
C'est	amusant
	barbant
	pénible
	super
	pas mal
	passionnant
	affreux
	génial
	chouette

4b
Notez l'activité en français, et l'opinion: ☺, ☺ ou ☹. (1–8)
Write down the activity in French, and the opinion.

	activité	opinion
1	sport	affreux

4c
À deux. En français.
In pairs. In French.

A
- Ask your partner if they do a sport
- Say no, it's awful. Ask your partner if they are a member of a club
- Say you watch TV and listen to music

B
- Say you play basketball on Mondays, it's great. Ask your partner if they go horse-riding
- Say you go to a swimming club on Sunday morning. Ask your partner what their hobbies are

4d
Copiez et complétez.
Copy and complete.

Le week-end, je ▬▬▬.
    (fill in the activities you do).
Comme sports, j'aime ▬▬▬ mais je n'aime pas ▬▬▬.
    (write in the sports with le or la in front).
Je joue ▬▬▬ et je fais ▬▬▬.
    (write in the sports you do, and when you do them).
Je suis membre d'un club de ▬▬▬. Je vais au club le ▬▬▬.
    (write in clubs you go to and when).

1 Qu'est-ce qu'on va faire aujourd'hui?

Understanding information about leisure activities

PISCINE MUNICIPALE

Ouvert tous les jours (sauf le mardi) de 7h30 à 21h.

Prix d'entrée adultes €1,90 enfants (moins de 12 ans) €1,30.

CENTRE SPORTIF

6 courts de tennis (dont 2 à l'intérieur), terrain de jeux illuminé, 2 courts de squash, gymnase, piste de ski artificielle, cours de danse, d'aérobique et d'arts martiaux.

Ouvert du lundi au samedi de 6h30 à 22h, dimanche et jours fériés ouvert de 8h30 à 19h. Prix selon l'activité.

CINÉMA LE VOX

séances à 13h, 15h30, 18h et 20h30. Prix d'entrée adulte €6,40, enfant €1,90, réductions le lundi après-midi.

FESTIVAL DE LA BANDE DESSINÉE

TOUTE LA BANDE DESSINÉE 20 m

À partir du 2 juillet, grand festival de la bande dessinée, Hôtel de Ville. Heures d'ouverture: 9h à 19h, fermé le dimanche. Gratuit. Animations aussi le soir, place du marché. Jusqu'au 20 juillet.

1a Trouvez le français dans les textes ci-dessus.

- open
- closed
- every day
- entrance price
- adults
- children
- from … to …
- bank holidays
- cinema showings
- reductions
- free
- until …
- except for …

1b C'est où? Notez P (piscine), CS (centre sportif), C (cinéma) ou F (festival).

1. On peut y faire du ski.
2. Il y a des réductions le lundi.
3. Ça commence le 2 juillet.
4. Il y a 4 séances par jour.
5. Un enfant de 10 ans paie €1,30.
6. C'est fermé le dimanche.
7. Un adulte paie €6,40.
8. Ça ferme à 21h.
9. Ça ne coûte rien.
10. On peut y apprendre à danser.
11. Ça a lieu à l'hôtel de ville.
12. Ça ouvre à 8h30 le 14 juillet.

1c Pour chaque conversation, notez les détails qui manquent. (1–4)

« **Allô, ici a .**
Bonjour, madame/monsieur. Vous ouvrez à quelle heure, aujourd'hui?
À b .
Et vous fermez à quelle heure?
À c .
Merci. C'est combien par personne?

C'est d pour les adultes, et e pour les enfants.
Est-ce qu'il y a une réduction pour les étudiants?
f .
Merci beaucoup. Au revoir, madame/monsieur. »

 1d À deux. Répétez la conversation pour ces distractions en Angleterre.

Swimming pool
Opening hours 7.30am to 9pm.
Price £2.50 for adults,
£1.50 for children,
students £2.20.

Sports Centre
Opening hours 8.30am to 10pm.
Price £3 adults,
£2.20 children and students.

Museum
Open 9am–5pm.
Free entry.

| une livre | £1 |

2 Répondez aux questions en français.

1 Qu'est-ce qu'on joue au cinéma ce soir?
2 C'est quelle sorte de film?
3 Le film dure combien de temps?

Répondez aux questions en anglais.

4 When does the last showing start?
5 In which language is the film?
6 Which actors star in the film?
7 What is Bond's mission?
8 What are the special effects like?

LE MONDE NE SUFFIT PAS (2h08)

Séances à 14h, 16h45, 19h30, 22h15
Film d'aventures avec:
Pierce Brosnan, Robert Carlyle, Sophie Marceau

Version française.
James Bond a pour mission de protéger King, un grand industriel. Mais l'homme est assassiné par une mystérieuse tueuse. Sa fille, Elektra King, rejette la faute sur James Bond et veut venger son père.
Pour ce 19ème épisode, James Bond fait le tour du monde. Il est toujours entouré des plus belles filles du globe et les effets spéciaux sont formidables.

2 Invitations

Inviting people out and understanding invitations

● ● ● ● ● ● ● ● ● ● ● ● ● ● ●

1a Lisez l'article et répondez aux questions en anglais.

1 Name three suggestions given for outings. *(3)*
2 Which reaction is the most positive? *(1)*
3 What should you do if you get a negative reaction? *(2)*
4 What excuse does the last speech bubble give? *(1)*
5 Which English proverb is the equivalent of 'Un(e) de perdu(e), dix de retrouvé(e)s'? *(1)*
6 Which three details should you make sure you sort out for your date? *(3)*
7 What do the last two words of the article say? *(1)*

> *Always look at the number of marks available for each question so you know how many parts your answer should have.*

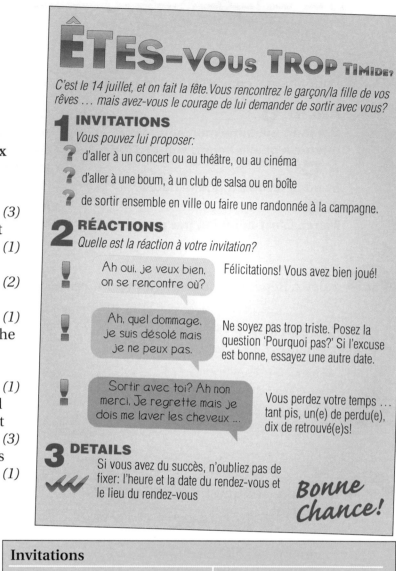

ÊTES-VOUS TROP TIMIDE?

C'est le 14 juillet, et on fait la fête. Vous rencontrez le garçon/la fille de vos rêves … mais avez-vous le courage de lui demander de sortir avec vous?

1 INVITATIONS
Vous pouvez lui proposer:
? d'aller à un concert ou au théâtre, ou au cinéma
? d'aller à une boum, à un club de salsa ou en boîte
? de sortir ensemble en ville ou faire une randonnée à la campagne.

2 RÉACTIONS
Quelle est la réaction à votre invitation?

! *Ah oui, je veux bien, on se rencontre où?* Félicitations! Vous avez bien joué!

! *Ah, quel dommage, je suis désolé mais je ne peux pas.* Ne soyez pas trop triste. Posez la question 'Pourquoi pas?' Si l'excuse est bonne, essayez une autre date.

! *Sortir avec toi? Ah non merci. Je regrette mais je dois me laver les cheveux ….* Vous perdez votre temps … tant pis, un(e) de perdu(e), dix de retrouvé(e)s!

3 DETAILS
Si vous avez du succès, n'oubliez pas de fixer: l'heure et la date du rendez-vous et le lieu du rendez-vous

Bonne chance!

1b Pour chaque conversation notez l'invitation et si la réaction est positive (+) ou négative (–). (1–8)

Invitations

(Est-ce que) tu voudrais	aller	en boîte?
		à une boum?
		au cirque?
		au concert?
tu veux	faire	un pique-nique?
		une excursion à vélo?
tu as envie de/d'	voir	un film?
		un match de foot?

Réactions

On accepte:	d'accord, bien sûr, je veux bien, bonne idée, avec plaisir
On s'excuse:	je suis désolé(e), je regrette, je m'excuse, c'est dommage
On refuse:	je ne peux pas, ça ne me dit rien, je ne suis pas libre, je dois (faire) …

1c Mettez ces phrases dans le bon ordre.

1. veux aller la avec à moi tu piscine?
2. voudrais un tu voir film?
3. faire vélo du tu veux moi avec?
4. veux jouer tu au squash?
5. rester je à maison la dois.
6. ce peux sortir ne je pas soir.
7. faire je mes dois devoirs.
8. au aller je ne pas veux avec cinéma toi.

1d À deux. Imaginez que vous êtes quelqu'un de célèbre. Invitez votre partenaire à sortir.

Exemple: ● *Je suis le Prince William. Tu voudrais faire un pique-nique?*
● *Ah oui, bonne idée!*

Le détective

Use of infinitives
Use the infinitive after:
vouloir   *to want to*
pouvoir *to be able to*
devoir   *to have to*

Exemple:
Tu voudrais aller en boîte?
 = *Would you like to go to a night club?*
On ne peut pas parler pendant le film.
 = *You can't talk during the film.*
Je dois me laver les cheveux.
 = *I have to wash my hair.*

Pour en savoir plus ➡ page 182, pt 3.1

2a Copiez et complétez la grille en anglais. (1–5)

	When?	Where?
1		
2		

1 Rendez-vous demain matin chez moi.

2 On se rencontre devant le cinéma après-demain à 20h.

3 Rendez-vous chez Anne-Claire jeudi prochain à midi.

4 On se rencontre aujourd'hui dans deux heures à la piscine?

5 Rendez-vous chez toi ce soir vers 19h.

2b Qui a téléphoné? Notez le bon prénom. (1–6)

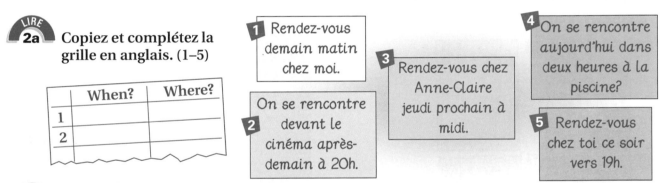

Louise 08:00
Lise Laure 16:00
15:15
21:10
Louis Loïc 19:30
Leila 20:30

2c Écrivez ces invitations en français. Commencez comme ceci:

On se rencontre ...

1. ... at my house at about 03:00
2. ... in front of the stadium tomorrow at 02:30
3. ... next *mer.* at your house.
4. ... tomorrow at Benjamin's house.
5. ... in one hour at the [stadium].
6. ... today at about 12:00

3 Ça s'est bien passé?

Talking about the past

1a Elsa a bien lu l'article page 40 et a suivi les conseils pour passer une bonne journée … mais est-ce que ça s'est bien passé?

Fichier   Édition   Affichage   Insertion   Format   Outils   Message

↩ Répondre   ↩ Répondre à tous   ↪ Transférer

Coucou Fleur!

Eh bien, le 14 juillet, quelle journée affreuse! Mon rendez-vous avec Emmanuel était à 19h. **J'ai attendu** devant le cinéma jusqu'à 19h30, puis **j'ai téléphoné** chez lui. 'Oh, je suis désolé, je suis en retard!' a-t-il dit. Finalement, **il est arrivé** vers 20h. J'étais furieuse!

Comme on était au cinéma, **j'ai proposé** d'aller voir un film. 'Ah! Non', a-t-il répondu, '**j'ai vu** ce film hier soir avec Coralie. C'était nul'. À ce moment-là, **j'en ai eu** assez. **Je suis rentrée** à la maison et **je suis montée** dans ma chambre. **J'ai passé** le reste de la soirée dans ma chambre où **j'ai regardé** la télé en paix. Les garçons? Non merci.

Bisous, Elsa

Écoutez et lisez son e-mail.
Mettez les images dans le bon ordre.

1b Trouvez le français dans l'e-mail.

1 I went home
2 I phoned
3 I suggested
4 I watched
5 I saw
6 He arrived
7 I spent
8 I went up to
9 I waited
10 I had

Le détective

The perfect tense

The **perfect tense** is made up of two parts:

The first is taken from the verb **avoir** or **être**.

   J'ai vu / **J'ai** passé / **Je suis** monté(e)

The second is the past participle of the required verb.

   J'ai **vu** / J'ai **passé** / Je suis **monté(e)**

Common past participles:

-er verbs: téléphoner → téléphoné
-ir verbs: finir → fini
-re verbs: attendre → attendu

Irregular past participles

bu = *drank*	dû = *had to*
eu = *had*	voulu = *wanted to*
lu = *read*	fait = *made/did*
vu = *saw*	pris = *took*
pu = *could*	

The majority of verbs will take **avoir** in the past tense, however a number of exceptions to this rule take **être**.

Exemple: Je **suis** allé(e) *I went*

Pour en savoir plus ➡ page 183, pt 3.3

2a ÉCOUTER

Écoutez et mettez les symboles dans le bon ordre.

2b LIRE

Mettez ces phrases dans le bon ordre, puis trouvez le symbole qui correspond à chaque phrase.

1 VTT j'ai du fait
2 joué foot j'ai au
3 lu livre un j'ai
4 écouté des j'ai CD
5 allé boum je suis une à

6 j'ai aux jeux-vidéo joué
7 la j'ai natation de fait
8 joué dans orchestre un j'ai
9 fait une j'ai promenade
10 cartes j'ai aux joué

2c ÉCRIRE

Regardez l'agenda. Qu'est-ce que vous avez fait la semaine dernière? Écrivez une phrase en français pour chaque jour.

Exemple: *Lundi, j'ai regardé la télé.*

3a PARLER

En groupe. Qu'est-ce que vous avez fait le week-end dernier?

● Le week-end dernier, j'ai lu un livre.
● Le week-end dernier, j'ai lu un livre et j'ai fait du vélo.

Continuez.

3b ÉCRIRE

Vous avez passé le 14 juillet en France. Écrivez une liste de 10 activités que vous avez faites. Utilisez le passé composé!

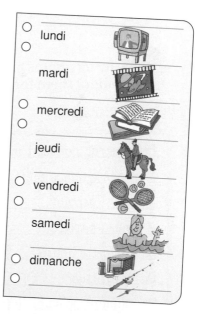

lundi
mardi
mercredi
jeudi
vendredi
samedi
dimanche

J'ai regardé	la télé
J'ai lu	un livre
J'ai fait	de l'équitation/une promenade/de la natation/du VTT
J'ai joué	aux cartes/aux jeux vidéo/au tennis/au foot/dans l'orchestre
J'ai écouté	des CD
Je suis allé(e)	au cinéma/à une boum/à la piscine/à la pêche

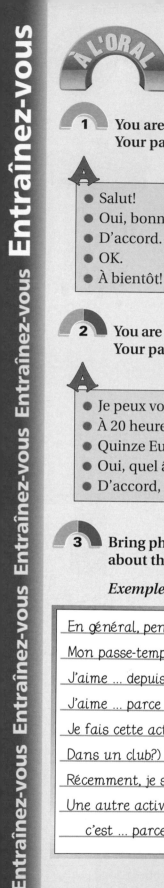

1 You are arranging to go out with a French boy/girl. Your partner will play the part of the French boy/girl.

Jeux de rôle

A
- Salut!
- Oui, bonne idée! Rendez-vous à quelle heure?
- D'accord. On se rencontre où?
- OK.
- À bientôt!

B
- Ask him/her to go to the cinema with you.
- Suggest meeting at 6.30 p.m.
- Suggest meeting at the café.
- Say goodbye.

2 You are at the museum in a French town with your family. Your partner will play the part of the museum assistant.

Jeux de rôle

A
- Je peux vous aider?
- À 20 heures.
- Quinze Euros.
- Oui, quel âge avez-vous?
- D'accord, c'est 10 Euros pour vous.

B
- Ask what time the museum closes.
- Ask how much it is per person.
- Ask if there is a reduction for students.
- Say you are 16.

3 Bring photos or any equipment that you use for your favourite pastimes and talk about them for one minute. Make notes before preparing your exam cue card.

Exemple:

En général, pendant mon temps libre, je ...

Mon passe-temps préféré est ...

J'aime ... depuis ...

J'aime ... parce que ...

Je fais cette activité ... (Quand? Où? Avec qui? Dans un club?)

Récemment, je suis allé(e)/j'ai ...

Une autre activité que je voudrais essayer, c'est ... parce que ...

> You must be able to show that you can talk in different tenses in the oral exam. In the conversation, watch out for key words which flag up the perfect tense.
>
> récemment — recently
> le week-end dernier — last weekend
> hier soir — last night

Your examiner may ask ...

Est-ce que tu fais beaucoup de sport?

Qu'est-ce que tu fais normalement le week-end?

Est-ce que tu es sorti(e) récemment avec tes copains? Qu'est-ce que vous avez fait?

Et le week-end prochain, qu'est-ce que tu vas faire?

1

Publicising a leisure facility. Your task is to produce an advert for a leisure facility (70–100 words). You could prepare:
● **a brochure** ● **a leaflet** ● **a poster.**

Presentation is important, but it is the quality of your French which counts! Use pictures, photos and an effective layout, but don't forget to focus mainly on the written French.

Choose a facility which has lots of things you can describe.
a été construit(e) en … *was built in …*

on peut (+ *infinitive*) *you can …*
un sauna — *a sauna*
un gymnase — *a gym*
un terrain de basket — *a basketball court*
une piste de ski artificielle — *a dry ski slope*

Use the examples from pages 42–43 of this module for help.

visitez … — *visit …*
venez à … — *come to …*
Ça vaut une visite! — *It's worth a visit!*

Introduction
Describe the leisure facility: where it is, its size, when it was built.
Idea 1
Say what there is and what you can do there.
Idea 2
Give opening and closing times and prices.
Idea 3
Include some quotes from people who have visited the facility. They say what they did there and what they think of it.
Conclusion
Invent a slogan to advertise the facility.

You could use speech bubbles for these.
Use the perfect tense to describe what the people did.
To say what they thought of it use C'était *(super)!*

2

Your task is to write a description of a visit to a leisure/sports centre (90 words).

● Introduction
Begin by saying when you went, with whom, and how you got there. Give a reason for your visit.
● Idea 1
Say where the centre is and describe the facilities at the centre.
● Idea 2
Describe which activities you did there.
● Idea 3
Give your opinion of your visit.
● Idea 4
Say if you will go there again.
● Idea 5
Give your reasons.

Use the language you have learned in this module, and use the perfect tense (pages 183–184).

Add in information about prices, opening times, etc.

Vary your language by including lots of different activities from this module.

Use aller + *infinitive to say if you will go there again.*
encore une fois — *again*

Mots

Les passe-temps / *Hobbies*

Quels sont tes passe-temps?	*What are your hobbies?*
Je fais des promenades.	*I go for walks.*
Je fais des randonnées.	*I go rambling.*
Je joue aux cartes.	*I play cards.*
Je joue aux jeux vidéo.	*I play video games.*
Je joue avec l'ordinateur.	*I play on the computer.*
Je vais au cinéma.	*I go to the cinema.*
J'écoute de la musique.	*I listen to music.*
Je lis des romans.	*I read novels.*
Je regarde la télé.	*I watch TV.*
Je me repose.	*I rest.*

Les sports / *Sports*

Je fais du cyclisme.	*I go cycling.*
Je fais de la danse.	*I go dancing.*
Je fais de l'équitation.	*I go horse-riding.*
Je fais de la gymnastique.	*I do gymnastics.*
Je fais de la natation.	*I go swimming.*
Je fais du ski.	*I go skiing.*
Je fais du sport.	*I do sport.*
Je fais du vélo.	*I go cycling.*
Je fais de la voile.	*I go sailing.*
Je fais du VTT.	*I do mountain-biking.*
Je joue au basket.	*I play basketball.*
Je joue au foot.	*I play football.*
Je joue au hockey.	*I play hockey.*
Je joue au rugby.	*I play rugby.*
Je joue au tennis.	*I play tennis.*
Je joue au volley.	*I play volleyball.*
Je vais à la pêche.	*I go fishing.*
Je nage.	*I swim.*
Je suis membre d'un club (de tennis).	*I belong to a (tennis) club.*
Je suis membre (d'un orchestre/d'une équipe).	*I belong to (an orchestra/ a team).*
Je vais au club (le mardi soir).	*I go to the club on (Tuesday evenings).*
souvent	*often*
normalement	*usually*
quelquefois	*sometimes*

Les opinions / *Opinions*

C'est …	*It is …*
affreux	*awful*
amusant	*funny*
barbant	*boring*
chouette	*great*
formidable	*fantastic*
génial	*wonderful*
passionnant	*exciting*
pénible	*dreadful*
pas mal	*not bad*
super	*super*

Acheter des billets / *Buying tickets*

Vous (ouvrez/fermez) à quelle heure?	*At what time do you (open/close)?*
C'est combien par personne?	*How much is it per person?*
C'est (2 euros) pour (les adultes/les enfants).	*It is (2 euros) for (adults/children).*
Est-ce qu'il y a une réduction pour (les étudiants)?	*Is there a reduction for (students)?*
C'est gratuit.	*It's free.*

Les invitations — *Invitations*

| Est-ce que (tu voudrais/ tu veux/tu as envie de/d')...? | *Would you like to ...?* |
| Tu voudrais (faire un pique-nique)? | *Would you like to (have a picnic)?* |

aller en boîte	*go to a nightclub*
aller à la boum	*go to a party*
aller au cirque	*go to the circus*
aller au concert	*go to a concert*
faire un pique-nique	*have a picnic*
faire une excursion à vélo	*go on a cycle ride*
voir un film	*see a film*
voir un match de foot	*see a football match*

D'accord.	*Okay.*
Bien sûr.	*Of course.*
Bonne idée.	*Good idea.*
Avec plaisir.	*With pleasure.*
Je veux bien.	*I would like to.*

Je suis désolé(e).	*I'm sorry.*
Je regrette./Je m'excuse.	*I'm sorry.*
C'est dommage.	*It's a shame.*
Je ne peux pas.	*I cannot.*
Ça ne me dit rien.	*That doesn't interest me.*
Je ne suis pas libre.	*I'm not free.*
Je dois (faire) ...	*I must (do) ...*

Qu'est-ce que tu as fait? — *What did you do?*

J'ai regardé la télé.	*I watched TV.*
J'ai lu un livre.	*I read a book.*
J'ai fait (de l'équitation/ de la natation).	*I went (horse-riding/ swimming).*
J'ai fait (une promenade/ du VTT).	*I (went for a walk/did mountain-biking).*
J'ai joué aux (cartes/ jeux vidéo).	*I played (cards/video games).*
J'ai joué au (foot/ tennis).	*I played (football/ tennis).*
J'ai joué dans l'orchestre.	*I played in the orchestra.*
J'ai écouté des CD.	*I listened to some CDs.*

| Je suis allé(e) (au cinéma/ à une boum). | *I went (to the cinema/to a party).* |
| Je suis allé(e) (à la piscine/pêche). | *I went (to the swimming pool/fishing).* |

J'ai bu.	*I drank.*
J'ai eu.	*I had.*
J'ai lu.	*I read.*
J'ai vu.	*I saw.*
J'ai pu.	*I could.*
J'ai dû.	*I had to.*
J'ai voulu.	*I wanted to.*
J'ai fait.	*I did.*
J'ai pris.	*I took.*

Le week-end dernier ...	*Last weekend ...*
l'après-midi	*afternoon*
après-demain	*the day after tomorrow*
aujourd'hui	*today*
demain	*tomorrow*
hier	*yesterday*
le lendemain	*the next day*
le matin	*morning*
le soir	*evening*

lundi	*Monday*
mardi	*Tuesday*
mercredi	*Wednesday*
jeudi	*Thursday*
vendredi	*Friday*
samedi	*Saturday*
dimanche	*Sunday*

MODULE 4

Au boulot

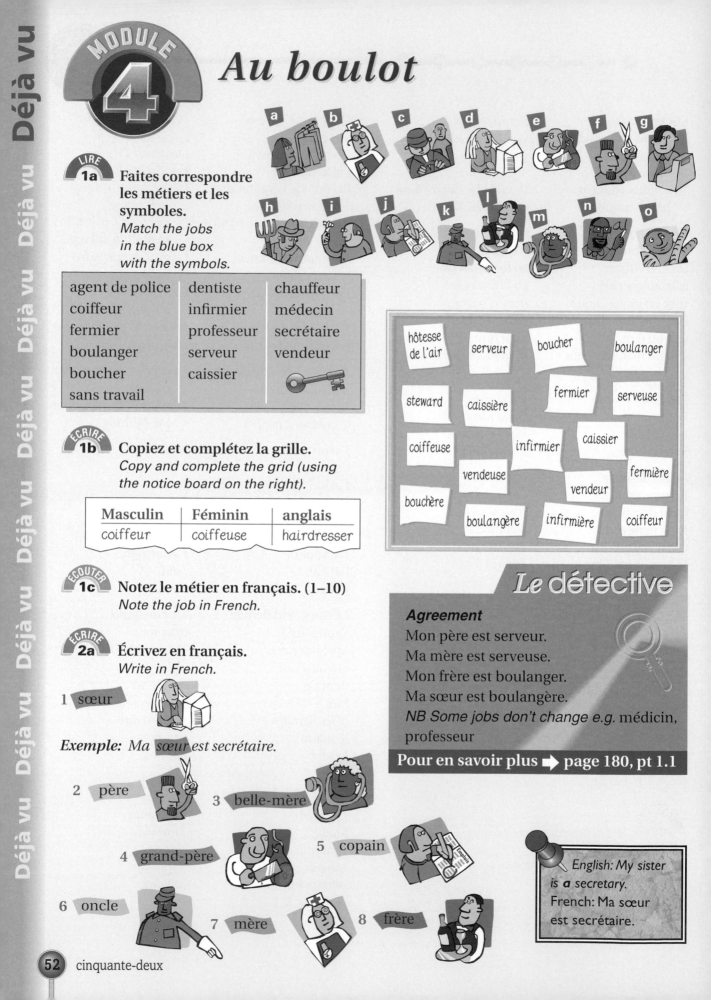

LIRE

1a Faites correspondre les métiers et les symboles.
Match the jobs in the blue box with the symbols.

agent de police	dentiste	chauffeur
coiffeur	infirmier	médecin
fermier	professeur	secrétaire
boulanger	serveur	vendeur
boucher	caissier	
sans travail		

ÉCRIRE

1b Copiez et complétez la grille.
Copy and complete the grid (using the notice board on the right).

Masculin	Féminin	anglais
coiffeur	coiffeuse	hairdresser

Notice board:
hôtesse de l'air · serveur · boucher · boulanger · steward · caissière · fermier · serveuse · coiffeuse · infirmier · caissier · vendeuse · fermière · vendeur · bouchère · boulangère · infirmière · coiffeur

ÉCOUTER

1c Notez le métier en français. (1–10)
Note the job in French.

ÉCRIRE

2a Écrivez en français.
Write in French.

1 sœur

Exemple: Ma sœur est secrétaire.

2 père

3 belle-mère

4 grand-père

5 copain

6 oncle

7 mère

8 frère

Le détective

Agreement

Mon père est serveur.
Ma mère est serveuse.
Mon frère est boulanger.
Ma sœur est boulangère.
NB Some jobs don't change e.g. médicin, professeur

Pour en savoir plus ➡ page 180, pt 1.1

English: My sister is **a** secretary.
French: Ma sœur est secrétaire.

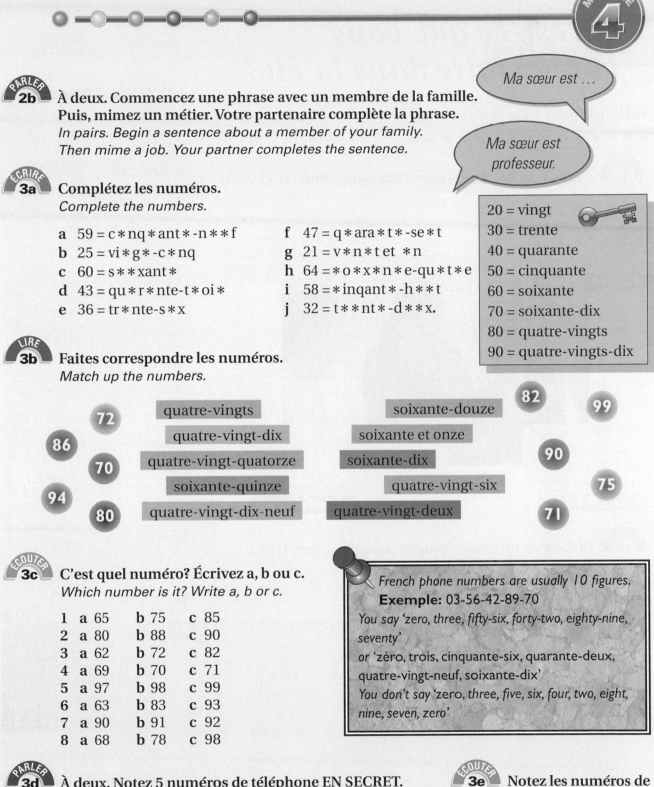

PARLER
2b À deux. Commencez une phrase avec un membre de la famille.
Puis, mimez un métier. Votre partenaire complète la phrase.
In pairs. Begin a sentence about a member of your family.
Then mime a job. Your partner completes the sentence.

Ma sœur est …

Ma sœur est professeur.

ÉCRIRE
3a Complétez les numéros.
Complete the numbers.

a 59 = c*nq*ant*-n**f
b 25 = vi*g*-c*nq
c 60 = s**xant*
d 43 = qu*r*nte-t*oi*
e 36 = tr*nte-s*x

f 47 = q*ara*t*-se*t
g 21 = v*n*tet *n
h 64 = *o*x*n*e-qu*t*e
i 58 = *inqant*-h**t
j 32 = t**nt*-d**x.

20 = vingt	
30 = trente	
40 = quarante	
50 = cinquante	
60 = soixante	
70 = soixante-dix	
80 = quatre-vingts	
90 = quatre-vingts-dix	

LIRE
3b Faites correspondre les numéros.
Match up the numbers.

72   86   70   94   80

quatre-vingts
quatre-vingt-dix
quatre-vingt-quatorze
soixante-quinze
quatre-vingt-dix-neuf

82   99   90   75   71

soixante-douze
soixante et onze
soixante-dix
quatre-vingt-six
quatre-vingt-deux

ÉCOUTER
3c C'est quel numéro? Écrivez a, b ou c.
Which number is it? Write a, b or c.

1 a 65   b 75   c 85
2 a 80   b 88   c 90
3 a 62   b 72   c 82
4 a 69   b 70   c 71
5 a 97   b 98   c 99
6 a 63   b 83   c 93
7 a 90   b 91   c 92
8 a 68   b 78   c 98

French phone numbers are usually 10 figures.
Exemple: 03-56-42-89-70
You say 'zero, three, fifty-six, forty-two, eighty-nine, seventy'
or 'zéro, trois, cinquante-six, quarante-deux, quatre-vingt-neuf, soixante-dix'
You don't say 'zero, three, five, six, four, two, eight, nine, seven, zero'

PARLER
3d À deux. Notez 5 numéros de téléphone EN SECRET.
In pairs. Write down 5 telephone numbers in secret.

Exemple: 01-12-34-56-78

Dites les numéros à votre partenaire en français. Votre
partenaire note les numéros. Comparez vos résultats.
Say the numbers to your partner in French. Your partner
writes down the numbers. Compare your results.

ÉCOUTER
3e Notez les numéros de téléphone. (1–8)
Write down the telephone numbers.

1 Qu'est-ce que vous voulez faire dans la vie?

Talking about your future career

● ● ● ● ● ● ● ● ● ● ● ● ● ● ● ● ● ●

LIRE
1a Choisissez un emploi pour chaque personne ci-dessous.

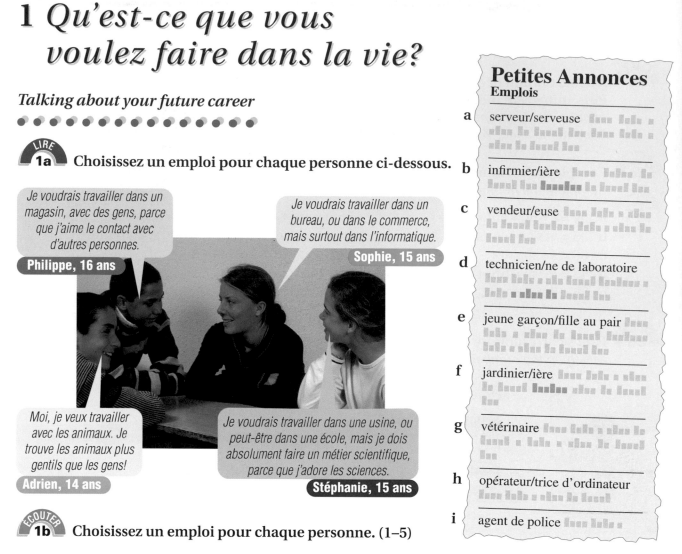

Je voudrais travailler dans un magasin, avec des gens, parce que j'aime le contact avec d'autres personnes.
Philippe, 16 ans

Je voudrais travailler dans un bureau, ou dans le commerce, mais surtout dans l'informatique.
Sophie, 15 ans

Moi, je veux travailler avec les animaux. Je trouve les animaux plus gentils que les gens!
Adrien, 14 ans

Je voudrais travailler dans une usine, ou peut-être dans une école, mais je dois absolument faire un métier scientifique, parce que j'adore les sciences.
Stéphanie, 15 ans

Petites Annonces
Emplois

a (serveur/serveuse ▢▢▢ ▢▢▢ ▢ ▢▢▢ ▢▢ ▢▢▢▢ ▢▢▢ ▢▢▢ ▢▢▢ ▢ ▢▢▢ ▢▢ ▢▢▢▢ ▢▢

b (infirmier/ière ▢▢▢ ▢▢▢ ▢▢ ▢▢▢▢ ▢▢ ▢▢▢▢▢ ▢▢ ▢▢▢ ▢▢

c (vendeur/euse ▢▢▢ ▢▢▢ ▢ ▢▢▢ ▢▢ ▢▢▢ ▢▢▢▢ ▢▢▢ ▢ ▢▢ ▢▢ ▢▢▢ ▢▢

d (technicien/ne de laboratoire ▢▢▢ ▢▢▢ ▢ ▢▢ ▢▢▢ ▢▢▢▢ ▢ ▢▢▢ ▢ ▢▢▢ ▢▢ ▢▢▢▢ ▢▢

e (jeune garçon/fille au pair ▢▢▢ ▢▢▢ ▢ ▢▢▢ ▢▢ ▢▢▢▢ ▢▢▢▢ ▢▢▢ ▢ ▢▢▢ ▢▢ ▢▢▢▢ ▢▢

f (jardinier/ière ▢▢▢ ▢▢▢ ▢ ▢▢▢ ▢▢ ▢▢▢ ▢▢▢▢ ▢▢▢ ▢▢ ▢▢ ▢▢▢▢ ▢▢

g (vétérinaire ▢▢▢ ▢▢▢ ▢ ▢▢▢ ▢▢ ▢▢▢▢ ▢ ▢▢▢ ▢ ▢▢▢ ▢▢ ▢▢▢▢ ▢▢

h (opérateur/trice d'ordinateur ▢▢▢ ▢▢▢ ▢ ▢▢▢ ▢▢ ▢▢▢▢

i (agent de police ▢▢▢ ▢▢▢ ▢

ÉCOUTER
1b Choisissez un emploi pour chaque personne. (1–5)

ÉCRIRE
1c Écrivez vos projets d'avenir en français.

Je (ne) voudrais (pas) travailler	dehors en plein air à l'intérieur		avec	les enfants les personnes âgées les gens
	dans	un bureau un magasin une banque une usine une école un hôpital le commerce le marketing le tourisme l'informatique		les malades les animaux les ordinateurs
Je voudrais être	serveur/serveuse …			

1d À deux. En français.

A

- Où voudrais-tu travailler?
- Avec qui voudrais-tu travailler?
- Qu'est-ce que tu voudrais être?

B

- Say [image] ; [image] ; ?
- Say [image] ; [image] ; ?
- Say [image] ; [image] ; ?

2a Lisez les projets d'avenir de ces 5 jeunes.
Qui:

1 est fort en sport?
2 adore les langues?
3 travaillera dans le tourisme?
4 ne s'est pas encore décidé?
5 cherchera un emploi dans l'informatique?
6 ira à l'université?
7 sera dehors pour son travail?
8 voyagera autour du monde?

Romain – Je ne sais pas encore ce que je ferai. Je voudrais voyager, je chercherai donc un métier qui me permettra de voyager dans le monde entier.

Yoann – Ce qui me plaît le plus, c'est les ordinateurs. Je ferai un diplôme au lycée technique, et puis, je chercherai du travail dans un bureau, peut-être pour une grande entreprise.

Anne – Si j'ai de bonnes notes, j'irai en faculté après le lycée pour étudier l'anglais et l'espagnol, parce que j'espère devenir interprète.

Hassiba – Comme j'aime beaucoup être en plein air, je travaillerai comme gardienne dans un camping situé pas loin de chez nous.

Vincent – Moi, je serai joueur de foot professionnel, si tout va bien. Je fais déjà partie de l'équipe junior de Monaco, et je continuerai à jouer pour eux, j'espère.

Le détective

Future tense

We have seen how to talk about the future using aller + infinitive.
Another way is to use the future tense.
Exemple: Je travaillerai chaque jour
= I will work every day.
Je voyagerai dans le monde
= I will travel the world.

You need to be able to recognise and understand the future tense.

je voyager**ai**	nous voyager**ons**
tu voyager**as**	vous voyager**ez**
il/elle/on voyager**a**	ils/elles voyager**ont**

J'**irai** …	*I will go …*
Je **ferai** …	*I will do …*
Je **serai** …	*I will be …*

Pour en savoir plus ➡ page 185, pt 3.6

Pour en savoir plus ➡ page 185, pt 3.6

2b Qui parle? Anne, Vincent, Yoann, Hassiba, ou Romain? (1–5)

2 Avez-vous un job?

Talking about part-time jobs and work experience

Avez-vous un *job?*
Les petits jobs d'été

Est-ce que c'est une bonne idée de faire un petit job le soir,
le week-end ou pendant les vacances?
Valérie, 15 ans, et Fanch, 16 ans, répondent à nos questions:

Bonjour, Valérie. Tu travailles où?
Je travaille <u>dans un grand hypermarché</u>.
Tu commences à quelle heure?
Je commence <u>à 8h30</u>.
Tu finis à quelle heure?
Je finis <u>à 17h00</u>.
Comment vas-tu au travail?
J'y vais <u>en bus</u>.
Et le trajet dure combien de temps?
Le trajet dure <u>20 minutes</u>.
Combien est-ce que tu gagnes?
Je gagne <u>€5,90 par heure</u>.
Tu aimes ton job? Et pourquoi?
<u>Oui, j'aime mon job parce que c'est bien payé et assez varié</u>.

Et toi, Fanch?
Moi, je distribue des journaux tous les matins.
Tu commences à quelle heure?
Je commence vers 5h30 ... oui! C'est fatigant!
Tu finis à quelle heure?
Pour distribuer les journaux, il me faut environ une heure.
Comment vas-tu au travail?
J'y vais à pied ou parfois à vélo.
Et le trajet dure combien de temps?
Oh, cinq minutes maximum: c'est tout près de chez moi.
Combien est-ce que tu gagnes?
Je gagne €12,20 par semaine pour les journaux.
Tu aimes ton job? Et pourquoi?
Non, je n'aime pas mon job. C'est ennuyeux de livrer des journaux, et c'est assez mal payé.

LIRE
1a Copiez et complétez la grille en français.

	Valérie	Fanch
Job		
Heures		
Moyen de transport		
Salaire		
Opinion(s)		

Le détective

Asking questions
The easiest way to ask questions in French is to put the question word at the end, and raise the pitch of your voice.
Exemple: Tu travailles où?
Tu commences à quelle heure?

Pour en savoir plus ➡ page 187 pt 4.2

LIRE
1b Regardez les questions dans l'interview. Trouvez le français pour:

1 where?
2 at what time?
3 how?
4 how much time/how long?
5 how much?
6 why?

ÉCOUTER

1c Écoutez une autre interview. Coralie répond aux mêmes questions. Notez ses réponses. (1–7)

PARLER

1d À deux. Parlez de votre travail.

Les opinions		
	+	**–**
C'est	intéressant	ennuyeux
	bien payé	mal payé
	varié	monotone
	chouette	

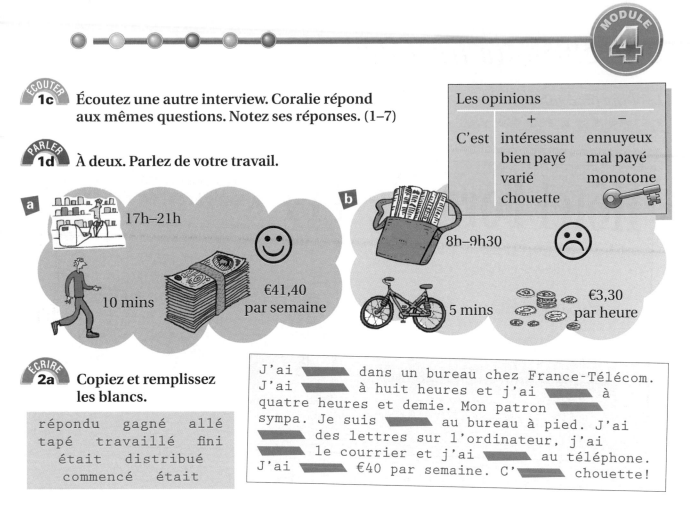

a 17h–21h

10 mins €41,40 par semaine

b 8h–9h30

5 mins €3,30 par heure

ÉCRIRE

2a Copiez et remplissez les blancs.

> répondu gagné allé
> tapé travaillé fini
> était distribué
> commencé était

```
J'ai ▬▬ dans un bureau chez France-Télécom.
J'ai ▬▬ à huit heures et j'ai ▬▬ à
quatre heures et demie. Mon patron ▬▬
sympa. Je suis ▬▬ au bureau à pied. J'ai
▬▬ des lettres sur l'ordinateur, j'ai
▬▬ le courrier et j'ai ▬▬ au téléphone.
J'ai ▬▬ €40 par semaine. C'▬▬ chouette!
```

ÉCOUTER

2b Marc a fait son stage en entreprise aussi. Vrai ou faux?

1 Marc a travaillé dans un garage pendant trois semaines.
2 Il a travaillé dans le bureau.
3 Il a réparé les voitures.
4 Son patron n'était pas gentil.
5 Il est allé au travail à pied.
6 Ses heures de travail étaient de 8h30 à 17h.
7 Il a trouvé son stage ennuyeux.

PARLER

2c Vous avez fait votre stage en entreprise chez Marks & Spencer. Regardez les images à côté et parlez de votre stage en entreprise.

Exemple: *J'ai travaillé …*

> *Use the text in 2a and these phrases to help you.*
> J'ai passé l'aspirateur.
> J'ai servi les clients.

3 *Je cherche un poste*

Looking for a job in France

Hôtel Formule 444

nouvel hôtel ✷✷ à Surgères, en France.

Nous recherchons le personnel suivant pour notre équipe:

chefs de cuisine   **serveurs**

réceptionnistes

femmes/hommes de chambre

Veuillez écrire (avec CV) à Adeline Giraud, Hôtel Formule 444, 17700 Surgères, FRANCE.

1 Copiez la lettre de demande d'emploi dans cet hôtel, et remplissez les blancs avec les mots ci-dessous.

stage

job

chère

gens

sentiments

CV

humour

parle

travaillé

sérieuse

poste

journal

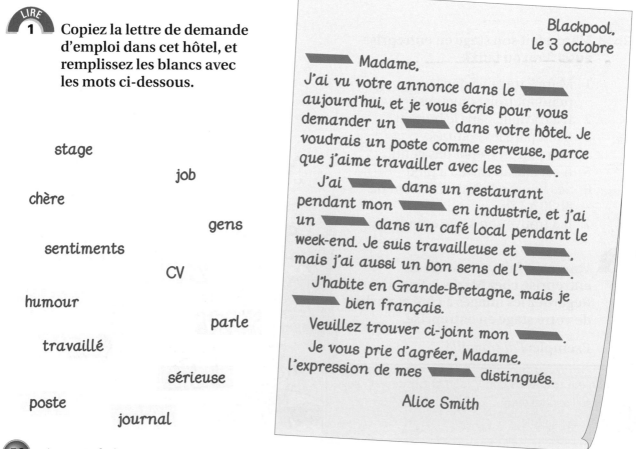

Blackpool,
le 3 octobre

▬▬ Madame,

J'ai vu votre annonce dans le ▬▬ aujourd'hui, et je vous écris pour vous demander un ▬▬ dans votre hôtel. Je voudrais un poste comme serveuse, parce que j'aime travailler avec les ▬▬.

J'ai ▬▬ dans un restaurant pendant mon ▬▬ en industrie, et j'ai un ▬▬ dans un café local pendant le week-end. Je suis travailleuse et ▬▬, mais j'ai aussi un bon sens de l'▬▬.

J'habite en Grande-Bretagne, mais je ▬▬ bien français.

Veuillez trouver ci-joint mon ▬▬.

Je vous prie d'agréer, Madame, l'expression de mes ▬▬ distingués.

Alice Smith

2a Lisez le CV et indiquez si les phrases sont vraies ou fausses:

1 Alice habite en Angleterre.
2 Son anniversaire est le 21 juin.
3 Elle est née en France.
4 Elle ne va pas au collège.
5 Elle étudie huit matières.
6 Elle a déjà travaillé dans un hôtel.
7 Elle aime lire.

CURRICULUM VITAE

Nom: SMITH

Prénoms: ALICE CATHERINE

Adresse: 44 Woodville Road, Blackpool BL5 6NX, ANGLETERRE

Date de naissance: 21 juin 1986

Lieu de naissance: Blackpool

École(s): Blackpool High School

Matières étudiées: anglais, mathématiques, sciences, français, allemand, histoire, musique, art dramatique

Expérience: stage en entreprise dans un hôtel; petit emploi dans un café

Loisirs: natation, théâtre, basket, lecture

2b Copiez et complétez le CV de Luc.

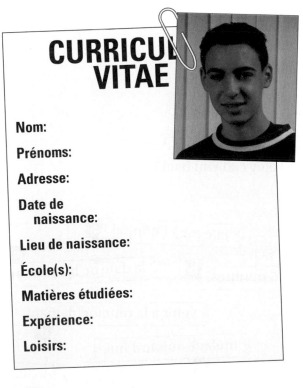

CURRICULUM VITAE

Nom:

Prénoms:

Adresse:

Date de naissance:

Lieu de naissance:

École(s):

Matières étudiées:

Expérience:

Loisirs:

3 À deux. Vous voulez un poste dans le nouvel hôtel. Préparez vos réponses à ces questions en français. Pratiquez la conversation avec un (e) partenaire.

Q Quel poste voulez-vous?
R Je voudrais un poste comme ...

Q Avez-vous de l'expérience?
R Pendant mon stage en entreprise j'ai travaillé ...
J'ai aussi un job. Je travaille ...

Q Quelles sont vos qualités personnelles?
R Je suis ...

Q À quelle date pouvez-vous commencer?
R Je peux commencer le ... et continuer jusqu'au ...

2c Écrivez votre propre CV en français.

4 *La communication*

Using the telephone
• • • • • • • • • •

Matthew fait son stage en entreprise chez *Eau Naturelle*, une compagnie française qui a un bureau en Angleterre. Il travaille à la réception.

ÉCOUTER

1a Écoutez et pratiquez la conversation avec un partenaire.

- Good morning, Eau Naturelle, can I help you?
- Bonjour, <u>monsieur</u>, parlez-vous français?
- Ah oui, bonjour <u>madame</u>. C'est <u>Matthew</u> à l'appareil. Je peux vous aider?
- Je voudrais parler à <u>Monsieur Foley</u>, s'il vous plaît.
- C'est de la part de qui?
- Je suis <u>Fabienne Alalain</u>.
- Merci. Ne quittez pas … Ah, je regrette, mais <u>il</u> n'est pas là.
- Est-ce que je peux laisser un message?

- Bien sûr. Votre nom, comment ça s'écrit?
- Ça s'écrit <u>A … L … A … L … A … I … N</u>.
- Et quel est votre message?
- Dites-lui que <u>je ne peux pas venir à la réunion demain.</u>
- Merci beaucoup, c'est noté. Quel est votre numéro de téléphone, s'il vous plaît?
- C'est le <u>02-45-75-89-10</u>.
- Et <u>Monsieur Foley</u> peut vous rappeler à quelle heure?
- À partir de <u>dix heures et demie</u>.
- Merci, <u>madame</u>. Au revoir!

LIRE

1b Trouvez le français dans la conversation pour:

It's Matthew here.
I'd like to speak to …
Who's calling?
Hold on.
He's not here.

Can I leave a message?
How do you spell your surname?
What is your message?
What is your phone number?
What time can Mr Foley call you back?

LIRE

1c Trouvez la fin de chaque message téléphonique.

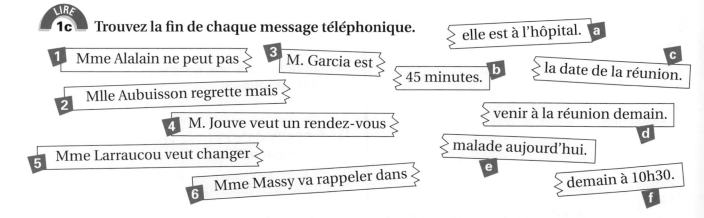

1 Mme Alalain ne peut pas
3 M. Garcia est
2 Mlle Aubuisson regrette mais
4 M. Jouve veut un rendez-vous
5 Mme Larraucou veut changer
6 Mme Massy va rappeler dans

a elle est à l'hôpital.
b 45 minutes.
c la date de la réunion.
d venir à la réunion demain.
e malade aujourd'hui.
f demain à 10h30.

1d À deux. Répétez la conversation **1a** mais changez les détails soulignés.

2a Écoutez les messages sur le répondeur téléphonique. Identifiez qui a téléphoné. (1–6)

2b Regardez les images **2a**. Déchiffrez les codes pour trouver les messages secrets. Qui a écrit chaque message?

1
```
10,5 / 4,15,9,19 / 1,12,12,5,18 /
1 / 21,14,5 / 1,21,20,18,5 /
              18,5,21,14,9,15,14
```

2
```
ajaeasauaiasamaaalaaadaea
```

3
```
kf tvjt fo spvuf qpvs ofx zpsl
```

4
```
ia'j udrep sel sfelc ed am erutiov
```

5
```
i'zh lzmptd kd sqzhm
```

6
```
ej isod corpeuc'm ud bééb
```

2c À deux. Écrivez 3 messages téléphoniques français en code secret. Est-ce que votre partenaire peut les comprendre?

5 *Le monde du travail*

Talking about issues in the world of work

● ● ● ● ● ● ● ● ● ● ● ● ● ● ● ● ● ● ● ●

 1a Lisez le texte et répondez aux questions en anglais.

ALLEZ-Y! PARTEZ! LE MONDE EST À VOUS!

Travailler à l'étranger* est tout à fait normal aujourd'hui. Avec l'UE*, il y a beaucoup de Français qui viennent travailler à Londres. Les jeunes d'aujourd'hui cherchent de l'aventure. Mais pourquoi travailler à l'étranger?

- On peut perfectionner une langue étrangère
- On peut apprendre à connaître une autre culture
- Faire l'expérience d'un autre pays est bien pour son CV.

Michel Richet explique:

«Moi, je voudrais travailler avec les gens, mais l'argent est aussi important pour moi, alors j'aimerais travailler dans le marketing. Pendant mon séjour* à Londres, je voudrais voyager un peu et perfectionner mon anglais.»

D'autres jeunes prennent une année sabbatique entre l'école et l'université. Ils voyagent autour du monde,* ou travaillent en Afrique ou en Inde. Ça aussi, ça élargit* les horizons.

à l'étranger	*abroad*
l'UE – l'Union Européenne	*European Union*
mon séjour	*my stay*
autour du monde	*around the world*
ça élargit	*that broadens ...*

1 What does the headline of the article tell you to do? *(1)*

2 Where is it perfectly normal to work nowadays? *(1)*

3 In which British city do many French people work? *(1)*

4 Which three reasons are given for working abroad? *(3)*

5 What two things does Michel want from his job? *(2)*

6 Which two things does he hope to do during his stay in England? *(2)*

7 What is 'une année sabbatique'? *(1)*

8 What kind of things do young people do during that year? *(2)*

9 What is one advantage of such a year? *(1)*

 1b Notez si ces jeunes sont pour (✔) ou contre (✘) une année sabbatique. (1–6)

1c À deux. En français:

A
- Qu'est-ce que tu voudrais faire à dix-huit ans?
- Pourquoi?

B
- Say you would like to work abroad.
- Say you would like to perfect your French and to travel.

- Say you would like to have a year out.
- Say you would like to work with people in Africa.

Je voudrais	travailler à l'étranger
	perfectionner mon français
	voyager
	prendre une année sabbatique

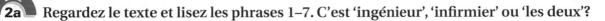

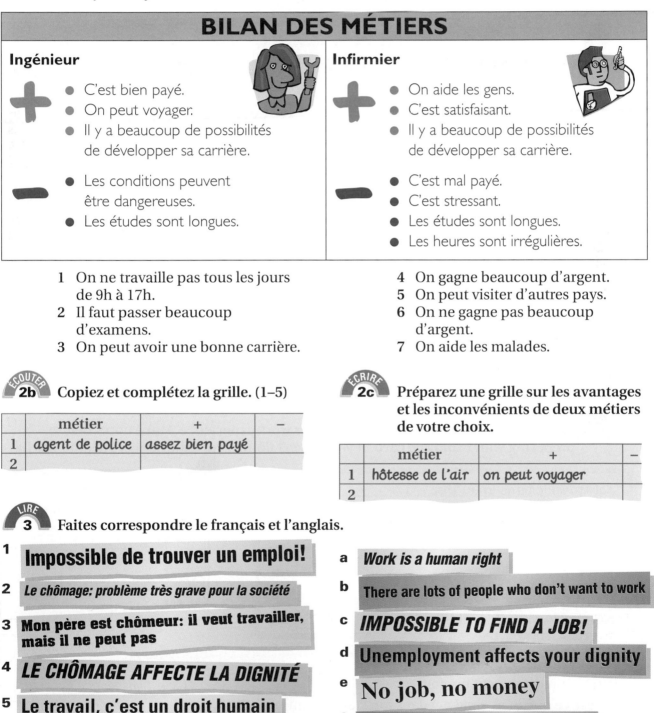

2a Regardez le texte et lisez les phrases 1–7. C'est 'ingénieur', 'infirmier' ou 'les deux'?

Exemple: 1 infirmier

BILAN DES MÉTIERS

Ingénieur

+
- C'est bien payé.
- On peut voyager.
- Il y a beaucoup de possibilités de développer sa carrière.

–
- Les conditions peuvent être dangereuses.
- Les études sont longues.

Infirmier

+
- On aide les gens.
- C'est satisfaisant.
- Il y a beaucoup de possibilités de développer sa carrière.

–
- C'est mal payé.
- C'est stressant.
- Les études sont longues.
- Les heures sont irrégulières.

1 On ne travaille pas tous les jours de 9h à 17h.
2 Il faut passer beaucoup d'examens.
3 On peut avoir une bonne carrière.
4 On gagne beaucoup d'argent.
5 On peut visiter d'autres pays.
6 On ne gagne pas beaucoup d'argent.
7 On aide les malades.

2b Copiez et complétez la grille. (1–5)

	métier	+	–
1	agent de police	assez bien payé	
2			

2c Préparez une grille sur les avantages et les inconvénients de deux métiers de votre choix.

	métier	+	–
1	hôtesse de l'air	on peut voyager	
2			

3 Faites correspondre le français et l'anglais.

1 **Impossible de trouver un emploi!**
2 *Le chômage: problème très grave pour la société*
3 **Mon père est chômeur: il veut travailler, mais il ne peut pas**
4 *LE CHÔMAGE AFFECTE LA DIGNITÉ*
5 **Le travail, c'est un droit humain**
6 Pas d'emploi, pas d'argent
7 Il existe beaucoup de gens qui ne veulent pas travailler

a *Work is a human right*
b There are lots of people who don't want to work
c *IMPOSSIBLE TO FIND A JOB!*
d **Unemployment affects your dignity**
e No job, no money
f My father is unemployed: he wants to work, but he can't
g **Unemployment: a very serious problem for society**

À L'ORAL

1 You are in France and decide to phone your penfriend, but he/she is out. You speak to his/her parent. Your partner will play the part of the parent.

Jeux de rôle

A
- Qui est à l'appareil?
- D'accord. Quel est ton numéro de téléphone?
- À quelle heure est-ce que tu vas rappeler?
- OK, c'est noté.
- De rien!

B
- Say who you are and spell your surname.
- 12-54-80-03.
- Say you'll call back at 8.30 p.m.
- Say thanks.

2 You telephone a campsite owner because you would like a holiday job in the campsite restaurant. Your partner will play the part of the campsite owner.

Jeux de rôle

A
- Allô, Camping du Bois!
- Très bien. Avez-vous de l'expérience?
- Ah oui. À quelle date pouvez-vous commencer?
- Excellent.
- Quarante-cinq Euros de l'heure!

B
- Say you would like to work in the restaurant.
- Say you have worked in a restaurant before.
- Say you can start on 1 July.
- Ask how much you will earn.

3 Talk for one minute on the subject of your work experience. Make notes before preparing your exam cue card. If you haven't done work experience, imagine you have!

J'ai travaillé dans un(e)/chez ... à ...

J'ai commencé à ... et ...

J'ai voyagé ...

Tous les jours, j'ai ...

Mon/ma patron(ne) était

À mon avis, mon stage était ... car ...

Giving an opinion is really important in the oral exam. Try to use à mon avis or je pense que before your opinion. Try to say car or parce que and give a reason for your opinion. **Exemple:**

Je voudrais être professeur car à mon avis c'est un métier intéressant et je pense que je voudrais travailler avec les enfants.

Your examiner may ask ...

Parle-moi de ton petit boulot.

Qu'est-ce que tu as aimé pendant ton stage en entreprise?

Qu'est-ce que tu voudrais faire dans la vie?

Pourquoi préfères-tu ce métier?

Est-ce que tu voudrais être professeur?

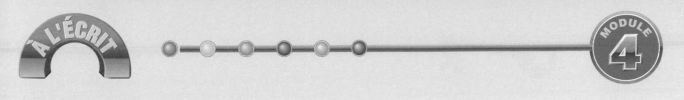

1 **Describing your ideal job.**
Your task is to write about your ideal future job (70–100 words).

Firstly, decide on the job you are going to write about. Then make sure that you tie in all of your paragraphs to this job. For example, if you choose 'hairdresser', you would emphasise those aspects of your personality, likes, schoolwork etc. which are important in that job.

à l'avenir   *in the future*
je voudrais être …   *I would like to be …*
(Remember, you don't need to put un(e) *before the job.)*

Use Unit 1 of this module for help (pages 54–55).

Use Module 2, Unit 2 for help (pages 28–29).

Use Module 1, Units 1 and 2 for help (pages 10–13).

Use the perfect tense here to say what you have already done.

Introduction
  Say what your ideal future job is.
Idea 1
  Say what type of work you would like to do.
  Where? Who with? What hours?
Idea 2
  Describe your personality, likes and dislikes.
Idea 3
  Talk about what you like and dislike at
  school, and what you are good at/bad at.
Idea 4
  Talk about your work experience/part-time
  job.
Conclusion
  Conclude by tying in all of the above by
  saying what your ideal future job is and why.

Voici pourquoi …   *That is why …*

2 **Your task is to write a letter of application for a part-time job (90 words).**

- **Introduction**
  Begin by giving full details of the job you are applying for and why you want it.
- **Idea 1**
  Describe your personal qualities.
- **Idea 2**
  Describe what you have done to make you suitable for this job.
- **Idea 3**
  Explain your future plans.
- **Idea 4**
  Explain why this job will help you in the future.
- **Conclusion**
  End the letter formally.

Say what the job is, where it is, hours and days of work.

Look back at Module 2 for ideas. Try to choose qualities which link in with the job. Invent them, if you want to!

Use the perfect tense to talk about your past experience, e.g. what you did during your work experience, what you have done that links in with the job.

Use je vais + *infinitive (check back in Module 1, page 16) and tie in your ideas with the job you are applying for.*
à l'avenir   *in the future*

soixante-cinq   **65**

Mots

Les métiers — *Jobs*

Il/Elle est …	*He/She is …*
acteur/actrice	*actor/actress*
agent de police	*police officer*
boucher/ère	*butcher*
boulanger(ère)	*baker*
caissier(ière)	*cashier*
chauffeur(euse)	*driver*
coiffeur(euse)	*hairdresser*
dentiste	*dentist*
fermier(ière)	*farmer*
hôtesse de l'air	*air hostess*
steward	*air steward*
infirmier(ière)	*nurse*
médecin	*doctor*
professeur	*teacher*
secrétaire	*secretary*
serveur(euse)	*waiter/waitress*
vendeur(euse)	*sales assistant*
sans travail	*out of work*

Où? — *Where?*

Je voudrais travailler …	*I would like to work …*
Je ne voudrais pas travailler …	*I wouldn't like to work …*
dehors/en plein air	*outside*
à l'intérieur	*inside*
dans …	*in …*
une banque	*a bank*
un bureau	*an office*
une école	*a school*
un garage	*a garage*
un magasin	*a shop*
une usine	*a factory*
le commerce	*business*
l'informatique	*computing*
le marketing	*marketing*
le tourisme	*tourism*
Je voudrais travailler avec …	*I would like to work with …*
les animaux	*animals*
les enfants	*children*
les gens	*people*
les malades	*ill people*
les ordinateurs	*computers*
les personnes âgées	*old people*
Je voudrais être (dentiste).	*I would like to be a (dentist).*

L'avenir — *The future*

j'irai	*I will go*
je ferai	*I will do*
je serai	*I will be*
J'irai en faculté.	*I will go to university.*
Je prendrai une année sabbatique.	*I will take a gap year.*
Je voyagerai dans le monde.	*I will travel the world.*
Je ferai un licence.	*I will do a degree.*
Jc voudrais être (interprète).	*I would like to be (an interpreter).*
Je voudrais devenir (infirmier).	*I would like to be (a nurse).*
Je voudrais travailler (à l'étranger/en Afrique).	*I would like to work (abroad/in Africa).*
Je voudrais perfectionner mon français.	*I would like to improve my French.*
Je voudrais voyager.	*I would like to travel.*
le chômage	*unemployment*
les chômeurs	*the unemployed*

Les petits jobs — *Part-time jobs*

Je travaille (dans un grand hypermarché).	*I work (in a large hypermarket).*
Je distribue des journaux.	*I deliver newspapers.*
Je fais du babysitting.	*I do babysitting.*
Je (commence/finis) à … h.	*I (start/finish) at … o'clock.*
J'y vais (en bus/à pied/ à vélo).	*I go there (by bus/on foot/by bike).*
Le trajet dure (20 minutes).	*The journey lasts (20 minutes).*
Je gagne (5 euros) par heure.	*I earn (5 euros) an hour.*
J'aime mon job parce que …	*I like my job because …*
Je n'aime pas mon job parce que …	*I don't like my job because …*
c'est …	*it is …*
bien payé	*well-paid*
mal payé	*badly-paid*
chouette	*great*
ennuyeux	*boring*
fatiguant	*tiring*
intéressant	*interesting*
monotone	*dull*
varié	*varied*

Quel poste voulez-vous?	*What job would you like?*
Je voudrais un poste comme …	*I would like a job as a …*
Avez-vous de l'expérience?	*Do you have any experience?*
Pendant mon stage en entreprise j'ai travaillé …	*During my work experience, I worked …*
À quelle date pouvez-vous commencer?	*What date can you start on?*
Je peux commencer le …	*I can start on the …*
et continuer jusqu'au …	*and continue until the …*
Quells sont vos qualités personelles?	*What are your personal qualities?*
J'ai travaillé (dans un bureau).	*I worked (in an office).*
J'ai gagné …	*I earned …*
J'ai commencé à …	*I started at …*
J'ai fini à …	*I finished at …*
J'y suis allé(e)(en bus).	*I went there (by bus).*
Le trajet a duré …	*The journey lasted …*
J'ai aimé mon job parce que …	*I liked my job because …*
Je n'ai pas aimé mon job parce que …	*I didn't like my job because …*
C'était (intéressant).	*It was (interesting).*
Nom	*Name*
Prénom	*First name*
Adresse	*Address*
Date de naissance	*Date of birth*
Lieu de naissance	*Place of birth*
École	*School*
Matières étudiées	*Subjects studied*
Expérience	*Experience*
Loisirs	*Interests*

Au téléphone — *On the phone*

Allô.	*Hello.*
C'est de la part de qui?	*Who is speaking?*
C'est (Anne) à l'appareil.	*It is (Anne) speaking.*
Je peux vous aider?	*Can I help you?*
Je voudrais parler à …	*I would like to speak to …*
C'est de la part dc qui?	*Who is calling?*
Ne quittez pas.	*Hold on.*
Je regrette, il/elle n'est pas là.	*I'm sorry, he/she isn't there.*
Est-ce que je peux laisser un message?	*Can I leave a message?*
Votre nom, comment ça s'écrit?	*How is your name spelt?*
Quel est votre message?	*What is your message?*
C'est noté.	*I have made a note of that.*
Quel est votre numéro de téléphone?	*What is your phone number?*
C'est le …	*It is …*
À quelle heure est-ce que je peux rappeler?	*What time can I call back?*
À partir de …	*From …*

Les chiffres — *Numbers*

vingt	*twenty*
trente	*thirty*
quarante	*forty*
cinquante	*fifty*
soixante	*sixty*

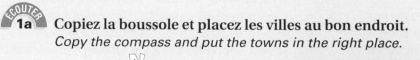

Ma ville

1a Copiez la boussole et placez les villes au bon endroit.
Copy the compass and put the towns in the right place.

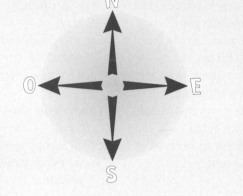

Toulon

Cognac

Nancy

Arras

Clermont-Ferrand

Mon village est situé	dans le nord	de la France
Ma ville est située	dans le sud	de l'Angleterre
	dans l'est	de l'Écosse
	dans l'ouest	du pays de Galles
	dans le centre	de l'Irlande

1b Indiquez si les phrases sont vraies ou fausses, et corrigez les phrases fausses.
Note if each sentence is true or false, and correct the false sentences.

1 Brighton est dans l'ouest de l'Angleterre.
2 Cardiff est dans le sud du pays de Galles.
3 Norwich est dans l'est de l'Angleterre.
4 Édimbourg est dans le centre du pays de Galles.
5 Belfast est dans le nord de l'Irlande.
6 Newcastle est dans l'ouest de l'Angleterre.
7 Londres est dans le sud de l'Écosse.
8 Lyme Regis est dans le sud de la France.

PARLER

1c À deux. Copiez la boussole.
In pairs. Copy the compass.

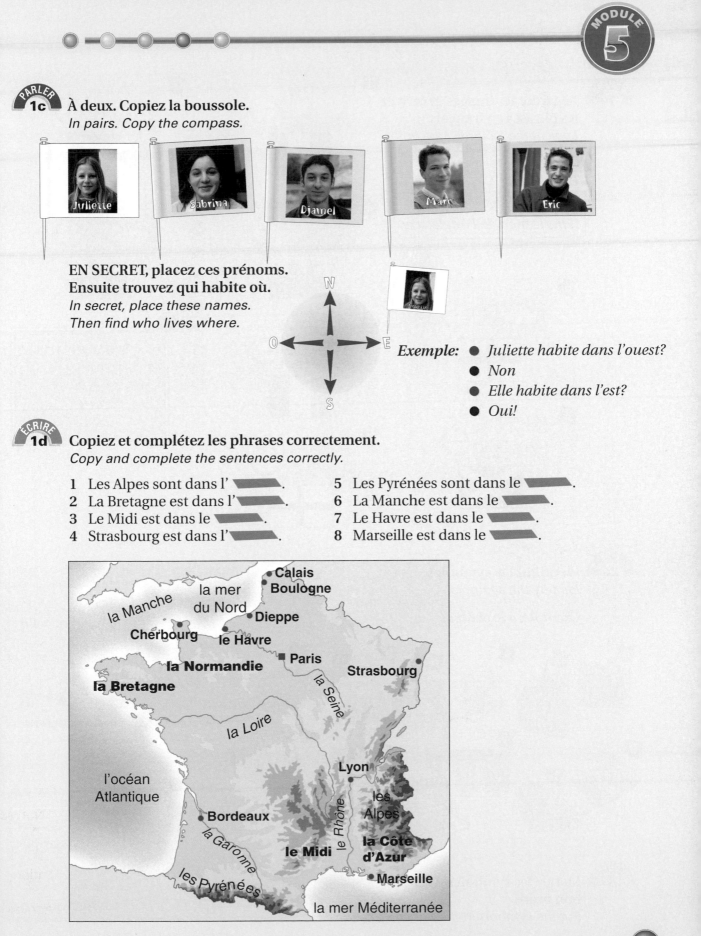

EN SECRET, placez ces prénoms.
Ensuite trouvez qui habite où.
In secret, place these names.
Then find who lives where.

Exemple:
● *Juliette habite dans l'ouest?*
● *Non*
● *Elle habite dans l'est?*
● *Oui!*

ECRIRE

1d Copiez et complétez les phrases correctement.
Copy and complete the sentences correctly.

1 Les Alpes sont dans l' ▬▬.
2 La Bretagne est dans l' ▬▬.
3 Le Midi est dans le ▬▬.
4 Strasbourg est dans l' ▬▬.

5 Les Pyrénées sont dans le ▬▬.
6 La Manche est dans le ▬▬.
7 Le Havre est dans le ▬▬.
8 Marseille est dans le ▬▬.

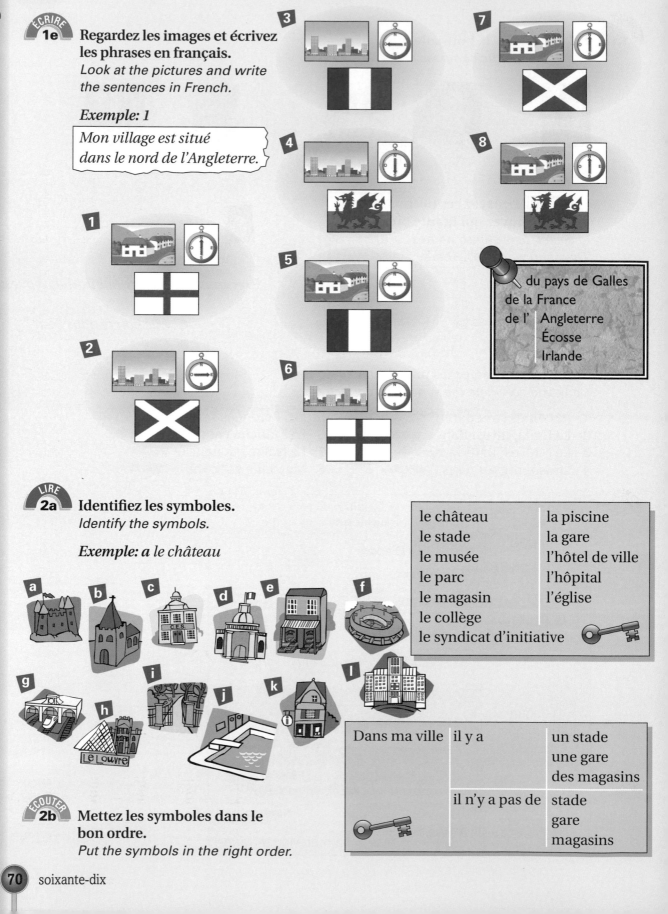

ÉCRIRE

1e **Regardez les images et écrivez les phrases en français.**
Look at the pictures and write the sentences in French.

Exemple: 1

> Mon village est situé dans le nord de l'Angleterre.

du pays de Galles
de la France
de l'   Angleterre
       Écosse
       Irlande

LIRE

2a **Identifiez les symboles.**
Identify the symbols.

Exemple: a le château

le château	la piscine
le stade	la gare
le musée	l'hôtel de ville
le parc	l'hôpital
le magasin	l'église
le collège	
le syndicat d'initiative	

Dans ma ville	il y a	un stade
		une gare
		des magasins
	il n'y a pas de	stade
		gare
		magasins

ÉCOUTER

2b **Mettez les symboles dans le bon ordre.**
Put the symbols in the right order.

LIRE

3a Faites une liste en français de ce qui existe dans ces villes/villages.

Make a list of what there is in these cities/towns.

Exemple: **a** = *une piscine, des magasins, …*

Watch out for ne …pas!

a J'habite à Albertville. Il y a une très belle piscine, des magasins et un hôpital. Il y a une gare et des églises, mais il n'y a pas de château.

b J'habite dans un très petit village dans les Alpes. Il n'y a pas d'école, et il y a un seul magasin, c'est tout.

c Dans ma ville, il y a un grand hôpital, un stade de foot et un musée. Il y a aussi une magnifique cathédrale!

d Il n'y a pas de piscine dans mon village, mais il y a un grand parc et neuf ou dix magasins. Il y a aussi une église et une école.

e J'habite Blois. L'hôtel de ville est très joli. Il y a un syndicat d'initiative pour les touristes, et un grand château. Il y a aussi beaucoup de magasins, bien sûr.

PARLER

3b À deux. En français.

In pairs. In French.

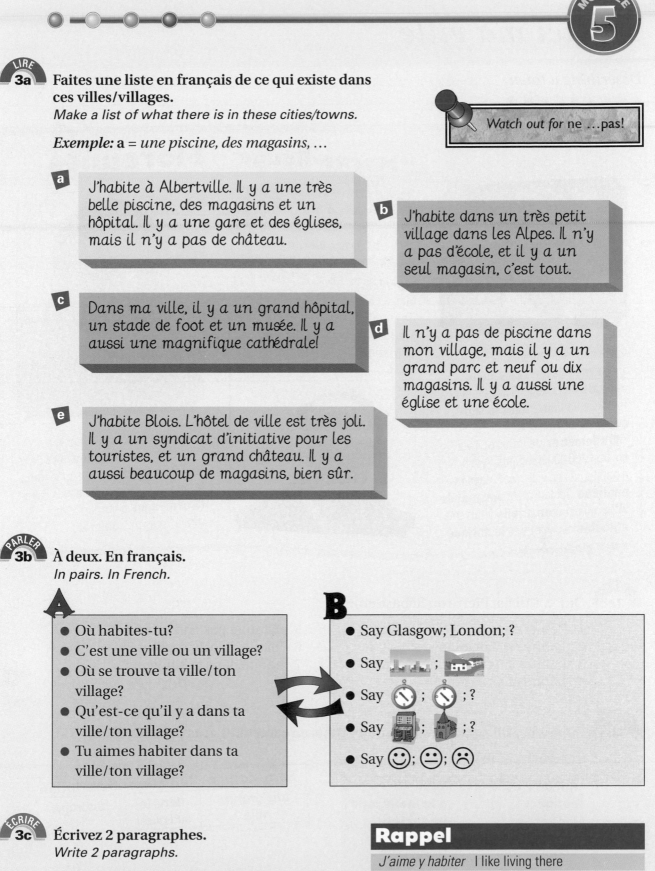

A
- Où habites-tu?
- C'est une ville ou un village?
- Où se trouve ta ville/ton village?
- Qu'est-ce qu'il y a dans ta ville/ton village?
- Tu aimes habiter dans ta ville/ton village?

B
- Say Glasgow; London; ?
- Say ![icon]; ![icon]
- Say ![icon]; ![icon]; ?
- Say ![icon]; ![icon]; ?
- Say ☺; 😐; ☹

ÉCRIRE

3c Écrivez 2 paragraphes.

Write 2 paragraphs.

1 Dans mon village/ma ville, il y a (+ liste).
2 Mais il n'y a pas de (+ liste).

Rappel

J'aime y habiter   I like living there

Je n'aime pas y habiter   I don't like living there

1 Voici ma ville

Describing a town

●●●●●●●●●●

Toulouse

Alicia habite à Toulouse, la quatrième ville de France, et **la capitale** de la région Midi-Pyrénées. Toulouse se trouve **dans le sud-ouest** de la France, **à 730 kilomètres de** Paris, et il y a environ 700 000 habitants. Alicia n'habite pas en ville, mais dans **la banlieue**. Toulouse est **une grande ville** qui est **industrielle**, mais très **agréable** aussi, et très **historique**.

Le Morne-Rouge

Pierre habite dans **un petit village** qui s'appelle Le Morne-Rouge. Le Morne-Rouge se trouve dans le nord de la Martinique, **une île** des Caraïbes qui est officiellement **une région** de la France. Le Morne-Rouge est situé **sur la côte**, **près de** Fort-de-France, la capitale de la Martinique. C'est un **joli** village **touristique**.

Florennes

Sébastien est belge. Il habite à Florennes, **une ville moyenne** de 10 000 habitants qui est située **dans le sud-est** du pays. Florennes est **à la campagne** dans une région rurale, mais très **animée**.

1a **Qui … (Alicia, Pierre ou Sébastien):**

1 habite dans une grande ville?
2 habite en Belgique?
3 habite dans une ville moyenne?
4 habite en France?

5 n'habite pas en Europe?
6 habite dans la capitale de sa région?
7 habite dans la banlieue?

1b **Copiez la grille, puis catégorisez les mots en caractères gras dans les textes.**

Catégorisez aussi:

au bord de la mer	beau
calme	à la montagne
moderne	important
un quartier	ancien
vieux	typique
magnifique	tranquille

Sorte de lieu	Situation	Description
une grande ville	dans le sud-ouest	historique

Utilisez un dictionnaire si vous voulez.

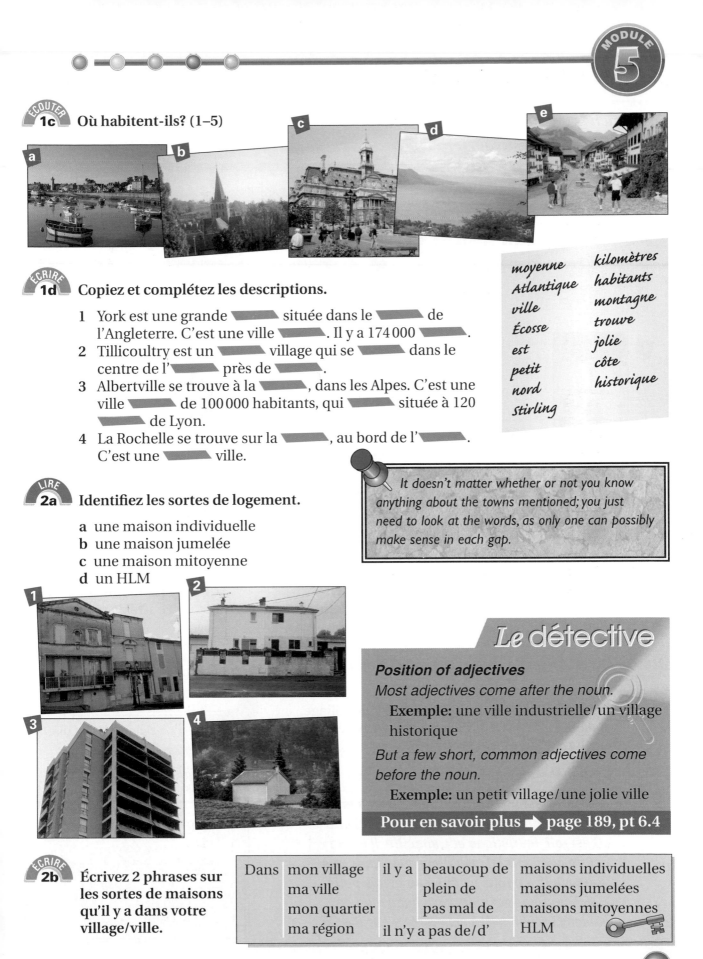

ÉCOUTER 1c Où habitent-ils? (1–5)

a

b

c

d

e

ÉCRIRE 1d Copiez et complétez les descriptions.

1 York est une grande ______ située dans le ______ de l'Angleterre. C'est une ville ______. Il y a 174 000 ______.
2 Tillicoultry est un ______ village qui se ______ dans le centre de l'______ près de ______.
3 Albertville se trouve à la ______, dans les Alpes. C'est une ville ______ de 100 000 habitants, qui ______ située à 120 ______ de Lyon.
4 La Rochelle se trouve sur la ______, au bord de l'______. C'est une ______ ville.

moyenne
Atlantique
ville
Écosse
est
petit
nord
Stirling
kilomètres
habitants
montagne
trouve
jolie
côte
historique

It doesn't matter whether or not you know anything about the towns mentioned; you just need to look at the words, as only one can possibly make sense in each gap.

LIRE 2a Identifiez les sortes de logement.

a une maison individuelle
b une maison jumelée
c une maison mitoyenne
d un HLM

1

2

3

4

Le détective

Position of adjectives

Most adjectives come after the noun.

Exemple: une ville industrielle/un village historique

But a few short, common adjectives come before the noun.

Exemple: un petit village/une jolie ville

Pour en savoir plus ➡ page 189, pt 6.4

ÉCRIRE 2b Écrivez 2 phrases sur les sortes de maisons qu'il y a dans votre village/ville.

Dans	mon village	il y a	beaucoup de	maisons individuelles
	ma ville		plein de	maisons jumelées
	mon quartier		pas mal de	maisons mitoyennes
	ma région	il n'y a pas de/d'		HLM

2 Qu'est-ce que c'est qu'une ville typique?

Saying what there is in a town
Describing a local festival
● ● ● ● ● ● ● ● ● ● ● ● ● ●

1a Faites correspondre les mots et les photos.

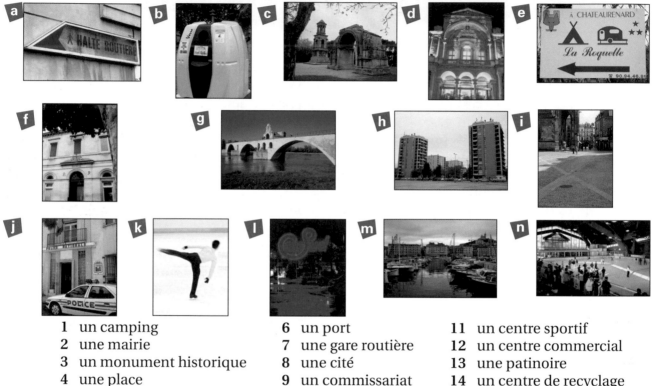

1 un camping
2 une mairie
3 un monument historique
4 une place
5 un pont

6 un port
7 une gare routière
8 une cité
9 un commissariat
10 un théâtre

11 un centre sportif
12 un centre commercial
13 une patinoire
14 un centre de recyclage

1b Qu'est-ce qu'il y a dans ces villes? Notez en français. (1–6)

2 Préparez une description de votre ville/village,
et de 2 autres villes/villages dans votre région
en changeant les mots colorés.

Exemple:

> *Surgères est une ville qui se trouve dans le
> sud-ouest de la France, près de La Rochelle.
> C'est joli, touristique et tranquille. Il y a un
> centre commercial, une place, une gare, des
> parcs, un camping, un château et une belle
> église. Dans ma ville, il y a beaucoup de
> maisons individuelles mais il n'y a pas d'HLM.*

> *When saying a list, make sure
> you get your intonation right, i.e.
> you get the right **tune**! Your voice
> should go up with each item on the
> list, and down on the last item.*
> **Exemple:**
> Il y a un centre commercial,
> une place, une gare, des parcs,
> un camping, un château et
> une belle église.

LIRE

3a Lisez le texte, puis identifiez la fête:
le 14 juillet, Noël, ou le Carnaval?

1 Le matin, on est allé à l'église: il faisait très froid!

2 Je me suis déguisé en diable rouge: c'était très amusant!

3 J'ai reçu plein de cadeaux de ma famille et de mes amis.

4 Les feux d'artifice étaient vraiment formidables!

5 On a passé quatre jours à danser et à chanter.

6 En famille, nous avons mangé des huîtres: elles étaient délicieuses!

7 J'ai vu mille soldats dans le grand défilé. C'était assez impressionnant.

8 Je suis allée à un marché spécial dans les rues de la ville.

On fait la fête

À Toulouse, pour nous, la grande fête, c'est le quatorze juillet: c'est la fête nationale de la France. C'est un jour de congé pour tout le monde. Le matin, il y a un grand défilé militaire, qui se termine sur la place. Le soir, il y a des feux d'artifices sur la rivière: ça, c'est super. Après, il y a un bal sur la place, et on danse jusqu'à deux ou trois heures du matin.

Ce que j'aime bien à Florennes, c'est Noël. Il y a un marché spécial dans les rues, et on peut acheter de petits cadeaux pour la famille. Le jour de Noël, on va à la messe le matin. On ouvre les cadeaux le 24 décembre, si le Père Noël ne nous a pas oubliés … Le jour de Noël, on mange des huîtres et du foie gras, et on boit beaucoup de champagne.

Aux Caraïbes, tout s'arrête pour notre Carnaval qui a lieu en février. Pendant quatre jours, on danse, on chante dans la rue: et surtout, on s'amuse. Pour Mardi Gras, on se déguise en diables rouges, et le lendemain, on enterre le Roi du Carnival. C'est vraiment une fête extraordinaire.

> **On** is a very useful word meaning **you** or **we** or **one** or **people**.
> It is easy to use: the verb follows the same pattern as for il/elle.

ÉCRIRE

3b Qu'est-ce que vous faites chez vous pour faire la fête? Décrivez une fête qui existe dans votre région.

Nous, on fête … le … (date) …

Le matin	il y a	un défilé	et on	danse
L'après-midi		un marché		chante
Le soir		un bal		mange
		un concours		boit
		un concert		s'amuse
		des feux d'artifice		se déguise (en …)
		un match de foot		joue (à …)
		un spectacle		va (à …)

3 Nos environs

Making comparisons and explaining pros and cons

J'habite en ville. Je pense que la ville est plus animée que la campagne. Bien sûr, la campagne est moins sale que la ville, et plus calme, mais je préfère la ville, parce c'est plus dynamique.

J'habite à la campagne. À mon avis, la campagne est plus tranquille que la ville. Les maisons sont plus jolies et c'est moins sale.

1a Notez s'ils préfèrent la ville ou la campagne, et pourquoi. (1–6)

Préfère	Raisons
1 la campagne	plus tranquille

Les Raisons

moins sale	plus animée
moins intéressante	plus industrielle
	plus ennuyeuse

Le détective

Comparisons

plus … que = *more … than*

Exemple: la campagne est plus tranquille que la ville = *the countryside is more peaceful than the town*

moins … que = *less … than*

Exemple: la campagne est moins sale que la ville = *the countryside is less dirty than the town*

Pour en savoir plus ➡ page 189, pt 6.5

LIRE
1b Pour ou contre la vie à la campagne? Catégorisez les phrases: P (positif) ou N (négatif).

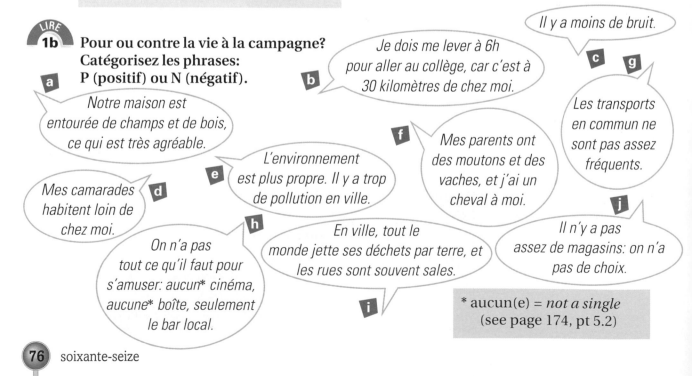

a *Notre maison est entourée de champs et de bois, ce qui est très agréable.*

b *Je dois me lever à 6h pour aller au collège, car c'est à 30 kilomètres de chez moi.*

c

g *Il y a moins de bruit.*

Les transports en commun ne sont pas assez fréquents.

d *Mes camarades habitent loin de chez moi.*

e *L'environnement est plus propre. Il y a trop de pollution en ville.*

f *Mes parents ont des moutons et des vaches, et j'ai un cheval à moi.*

j *Il n'y a pas assez de magasins: on n'a pas de choix.*

h *On n'a pas tout ce qu'il faut pour s'amuser: aucun* cinéma, aucune* boîte, seulement le bar local.*

i *En ville, tout le monde jette ses déchets par terre, et les rues sont souvent sales.*

* aucun(e) = *not a single* (see page 174, pt 5.2)

ÉCRIRE

1c Quelle est votre opinion? Écrivez où vous habitez (en ville ou à la campagne). Faites une liste en français de 3 avantages (+) et 3 inconvénients (–) d'y habiter.

Il y a	un cinéma/une piscine etc.
Il n'y a pas de	cinéma/piscine etc.
Il y a plus de/moins de	cafés/magasins/bruit etc
C'est plus/moins	animé/dynamique/tranquille/calme/sale/propre/joli

> *Giving pros and cons:*
>
> il n'y a pas assez de
> = *there's not enough …*
> il y a trop de
> = *there's too much/too many …*
> l'avantage, c'est que …
> = *one advantage is that …*
> l'inconvénient, c'est que …
> = *one disadvantage is that …*
> d'un côté … , d'un autre côté …
> = *on the one hand … ,*
> *on the other, …*
> mais = *but*
> pourtant = *however*
> par contre = *on the other hand, …*

1d Faites le Jeu-Test!

Jeu-Test – Es-tu écolo?

Fais-tu assez pour protéger ta ville … et donc la planète …?

1 Dans la rue, tu vois quelqu'un qui jette des déchets par terre.
a Tu ne fais rien.
b Tu mets le papier à la poubelle.
c Tu lui dis 'Hé, idiot, il y a une poubelle là-bas!'

2 Il y a plein de vieux journaux chez toi. Est-ce que:
a Tu les mets à la poubelle avec les autres déchets?
b Tu les portes au centre de recyclage?
c Tu vas au centre de recyclage avec tes journaux, tes bouteilles vides, et un sac de vieux vêtements?

3 Tu habites à 2 kilomètres du collège. Il pleut.
a Tu demandes à ton père de t'y conduire en voiture.
b Tu mets ton imperméable et tu pars pour le collège.
c Tu y vas à vélo: c'est rapide et ne pollue pas.

4 On veut faire construire une nouvelle cité sur le terrain de sports de ton collège.
a Bonne idée: tu as horreur de l'EPS.
b C'est dommage, mais les maisons sont nécessaires.
c Tu organises une pétition avec tes camarades de classe: protégeons notre terrain de sport!

5 Tu fais un pique-nique tranquille à la campagne. Un groupe de jeunes arrive avec un gros radio-cassette.
a Tu leur demandes de faire jouer la musique plus fort: tu adores le hard rock!
b Tu n'aimes pas le bruit, mais tu ne dis rien.
c Tu leur demandes d'arrêter la musique: c'est la campagne, après tout!

Si tu as répondu surtout a:
Attention! Ton attitude est très relax envers notre planète.

Si tu as répondu surtout b:
Tu as une attitude raisonnable envers ton evironnement, mais tu pourrais faire un peu plus.

Si tu as répondu surtout c:
Félicitations! Tu es très écolo.

Entraînez-vous Entraînez-vous Entraînez-vous Entraînez-vous Entraînez-vous Entraînez-vous

À L'ORAL

1 You are staying in Marmande in France for your holidays, and you phone your French penfriend to talk about the town. Your partner will play the part of your penfriend.

Jeux de rôle

A
- Où est Marmande exactement?
- C'est une grande ville?
- Qu'est-ce qu'il y a dans la ville?
- Qu'est-ce que tu penses de Marmande?
- Ah bon!

B
- Say that Marmande is in the south-west, near Bordeaux.
- Say it's a medium-sized town.
- Say there is a campsite and a church.
- Say you like it.

2 You are showing a French tourist round your town. Your partner will play the part of the visitor.

Jeux de rôle

A
- Vous habitez ici depuis quand?
- Ah bon.
- C'est intéressant. Est-ce qu'il y a des problèmes dans votre ville?
- Ah oui, c'est souvent comme ça.
- À Bayeux, en Normandie.

B
- Say how long you have lived in your town.
- Say the castle is very old.
- Say there is a lot of pollution and too much traffic.
- Ask the tourist where he/she lives.

3 Talk for one minute about your favourite town. Make notes before preparing your exam cue card.

Exemple:

Je vais vous parler de ma ville préférée.
Ma ville préférée s'appelle ...
Elle est située ...
À ..., il y a beaucoup de distractions, par exemple ...
J'aime ... parce que c'est ...
J'aime habiter à ... parce que ...
Récemment à ... , j'ai ...

Your examiner may ask ...
Où habites-tu?
Quelles sortes de maisons est-ce qu'il y a dans ta ville/ton village?
Est-ce que tu as visité la France? Fais-moi la description de la ville/le village que tu as visité(e).
Est-ce que tu préfères la ville ou la campagne? Pourquoi?
Où est-ce que tu voudrais habiter? Pourquoi?
Qu'est-ce que tu as fait Noël dernier?

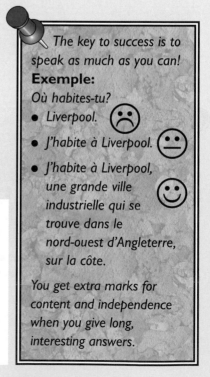

The key to success is to speak as much as you can!
Exemple:
Où habites-tu?
- *Liverpool.*
- *J'habite à Liverpool.*
- *J'habite à Liverpool, une grande ville industrielle qui se trouve dans le nord-ouest d'Angleterre, sur la côte.*

You get extra marks for content and independence when you give long, interesting answers.

1 For and against living in the town or country. Your task is to write an argumentative piece, which puts a case *for* and *against* living in the country/living in the town (70–100 words).

You will need the present tense here.

d'abord	*firstly*
je vais discuter les	*I'm going to*
avantages d'habiter …	*discuss the advantages of living …*

Use the phrases from this module and include examples using the past tense, e.g.:
Récemment, par exemple, je suis allé(e) au cinéma en ville où j'ai vu un nouveau film. Je pense que dans une grande ville, il y a toujours des films modernes au cinéma.

Introduction
Say where you live, what the place is like, and what there is to do there.
Say whether it is in the town or the country.

Idea 1
Talk about the **advantages** of living there, and give examples.

Idea 2
Talk about the **disadvantages**, and give examples.

Conclusion
Give your own conclusion on where you would prefer to live and why.

les inconvénients	*the disadvantages*

Include plenty of opinion phrases.

Checking written work will really improve your mark. When you have done your first draft, go through it and check:
- *Your verb tenses and formation. Have you got the past, present and future tenses right? Have you included examples of each?*
- *Your genders. Have you just guessed if a word is masculine or feminine? Check the gender using the glossary or dictionary.*
- *Your adjective endings.*
- *Your spellings and accents. Make sure you remember the accents, especially if you are word processing your work.*

Giving opinions and reasons.

je pense que	*I think that*
je trouve que	*I think that*
je crois que	*I think that*
à mon avis	*in my opinion*

Mots

C'est où?

Mon village est situé …	*My village is situated …*
Ma ville est située …	*My town is situated …*
dans (le nord/le sud/ l'est/l'ouest/le centre)	*in the (north/south/east/ west/centre)*
de la France	*of France*
de l'Angleterre	*of England*
de l'Écosse	*of Scotland*
de l'Irlande (du Nord)	*of (Northern) Ireland*
du pays du Galles	*of Wales*
J'habite …	*I live …*
à la campagne	*in the country*
en ville	*in the town*
au bord de la mer	*by the seaside*

Les distractions

le camping	*campsite*
le centre commercial	*shopping centre*
le centre de recyclage	*recycling centre*
le centre sportif	*sports complex*
le château	*castle*
la cité	*housing estate*
le collège	*school*
le commissariat	*police station*
l'église *(f)*	*church*
la gare	*station*
la gare routière	*bus station*
l'hôpital *(m)*	*hospital*
l'hôtel de ville *(m)*	*town hall*
le magasin	*shop*
le monument historique	*historical monument*
le musée	*museum*
le parc	*park*
la patinoire	*skating rink*
la piscine	*swimming pool*
la place	*square*
le pont	*bridge*
le port	*port*
le stade	*stadium*
le syndicat d'initiative	*tourist information office*
le théâtre	*theatre*
Où habites-tu?	*Where do you live?*
C'est une village ou une ville?	*Is it a town or a village?*
Où se trouve ta ville/ton village?	*Where is your town/village?*

Qu'est-ce qu'il y a dans ta ville/ton village?	*What is there in your town/village?*
Tu aimes habiter dans ta ville/ton village?	*Do you like living in your town/village?*
Dans ma ville, il y a (un stade).	*In my town there is (a stadium).*
Il n'y a pas de (gare).	*There isn't a (station).*
Il y a plus de (cafés).	*There are more (cafés).*
Il y a moins de (bruit).	*There is less noise.*
C'est plus/moins …	*It is more/less …*
animé	*lively*
calme	*quiet*
dynamique	*dynamic*
joli	*pretty*
moderne	*modern*
propre	*clean*
sale	*dirty*
tranquille	*calm*
J'aime y habiter.	*I like living there.*
Je n'aime pas y habiter.	*I don't like living there.*
Il/Elle habite dans la banlieue.	*He/She lives in the suburbs.*
C'est une ville (agréable/ historique/ industrielle).	*It is (a pleasant/an historic/ an industrial) town.*
C'est un (petit/vieux) village.	*It is a (little/old) village.*
C'est un village (typique/ magnifique).	*It is a (typical/ magnificent) village.*
C'est à … kilomètres de (Paris).	*It is … km from (Paris).*
C'est une ville moyenne/ une grande ville.	*It is a medium-sized town/a large town.*
La ville est plus industrielle.	*The town is more industrial.*
La campagne est plus ennuyeuse.	*The country is more boring.*
Dans (mon quartier/ ma région) …	*In (my area/my region) …*
il y a beaucoup de/plein de/pas mal de …	*there are a lot of …*
il n'y a pas de …	*there aren't any …*
maisons individuelles	*detached houses*
maisons jumelées	*semi-detached houses*

maisons mitoyennes	*terraced houses*
HLM	*blocks of flats*
Il n'y a pas assez de …	*There's not enough …*
Il y a trop de …	*There's too much/too many*
L'avantage, c'est que …	*One advantage is that …*
L'inconvénient, c'est que …	*One disadvantage is that …*
D'un côté …, d'un autre côté …	*On the other hand …, on the other …*
mais	*but*
pourtant	*however*
par contre	*on the other hand*

Les fêtes — *Special days*

Nous on fête … le …	*We celebrate … on the … (date)*
Il y a …	*there is …*
un défilé	*a parade*
un marché	*a market*
un bal	*a ball*
un concert	*a concert*
un concours	*a competition*
des feux d'artifice	*fireworks*
un match de foot	*a football match*
un spectacle	*a show*
Noël	*Christmas*
Pâques	*Easter*
le 14 juillet	*Bastille Day*
On (danse/chante/ mange/boit).	*We (dance/sing/eat/ drink).*
On s'amuse.	*We have fun.*
On se déguise en …	*We dress up as …*
On joue (à …)	*We play …*
On va (à …)	*We go (to) …*

Le pour et le contre — *For and against*

plus ….que	*more….than*
moins…que	*less…than*
La ville est plus animée que la campagne.	*The town is livelier than the countryside.*
La campagne est moins sale que la ville.	*The countryside is less dirty than the town.*

L'environnement — *The environment*

le centre de recyclage	*recycling centre*
les déchets	*rubbish*
Tout le monde jete les papiers par terre.	*Everyone throws rubbish on the ground.*
la pollution	*pollution*
les transports en commun	*public transport*

MODULE 6

Aux magasins

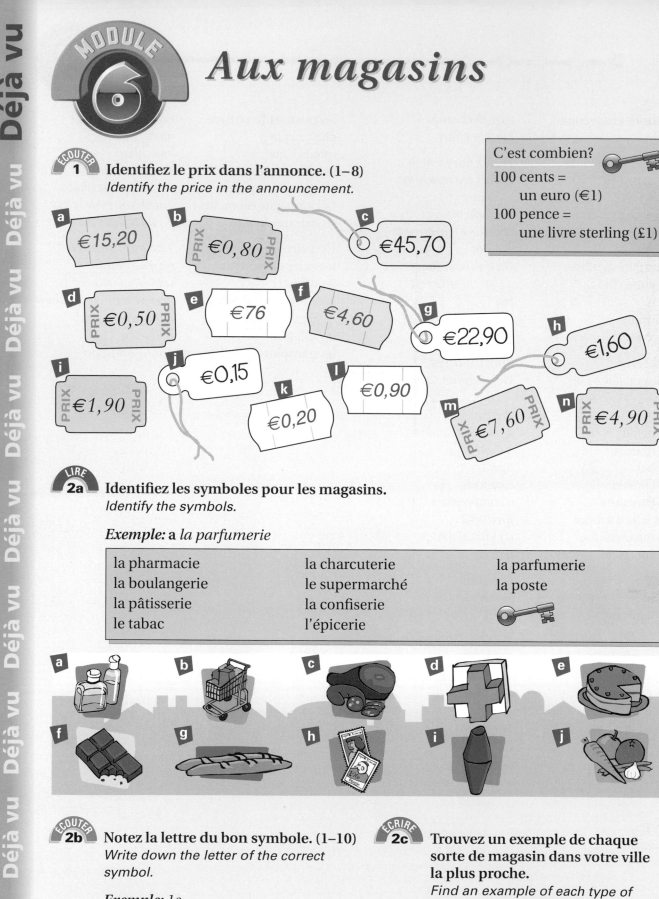

ÉCOUTER 1 Identifiez le prix dans l'annonce. (1–8)
Identify the price in the announcement.

C'est combien?
100 cents = un euro (€1)
100 pence = une livre sterling (£1)

a €15,20
b PRIX €0,80 PRIX
c €45,70
d PRIX €0,50 PRIX
e €76
f €4,60
g €22,90
h €1,60
i PRIX €1,90 PRIX
j €0,15
k €0,20
l €0,90
m PRIX €7,60 PRIX
n PRIX €4,90 PRIX

LIRE 2a Identifiez les symboles pour les magasins.
Identify the symbols.

Exemple: **a** *la parfumerie*

la pharmacie	la charcuterie	la parfumerie
la boulangerie	le supermarché	la poste
la pâtisserie	la confiserie	
le tabac	l'épicerie	

a   b   c   d   e
f   g   h   i   j

ÉCOUTER 2b Notez la lettre du bon symbole. (1–10)
Write down the letter of the correct symbol.

Exemple: 1e

ÉCRIRE 2c Trouvez un exemple de chaque sorte de magasin dans votre ville la plus proche.
Find an example of each type of shop in your nearest town.

Exemple: Boots est une pharmacie.

3a Regardez les photos. Faites une liste des vêtements de chaque personne. Commencez par *'Il/elle porte …'*
Look at the photos. Make a list of each person's clothes. Start with 'Il/elle porte …'

un anorak
un chapeau
des chaussettes
des chaussures
une chemise
une cravate
un imperméable
une jupe
un pantalon
un pull
une robe
une veste
un manteau

3b Qu'est-ce qu'ils veulent acheter? Notez le vêtement, la couleur et s'ils l'ont dans le magasin ✔ ou pas ✗. (1–6)
What do they want to buy? Note the item of clothing, the colour, and if they have it in stock or not.

Je voudrais …
Avez-vous …?
Je cherche …
C'est combien?
C'est tout?
Il n'y a plus de …

3c À deux. En français:
In pairs. In French:

A
● Bonjour, je peux vous aider?

● Quelle couleur?

● En quelle taille?

B
● Say you're looking for
(*Je cherche …*) 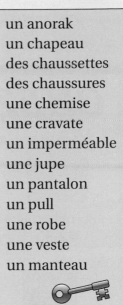 ; ?

● Say ; ; ?

● Say size 36; 40; ?

Rappel
*Remember to put the colour after the item, and to add **-e** for feminine clothes, **-s** for plural and **-es** for feminine plural.*

3d Faites une liste de quatre vêtements (+ couleur) pour chaque événement.
Make a list of four items of clothing (+ colour) for each occasion.

1 un match de foot
2 des vacances à la mer
3 une boîte

4 un mariage
5 le collège

1 On fait un pique-nique

Buying quantities of food

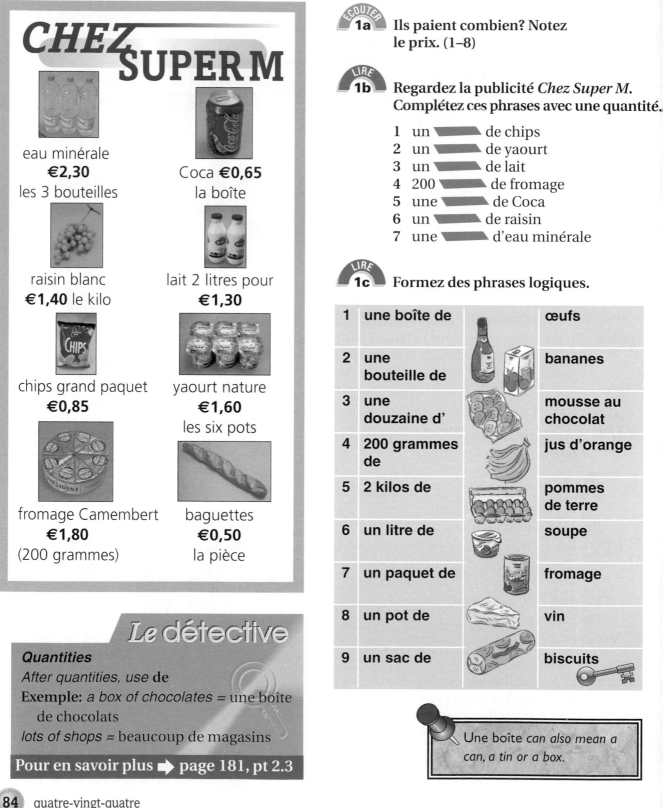

CHEZ SUPER M

eau minérale
€2,30
les 3 bouteilles

raisin blanc
€1,40 le kilo

chips grand paquet
€0,85

fromage Camembert
€1,80
(200 grammes)

Coca €0,65
la boîte

lait 2 litres pour
€1,30

yaourt nature
€1,60
les six pots

baguettes
€0,50
la pièce

Le détective

Quantities

After quantities, use **de**

Exemple: *a box of chocolates* = une boîte
de chocolats

lots of shops = beaucoup de magasins

Pour en savoir plus ➡ page 181, pt 2.3

1a Ils paient combien? Notez
le prix. (1–8)

1b Regardez la publicité *Chez Super M*.
Complétez ces phrases avec une quantité.

1 un ▰▰▰ de chips
2 un ▰▰▰ de yaourt
3 un ▰▰▰ de lait
4 200 ▰▰▰ de fromage
5 une ▰▰▰ de Coca
6 un ▰▰▰ de raisin
7 une ▰▰▰ d'eau minérale

1c Formez des phrases logiques.

1	une boîte de		œufs
2	une bouteille de		bananes
3	une douzaine d'		mousse au chocolat
4	200 grammes de		jus d'orange
5	2 kilos de		pommes de terre
6	un litre de		soupe
7	un paquet de		fromage
8	un pot de		vin
9	un sac de		biscuits

Une boîte *can also mean a can, a tin or a box.*

ÉCOUTER 2a

Écoutez ces conversations à l'épicerie. (1–4)
Notez les détails qui manquent.

L'ÉPICERIE

Vendeuse: Bonjour, monsieur. Vous désirez?
Client: Avez-vous des **a** ?
Vendeuse: Oui, combien en voulez-vous?
Client: Donnez-moi **b** , s'il vous plaît.
Vendeuse: Voilà. Et avec ça?
Client: Je voudrais **c** de **d** , s'il vous plaît.
Vendeuse: **c** de **d** , voilà. Voulez-vous autre chose?
Client: Non, c'est tout. Ça fait combien?
Vendeuse: Ça fait **e** .

PARLER 2b

À deux. Répétez la conversation utilisant les détails ci-dessous.

LIRE 3a

On fait un pique-nique. C'est la liste de qui?

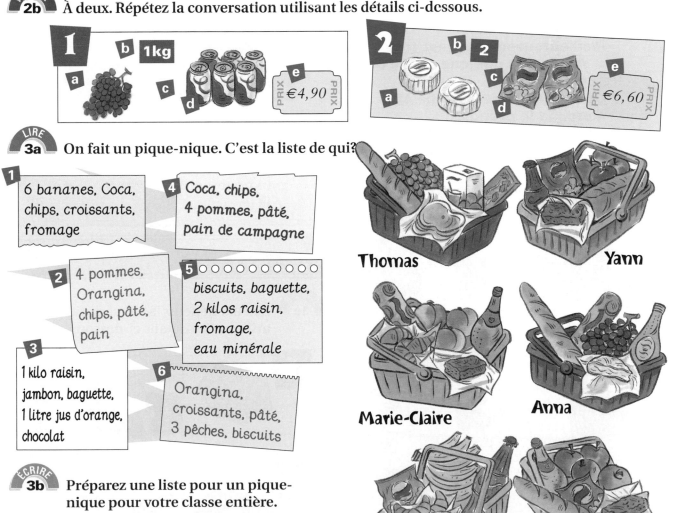

1
6 bananes, Coca, chips, croissants, fromage

4
Coca, chips, 4 pommes, pâté, pain de campagne

2
4 pommes, Orangina, chips, pâté, pain

5
biscuits, baguette, 2 kilos raisin, fromage, eau minérale

3
1 kilo raisin, jambon, baguette, 1 litre jus d'orange, chocolat

6
Orangina, croissants, pâté, 3 pêches, biscuits

Thomas

Yann

Marie-Claire

Anna

Juliette

Boris

ÉCRIRE 3b

Préparez une liste pour un pique-nique pour votre classe entière.

Practise using the phrases in 1c!

Exemple: 6 baguettes
2 kilos de pâté …

2 Les fringues

Buying clothes

● ● ● ● ● ● ● ●

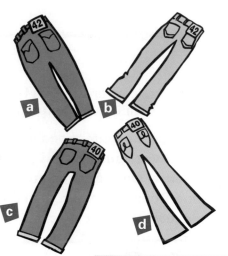

1a Lisez la conversation. Qu'est-ce qu'elle achète?

> **Bonjour, mademoiselle. Je peux vous aider?**
> **Je cherche <u>un jean</u>.**
> **Quelle taille?**
> **<u>Taille 42</u>.**
> **Et quelle couleur?**
> **<u>Vert foncé</u>, s'il vous plaît.**
> **D'accord ... un moment ... voilà.**
> **Est-ce que je peux l'essayer?**
> **Bien sûr.**
> *(5 minutes plus tard)*
> **Malheureusement <u>il</u> est <u>trop grand</u>. Avez-vous quelque chose de plus petit?**
> **Oui, ce jean est en <u>taille 40</u>.**
> **Merci, je le prends.**
> **Très bien, vous payez à la caisse**

Le détective

vert foncé = *dark green*
vert clair = *light green*
When you use foncé/clair *with a colour, no endings are added to the colour word.*

Exemple: des chaussettes vertes/
des chaussettes vert clair

Pour en savoir plus ➡ page 188, pt 6.2

Il/Elle est trop grand(e)/petit(e)/long(ue)/
court(e)/large/étroit(e)/cher(-ère)
Avez-vous quelque chose de plus petit/
grand/court etc?
Avez-vous quelque chose de moins cher?

1b Choisissez les bonnes lettres pour chaque conversation. (1–5)

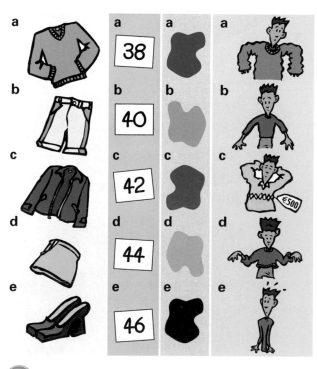

When buying shoes, the word for size is **pointure**.

1c À deux. Répétez la conversation **1a** en utilisant les détails ci-dessous.

2 Faites correspondre la phrase et l'image.

a
b
c
d
e
f

Le détective

this and these

masc.   **ce** jean = *this pair of jeans*
         cet imperméable = *this raincoat*
fem.   **cette** veste = *this jacket*
plural **ces** chaussures = *these shoes*

Pour en savoir plus ➡ page 190, pt 6.6

1 Cette jupe est trop courte.
2 La couleur de cet anorak ne me plaît pas.
3 Il n'y a plus de ces chaussures.
4 Je préfère cette veste, mais il n'y en a pas en rouge.
5 Ce pyjama est beaucoup trop cher.
6 Ces baskets sont trop étroites.

3 Répondez à ces questions en anglais.

1 What colours of jumper are available? *(3)*
2 What are the trainers made of? *(1)*
3 I want a bikini. How much will it cost? *(1)*
4 How do I know what size trainers I should order? *(1)*
5 What is the jumper made of? *(1)*
6 What colour baseball caps can I get? *(4)*
7 Describe the tracksuit. *(4)*
8 Are the trainers suitable for inside and outside use? *(1)*

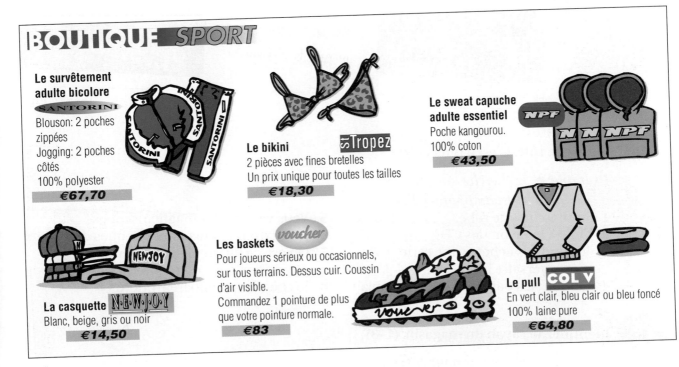

BOUTIQUE SPORT

Le survêtement adulte bicolore
SANTORINI
Blouson: 2 poches zippées
Jogging: 2 poches côtés
100% polyester
€67,70

Le bikini StTropez
2 pièces avec fines bretelles
Un prix unique pour toutes les tailles
€18,30

Le sweat capuche adulte essentiel
NPF
Poche kangourou.
100% coton
€43,50

La casquette N·E·W·J·O·Y
Blanc, beige, gris ou noir
€14,50

Les baskets *voucher*
Pour joueurs sérieux ou occasionnels, sur tous terrains. Dessus cuir. Coussin d'air visible.
Commandez 1 pointure de plus que votre pointure normale.
€83

Le pull COL V
En vert clair, bleu clair ou bleu foncé
100% laine pure
€64,80

3 Au grand magasin

Shopping in a department store
Talking about pocket money

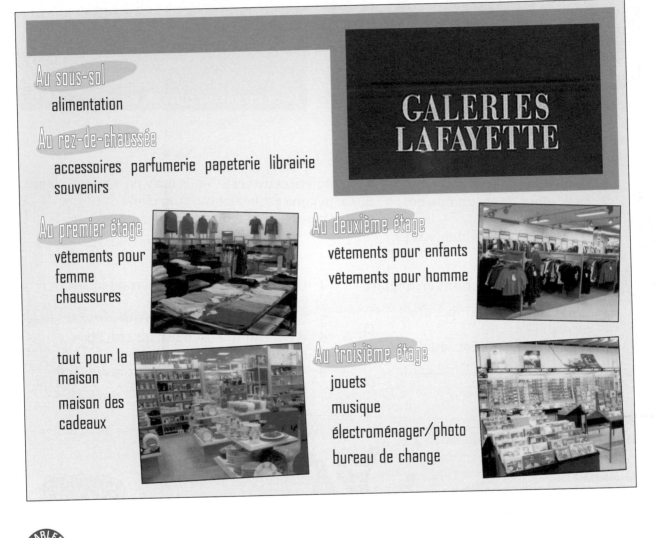

Au sous-sol

alimentation

Au rez-de-chaussée

accessoires parfumerie papeterie librairie
souvenirs

GALERIES LAFAYETTE

Au premier étage

vêtements pour femme
chaussures

tout pour la maison
maison des cadeaux

Au deuxième étage

vêtements pour enfants
vêtements pour homme

Au troisième étage

jouets
musique
électroménager/photo
bureau de change

PARLER

1a À tour de rôle. C'est à quel étage?

Exemple: ● *Je cherche une robe.*
　　　　　 ● *C'est au premier étage.*

1 Je cherche une robe.
2 Où est le rayon des CD?
3 Je voudrais acheter une carte d'anniversaire française.
4 Où sont les parapluies, s'il vous plaît?
5 Vous vendez des magnétoscopes?
6 Je voudrais changer des chèques de voyage.
7 Où est-ce qu'on peut acheter des provisions pour un pique-nique?
8 Je cherche un appareil-photo.

ÉCOUTER

1b Identifiez le rayon du magasin. (1–8)

Exemple: 1 *vêtements pour enfants.*

Sondage aux Galéries Lafayette: qu'est-ce que tu fais de ton argent de poche?

Je reçois de l'argent de poche de mes parents. J'ai €5 par semaine. Normalement avec mon argent j'achète des bonbons, des cadeaux et des magazines d'ordinateur mais maintenant je fais des économies parce que je vais m'acheter un téléphone portable et ça va me coûter cher. Je trouve que j'ai assez d'argent de poche, parce que mes parents me paient mes vêtements et mes tickets de bus.

Olivier, 16 ans.

Moi, je reçois €6 par semaine de mes parents. J'achète des magazines et plein de romans mais pas mes vêtements. La semaine dernière je suis allée au cinéma et j'ai acheté aussi un jeu-vidéo. À la fin de la semaine, il me reste assez d'argent pour faire des économies – c'est pour des cadeaux de Noël.

Audrey, 16 ans.

Je viens souvent en ville pour dépenser mon argent de poche. Je reçois €30 par mois de ma mère. Ce que j'aime acheter le plus, ce sont les vêtements. J'ai le droit de choisir ce que je veux, mais je dois les payer toute seule – le week-end dernier j'ai acheté une jupe, mais ça a coûté €22,90! Ma mère m'achète des chaussures pour le collège, et c'est tout. J'achète aussi des bijoux, du maquillage, et des magazines de mode. Je fais des économies pour un appareil-photo. J'aimerais avoir un peu plus d'argent par mois, parce que les vêtements coûtent très cher.

Angélique, 15 ans.

Mon père me donne €20 par mois. Ça ne me suffit pas. Je dois payer tout, y compris mes vêtements. Ce trimestre mon père m'a acheté le matériel pour le collège: mes cahiers, mes livres, mes crayons et le reste, mais c'était à moi d'acheter mes vêtements. Je trouve que ce n'est pas juste. J'aimerais acheter une moto mais je ne peux pas faire d'économies car je n'ai pas assez d'argent.

Yann, 15 ans.

2a Qui …

1 a payé €22,90 pour une jupe?
2 achète beaucoup de livres?
3 achètera un téléphone portable?
4 reçoit le plus d'argent de poche?
5 font des économies?
6 ne sont pas contents de leur argent de poche?
7 achètent des magazines?
8 doivent acheter leurs vêtements?

2b Dans la lettre d'Olivier, trouvez le français pour:

1 I get pocket money from …
2 I have … per week
3 With my money I buy …
4 I am saving up because …
5 I get enough pocket money.
6 My parents pay for …

2c Copiez et complétez la grille en français. (1–5)

	Prénom	combien?	quand?	de qui?	achète?
1	Jacques	€6,85	par semaine	mes parents	jeux électroniques, …

2d Préparez un paragraphe sur votre argent de poche (réel ou imaginaire).

Je reçois … par semaine.
J'achète …
Le week-end dernier j'ai acheté …
Je fais des économies.
J'aimerais acheter …

4 À la poste et à la banque

Sending letters and parcels, and exchanging currency

une lettre
une carte postale
un paquet
un timbre
la boîte aux lettres
la cabine
   téléphonique

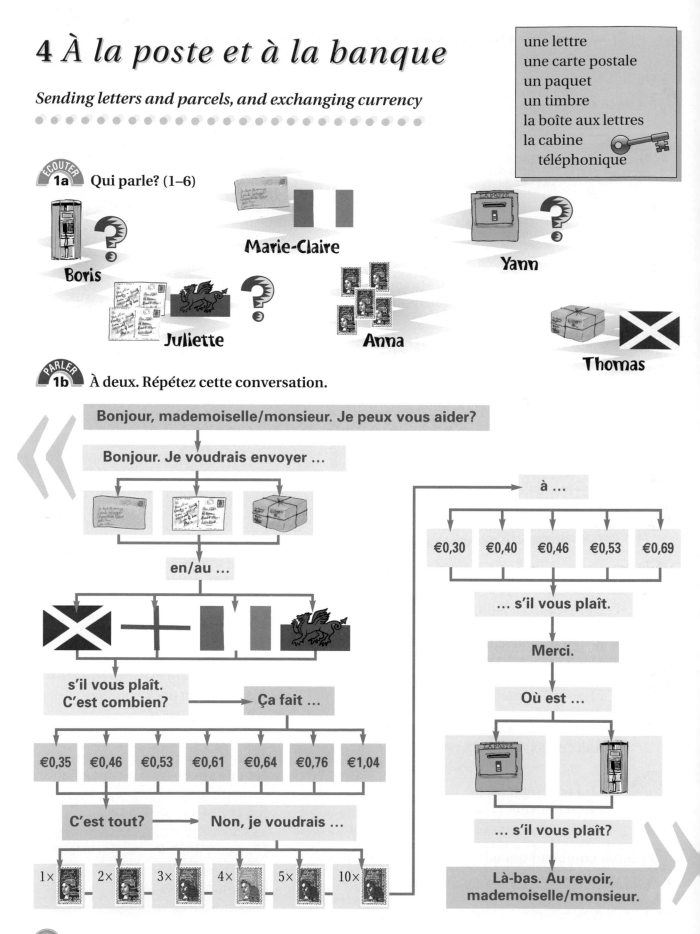

ÉCOUTER
1a Qui parle? (1–6)

Boris

Marie-Claire

Yann

Juliette

Anna

Thomas

PARLER
1b À deux. Répétez cette conversation.

Bonjour, mademoiselle/monsieur. Je peux vous aider?

Bonjour. Je voudrais envoyer …

en/au …

s'il vous plaît.
C'est combien?

Ça fait …

€0,35 €0,46 €0,53 €0,61 €0,64 €0,76 €1,04

C'est tout?

Non, je voudrais …

1× 2× 3× 4× 5× 10×

à …

€0,30 €0,40 €0,46 €0,53 €0,69

… s'il vous plaît.

Merci.

Où est …

… s'il vous plaît?

Là-bas. Au revoir,
mademoiselle/monsieur.

LIRE 2 Mettez les instructions dans le bon ordre.
Puis écoutez pour vérifier vos réponses.

a **attendez la tonalité**

b **décrochez**

c **parlez à votre correspondant(e)**

d **introduisez votre télécarte ou votre pièce**

e **retirez la télécarte**

f **raccrochez**

g **composez le numéro**

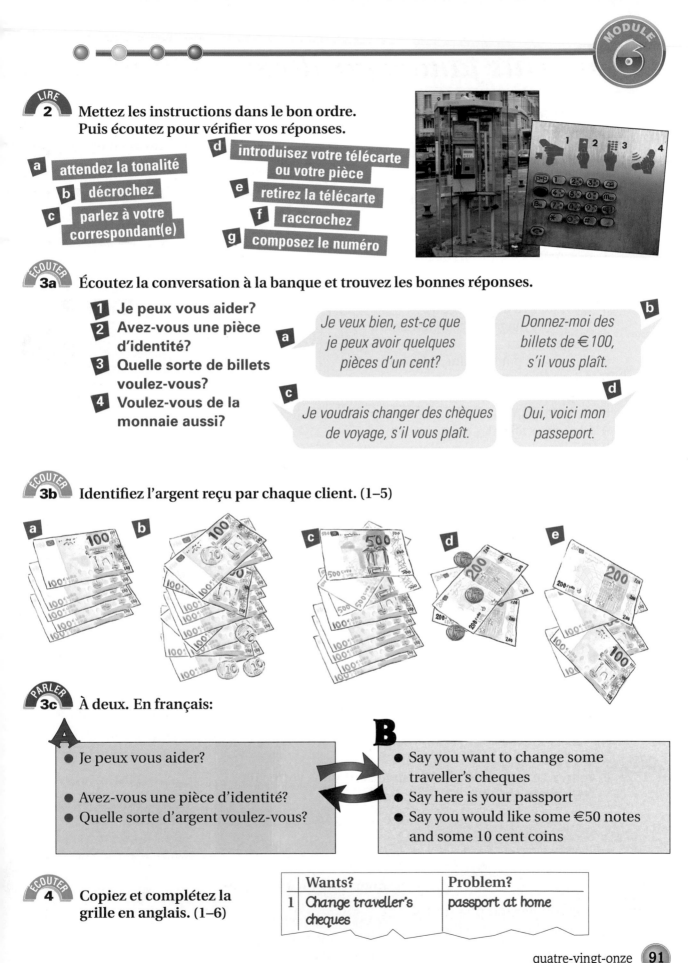

ÉCOUTER 3a Écoutez la conversation à la banque et trouvez les bonnes réponses.

1 **Je peux vous aider?**
2 **Avez-vous une pièce d'identité?**
3 **Quelle sorte de billets voulez-vous?**
4 **Voulez-vous de la monnaie aussi?**

a *Je veux bien, est-ce que je peux avoir quelques pièces d'un cent?*

b *Donnez-moi des billets de €100, s'il vous plaît.*

c *Je voudrais changer des chèques de voyage, s'il vous plaît.*

d *Oui, voici mon passeport.*

ÉCOUTER 3b Identifiez l'argent reçu par chaque client. (1–5)

a b c d e

PARLER 3c À deux. En français:

A
- Je peux vous aider?
- Avez-vous une pièce d'identité?
- Quelle sorte d'argent voulez-vous?

B
- Say you want to change some traveller's cheques
- Say here is your passport
- Say you would like some €50 notes and some 10 cent coins

ÉCOUTER 4 Copiez et complétez la grille en anglais. (1–6)

	Wants?	Problem?
1	Change traveller's cheques	passport at home

5 Êtes-vous fanatique du shopping?

Giving information and opinions on shops and shopping
Returning things you have bought

 1a Lisez ce message et complétez les phrases.

Exemple: 1 magasins

1 À Surgères, il n'y a pas beaucoup de …
2 Sammy achète du pain et des journaux dans la …
3 Quelquefois elle mange au …
4 Les petits magasins de vêtements à Surgères sont …
5 Trois jours par semaine, il y a un …
6 Au marché, elle achète des … et de la …
7 Elle préfère acheter les vêtements à …
8 Dans la grande ville il y a beaucoup de …
9 Sammy préfère les magasins au …
10 Pendant les soldes, les vêtements ne sont pas …

Le détective

le meilleur endroit = *the best place*
le plus grand marché = *the biggest market*
la ville la plus proche = *the nearest town*

Pour en savoir plus ➡ page 189, pt 6.5

Fichier	Édition	Affichage	Insertion	Format	Outils	Message

Répondre   Répondre à tous   Transférer

Il n'y a pas beaucoup de magasins à Surgères. Le meilleur endroit est la rue piétonne. Là j'achète du pain, des journaux, et parfois je mange au fast-food.

Pour les vêtements, je trouve que les petits magasins sont assez chers et qu'il n'y a pas beaucoup de choix.

Il y a un marché le jeudi, le vendredi et le samedi, et on y va pour acheter des légumes et de la viande. C'est le plus grand marché de la région.

Pour acheter les vêtements, je vais à La Rochelle. La Rochelle, c'est la ville la plus proche de chez moi. À La Rochelle, il y a plein de centres commerciaux. Les magasins les plus chouettes sont au centre-ville. Il y a souvent des soldes et on peut acheter de très beaux vêtements à un prix raisonnable.

Sammy

1b Écoutez, copiez et trouvez la bonne lettre.

1 Philippe préfère …, parce qu' …
2 Sahlia n'aime pas …, parce que …
3 Arnaud aime …, parce que …
4 Mimi préfère …, parce que …

A les confiseries	E ils sont très
B le supermarché	démodés
C les magasins de	F il aime le chocolat
sport	G c'est moins cher
D les magasins de	H il y a beaucoup de
vêtements	choix

1c Préparez votre opinion sur les magasins dans votre ville.

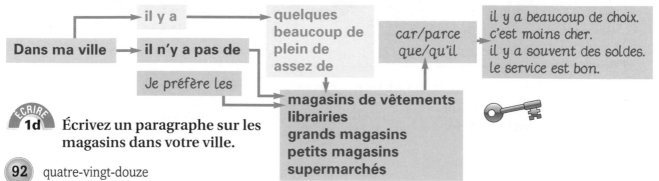

Dans ma ville → **il y a** → **quelques beaucoup de plein de assez de** → **il n'y a pas de** → **magasins de vêtements librairies grands magasins petits magasins supermarchés** → *car/parce que/qu'il* → *il y a beaucoup de choix. c'est moins cher. il y a souvent des soldes. le service est bon.*

Je préfère les

1d Écrivez un paragraphe sur les magasins dans votre ville.

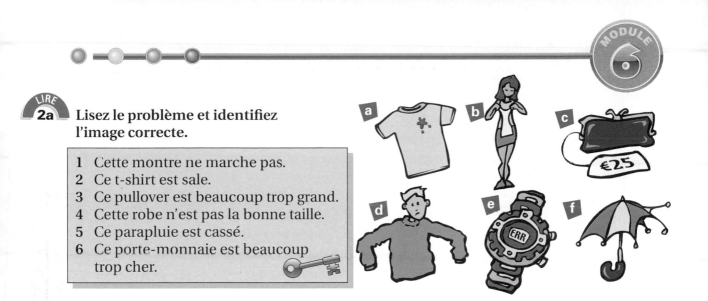

LIRE
2a Lisez le problème et identifiez
l'image correcte.

1 Cette montre ne marche pas.
2 Ce t-shirt est sale.
3 Ce pullover est beaucoup trop grand.
4 Cette robe n'est pas la bonne taille.
5 Ce parapluie est cassé.
6 Ce porte-monnaie est beaucoup
   trop cher.

ÉCOUTER
2b Copiez et complétez la grille en français. (1–5)

	Article	Problème	Solution	
			remboursé	échangé
1	pantalon	sale	✔	
2				

les articles: miroir   robe   Walkman   short   pantalon

PARLER
2c À deux. Vous voulez vous plaindre.
Lisez cette conversation, puis regardez les images
a–d et changez les détails en caractères gras.

● Bonjour, **Monsieur**. Je peux vous aider?
○ Oui, je voudrais me plaindre. J'ai acheté **ce pantalon** il y a
  trois jours, mais **il est sale**. Je peux l'échanger?
● Avez-vous le reçu?
○ Oui, voilà.
● Bon, d'accord. Prenez **un** autre **pantalon** et passez à la caisse.

a 3j ←   b   4j ←   c   1s ←   d   2s ←

*j = jours
s = semaines(s)

Je voudrais me plaindre = *I'd like to complain*
Je peux l'échanger? = *Can I exchange it?*
Vous pouvez me rembourser? = *Can you give
me a refund?*
Voilà le reçu = *Here's the receipt*

Rappel

To say how long ago you did something.

Use il y a

Il y a deux jours = *2 days ago*

Il y a une semaine = *1 week ago*

J'ai acheté cette montre il y a trois jours.

I bought this watch three days ago.

À L'ORAL

1 You are at a market in France.
Your partner will play the part of the stallholder.

A
- Bonjour! Vous désirez?
- Combien en voulez-vous?
- Très bien.
- Douze Euros.
- De rien. Bonne journée!

B
- Say you would like some potatoes.
- Say you would like a kilo.
- Ask how much they cost.
- Say thank you and goodbye.

2 You are in a clothing boutique in France.
Your partner will play the part of the shop assistant.

A
- Je peux vous aider?
- Oui, Monsieur/Mademoiselle. Quelle taille et de quelle couleur?
- Ça coûte 95 Euros.
- La qualité est très bonne, vous savez?
- D'accord. Au revoir.

B
- Say you are looking for a jacket.
- Ask for a size 38 in blue.
- Say that's too expensive.
- Say you won't buy it.

3 Talk for one minute about money. Make notes before preparing your exam cue card.

Exemple:

Je reçois … par … de …
Avec mon argent, j'achète … et je fais des économies pour ….
Récemment, j'ai acheté …
Pour gagner de l'argent, je …
Si j'étais riche, j'achèterais …

Le détective

The conditional tense means **would**,
Exemple: j'achèterais *I would buy.*

Pour en savoir plus ➡ page 185, pt 3.7

Your examiner may ask …

Qu'est-ce que tu as acheté récemment?

Est-ce que tu reçois de l'argent de poche? De qui? Combien?

Fais-moi la description de ton uniforme scolaire idéal.

Tu vas sortir le week-end prochain? Qu'est-ce que tu vas porter?

While you are thinking of an answer, you can say Eh bien, … *(Well, …),* Mmmm, voyons … *(Let's see, …), or* C'est une question intéressante … *(That's an interesting question …)*

When speaking, try to vary the types of sentence you use. Use these words to join your sentences:
parce que   car   mais   et   donc
qui   puis   ensuite

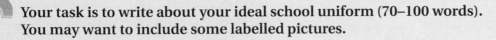

1 Your task is to write about your ideal school uniform (70–100 words). You may want to include some labelled pictures.

Try to vary the types of sentence you use.
Use these words to join your sentences:

parce que	*because*
car	*because*
mais	*but*
et	*and*
donc	*so; therefore*
qui	*who/which*
puis	*then*
ensuite	*then*

dans mon école primaire	*in my primary school*
on portait …	*we used to wear …*
il y avait …	*there was …*
c'était …	*it was …*

Include colours and other adjectives, but remember to add endings.

You can use the present tense here. Include labelled designs.

Introduction
Describe what your school uniform was like at your primary school. If you didn't wear a uniform, say what you used to wear. Give your opinion about it.
Idea 1
Say what you wear to school now, and give your opinion about it.
Idea 2
Describe your ideal uniform. You may want to describe two uniforms, for girls/boys, or summer/winter, or normal wear/sportswear.
Conclusion
Say what you think of school uniforms in general and explain why you would like to wear the uniform you have designed.

Look back at Module 1 for opinions on school uniform (page 13). Look back at Module 5 for 'for and against' (opinion) phrases (page 77).

Je voudrais porter mon uniforme idéal parce que …	*I'd like to wear my ideal uniform because …*

2 Your task is to write about how you spend your pocket money (90 words).

- Say how much pocket money you get and how often.
- Say who gives you your pocket money.
- Say what you spend it on. (You could include the perfect tense here.)
- Say whether you save/do not save and why (e.g. what are you saving up for?).

Look back at page 89 if you need help.

Mots

Les magasins	Shops
la boulangerie	baker's
le centre-ville	town centre
la charcuterie	delicatessen
la confiserie	sweetshop
l'épicerie (f)	grocer's
le magasin de vêtements	clothes shop
un grand/petit magasin	a large/small shop
la parfumerie	perfume shop
la pâtisserie	cakeshop
la pharmacie	chemist's
la poste	post office
le supermarché	supermarket
le tabac	newsagent's

Il y a beaucoup de choix.	There is a lot of choice.
C'est moins cher.	It is less expensive.
Il y a souvent des soldes.	There are often sales.
Le service est bon.	The service is good.

Les vêtements — Clothes

Je porte …	I am wearing …
Il/Elle porte …	He/She is wearing …
un anorak	anorak
un chapeau	hat
des chausssettes (fpl)	socks
des chaussures (fpl)	shoes
une chemise	shirt
une cravate	tie
un imperméable	raincoat
une jupe	skirt
un pantalon	trousers
un pull(over)	jumper
une robe	dress
une veste	jacket
un manteau	coat
Je voudrais …	I would like …
Avez-vous …?	Have you …?
Je cherche …	I am looking for …
C'est combien?	How much is …?
C'est tout?	Is that all?

Les quantités — Quantities

une boîte de (petits pois)	a tin/can of (peas)
une bouteille de (vin)	a bottle of (wine)
une douzaine d'(œufs)	a dozen (eggs)
200 grammes de (fromage)	200 grams of (cheese)
2 kilos de (pommes)	2kg of (apples)
un litre de (limonade)	a litre of (lemonade)
un paquet de (chips)	a packet of (crisps)

un pot de (yaourt)	a pot of (yoghurt)
un sac de (bonbons)	a bag of (sweets)
Vous désirez?	What would you like?
Avez-vous …?	Have you got …?
Combien en voulez-vous?	How many do you want?
Donnez-moi … s'il vous plaît.	Give me … please.
Et avec ça?	Anything else?
Voulez-vous autre chose?	Would you like anything else?
Non, c'est tout.	No, that is all.
Ça fait combien?	How much is that?
Ça fait …	That is …
à un prix raisonnable	at a reasonable price

La nourriture — Food

une baguette	French loaf
une banane	banana
un biscuit	biscuit
les chips (fpl)	crisps
le chocolat	chocolate
le coca	coke
l'eau minérale	mineral water
le fromage	cheese
le jambon	ham
le jus d'orange	orange juice
le lait	milk
un œuf	egg
le pain	bread
le pâté	pâté
les pâtes (fpl)	pasta
une pêche	peach
une pomme	apple
une pomme de terre	potato
du raisin	grapes
une tomate	tomato
le vin	wine
le yaourt	yoghurt

Acheter des vêtements — Buying clothes

Je peux vous aider?	Can I help you?
Je cherche (un jean).	I am looking for (a pair of jeans).
Quelle taille?	What size?
Taille (42).	Size (42).
Quelle couleur?	What colour?
Est-ce que je peux l'essayer?	May I try it on?
Il/Elle est trop grand(e)/petit(e).	It is too big/small.

court(e)	short
long(ue)	long
étroit(e)	tight
large	big
cher(ère)	expensive
Avez-vous quelque chose de plus (petit/grand/court)?	Have you got anything (smaller/larger/shorter)?
Avez-vous quelque chose de moins cher?	Have you got anything less expensive?
Je le/la prends.	I will take it.
Vous payez à la caisse.	You pay at the cashdesk.
passer à la caisse	to go to the checkout
la taille	clothes size
la pointure	shoe size
C'est à la mode.	It is fashionable.
Il y a beaucoup de choix.	There is a lot of choice.
Il n'y a plus de (jeans).	There aren't any (jeans) left.
une chemise (en coton)	a cotton shirt
en cuir	leather
en laine	woollen
(vert) foncé	dark (green)
(vert) clair	light (green)

À acheter — Things to buy

au sous-sol	in the basement
au rez-de-chaussée	on the ground floor
au (premier/deuxième/troisième) étage	on the (first/second/third) floor
Je cherche …	I am looking for …
Je voudrais acheter …	I would like to buy …
Où est/sont …	Where is/are …?
Vous vendez …?	Do you sell …?
Où est le rayon (des CD)?	Where is the floor (for CDs)?
un appareil-photo	camera
un CD	CD
un cadeau	present
une carte d'anniversaire	birthday card
un jeu électronique	video game
un jouet	toy
un magazine	magazine
un mouchoir	handkerchief
un parapluie	umbrella
un pique-nique	picnic
un roman	novel
un souvenir	souvenir

L'argent — Money

l'argent de poche	pocket money
Je reçois … par semaine.	I get … per week.
J'achète …	I buy …
Le week-end dernier, j'ai acheté …	Last weekend, I bought …
Je fais des économies.	I am saving up.
J'aimerais acheter …	I would like to buy …

À la poste — At the Post Office

Je voudrais envoyer (une lettre) …	I would like to send (a letter) …
…en (Angleterre/Irlande/Écosse).	to (England/Ireland/Scotland).
…au pays de Galles.	to Wales.
Je voudrais (quatre) timbres à (0,40 euros).	I would like (four) (0.40 euro) stamps.
une carte postale	postcard
un paquet	parcel
un timbre	stamp
Où est …	Where is …
… la boîte aux lettres?	the letter box?
… la cabine téléphonique?	the phone box?

À la cabine téléphonique — Using a public phone

Décrochez.	Lift the receiver.
Introduisez votre télécarte/votre pièce.	Put in your phonecard/your coin.
Attendez la tonalité.	Wait for the dialling tone.
Composez le numéro.	Dial the number.
Parlez à votre correspondant(e).	Talk to the person you are calling.
Raccrochez.	Hang up.
Retirez la télécarte.	Take out the phonecard.

À la banque — At the bank

Je voudrais changer des chèques de voyage.	I would like to change some traveller's cheques.
Donnez-moi des billets de (50 euros).	Give me (50 euro) banknotes.
Avez-vous une pièce d'identité?	Have you got some form of identification?
Voici mon passeport.	Here is my passport.
Je peux avoir quelques pièces de dix cents?	Can I have some 10 cent coins?

Des problèmes — Problems

Je voudrais me plaindre.	I would like to complain.
Je peux l'échanger?	Can I exchange it?
Vous pouvez me rembourser?	Can you give me refund?
Voilà le reçu.	Here is the receipt.

En vacances

1a Complétez la phrase avec le bon pays. Ensuite faites correspondre les phrases avec les lettres sur la carte.
Complete the sentence with the right country. Then match the sentences with the letters on the map.

1 Rome est la capitale de l' Italie(j).
2 Lisbonne est la capitale du ▰▰▰▰.
3 Berne est la capitale de la ▰▰▰▰.
4 Londres est la capitale de la ▰▰▰▰.
5 Athènes est la capitale de la ▰▰▰▰.
6 Paris est la capitale de la ▰▰▰▰.
7 Berlin est la capitale de l'▰▰▰▰.
8 Madrid est la capitale de l'▰▰▰▰.
9 La Haye est la capitale de la ▰▰▰▰.
10 Bruxelles est la capitale de la ▰▰▰▰.

l'Europe
la Grande-Bretagne
l'Allemagne
l'Espagne
la France
la Grèce
l'Italie
la Belgique
la Hollande
la Suisse
le Portugal
les États-Unis

1b À deux. Demandez à votre partenaire où est-ce qu'il/elle passe ses vacances.
In pairs. Ask your partner where he/she is spending his/her holidays.

Exemple:

- Où est-ce que tu passes tes vacances?
- Je passe mes vacances aux États-Unis.

Le détective

Countries

in + name of country = en
Exemple: en France
Exceptions: au Portugal, au Canada, au pays de Galles, aux États-Unis

Pour en savoir plus ➡ page 192, pt 8.3

Où est-ce que tu passes tes vacances?

Je passe mes vacances	en Espagne
	au Portugal
	aux États-Unis

1c **Notez le pays qu'ils préfèrent. (1–8)**
Note the country they prefer.

2 **Identifiez le pays.** *Identify the country.*

Exemple: **1** *l'Italie*

1 J'aime beaucoup la cuisine italienne.

2 Le chocolat suisse est vraiment délicieux!

3 La campagne française est très jolie.

4 Les voitures américaines sont énormes, tu sais!

5 Les restaurants grecs sont sympas.

6 Ce que j'aime bien, c'est les garçons allemands ...

7 Le temps britannique est plutôt pénible.

8 On fait du vélo tous les jours: les routes hollandaises sont très plates, heureusement!

allemand
américain
belge
britannique
espagnol
français
grec
hollandais
italien
portugais
suisse

LIRE

3a Regardez les images et écrivez le temps.
Look at the pictures and write down the weather.

Quel temps fait-il?

il fait beau
il fait mauvais
il fait chaud
il fait froid
il fait du vent
il fait du brouillard
il pleut
il neige

ÉCOUTER

3b Notez le pays et le temps. (1–8)
Note the country and the weather.

ÉCRIRE

3c À deux. Écrivez un temps
pour chaque ville EN SECRET.
Demandez à votre partenaire
le temps pour chaque ville.
*In pairs. Write down what the
weather is like for each town in
secret. Ask your partner what
the weather is like in each town.*

Exemple: ● *À Calais, il pleut?*
● *Non.*

Calais

Paris

Bordeaux   Lyon

Toulouse

Le détective

To say **in** Paris etc
use à
à Paris = *in Paris*
à Calais = *in Calais*

Pour en savoir plus ➡ page 178, pt 8.3

4 **Écrivez 2 ou 3 temps pour chaque saison.**
Write down 2 or 3 kinds of weather for each season.

Exemple: *En été, il fait beau, …*

en été
en automne
en hiver
au printemps

5 **Écoutez la météo et choisissez le bon symbole.**
Listen to the weather report and choose the right symbol.

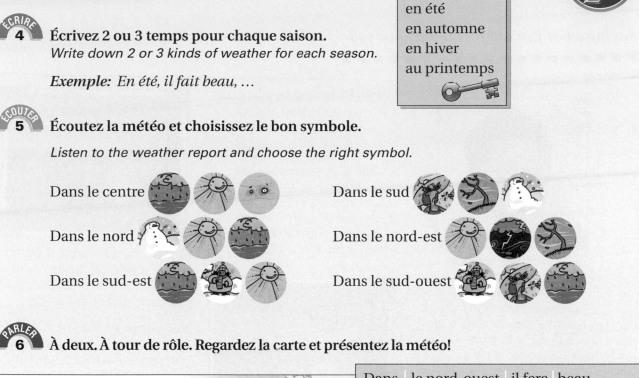

Dans le centre

Dans le nord

Dans le sud-est

Dans le sud

Dans le nord-est

Dans le sud-ouest

6 **À deux. À tour de rôle. Regardez la carte et présentez la météo!**

Dans	le nord-ouest	il fera	beau
	le nord-est		mauvais
	le centre		chaud
	le sud-ouest		froid
	le sud-est		du soleil
	le sud		du brouillard
			du vent
			il pleuvra
			il neigera

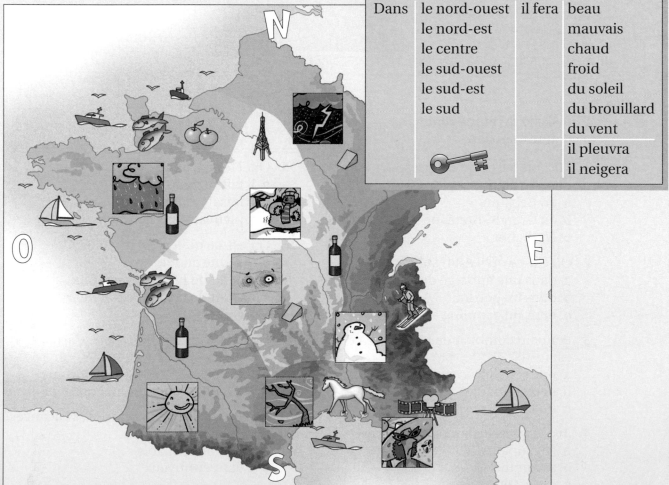

1 *L'année dernière ...*

Saying what you did on holiday last year
●●●●●●●●●●●●●●●●●●●●●●●●

mes parents sont venus nous voir avec leur chien, Rococo. On a joué au foot ensemble.

On a fait plein d'activités. On est allé à la plage tous les jours pour se baigner, car il faisait du soleil et très chaud: 25 degrés. Un jour, j'ai appris à faire de la planche à voile, mais c'était très difficile.

On est allé au marché à Carnac où j'ai acheté des souvenirs, et on a vu les pierres levées. C'était impressionnant de voir ça.

Mes vacances étaient vraiment chouettes, et j'aimerais y retourner l'année prochaine, mais cette fois-ci, avec des copains, pas avec ma famille. Passer les vacances avec sa famille, c'est ennuyeux.

L'année dernière, au mois d'août, j'ai passé mes vacances au bord de la mer. On est allé à Carnac, en Bretagne, où on a loué une maison. On y est resté pendant 15 jours. Il y avait un grand jardin.

J'y suis allé avec ma famille: mon père, ma mère et mes deux sœurs. Pendant la deuxième semaine, des amis de

> Try not to jump to conclusions because you spot one familiar word. Read the words round about and try to work out what the whole sentence means.

LIRE

1a Choisissez la bonne réponse à chaque question.

1 Luc, où est-ce qu'il a passé ses vacances l'été dernier?
   a en Belgique
   b en Grande-Bretagne
   c en France

2 Où est-ce qu'il est resté?
   a dans une auberge de jeunesse
   b dans un gîte loué
   c dans un camping

3 Pendant combien de temps est-ce qu'il est resté?
   a une semaine
   b deux semaines
   c un mois

4 Avec qui est-il parti en vacances?
   a ses copains
   b sa famille
   c ses grand-parents

5 Quel temps faisait-il?
   a il faisait beau
   b il faisait mauvais
   c il pleuvait tous les jours

6 Qu'est-ce qu'il a fait à la plage?
   a il a joué au foot
   b il a fait de la planche à voile
   c il a fait de la natation et de la planche à voile

7 Qu'est-ce qu'il n'a pas fait à Carnac?
   a il n'a pas fait d'achats
   b il n'a pas visité de site historique
   c il n'a pas fait de promenade en bateau

8 Quelle est son opinion sur ses vacances?
   a c'était barbant
   b c'était formidable
   c c'était ennuyeux

1b Copiez et complétez la grille en français. (1–6)

	où?	avec qui?	resté où?	combien de temps?	temps?	opinion?
1	Belgique	copains	gîte	une semaine	beau	super

2a Dites des phrases complètes.

1 D'habitude, **je passe** mes vacances avec ma , mais l'année dernière, **j'ai passé** mes vacances avec mes .

2 Normalement, **je vais** , mais l'année dernière, (**aller**) .

3 D'habitude, **je passe mes vacances dans** , mais l'année dernière, (**passer**) .

4 Normalement, **je joue** , mais l'année dernière, (**jouer**) .

5 D'habitude, **je fais** , mais l'année dernière, (**faire**) .

L'année dernière	
je suis allé(e)* en vacances	en Espagne
j'ai passé mes vacances	avec ma famille/mes copains
	au bord de la mer/à la campagne
je suis resté(e)*	chez moi
j'ai passé	une semaine
	quinze jours
	un mois
j'ai passé mes vacances	dans un gîte/hôtel/ camping/appartement
j'ai joué	au tennis/volley
j'ai fait	de la voile/du vélo
j'ai visité	
c'était	fantastique/ennuyeux/ super/extra
il faisait	beau/mauvais

* two key holiday verbs which take être in the perfect tense

2b Écrivez un paragraphe sur vos vacances de l'année dernière.

Exemple: L'année dernière
je suis allé(e) …

Le détective

Imperfect tense

The imperfect tense is used to describe what things were like in the past.

Il y avait un grand jardin
= *There was a big garden.*

Il faisait beau = *The weather was sunny.*
C'était très difficile = *It was very difficult.*
Learn these expressions off by heart:
c'était = *it was*
il y avait = *there was/were*
il faisait (+ weather) = *the weather was …*

Pour en savoir plus ➡ page 184, pt 3.4

2 Au syndicat d'initiative

Dealing with tourist information

la cathédrale
le château
le musée

au volley
au baby-foot
au ping-pong

à la plage
au théâtre
au bowling

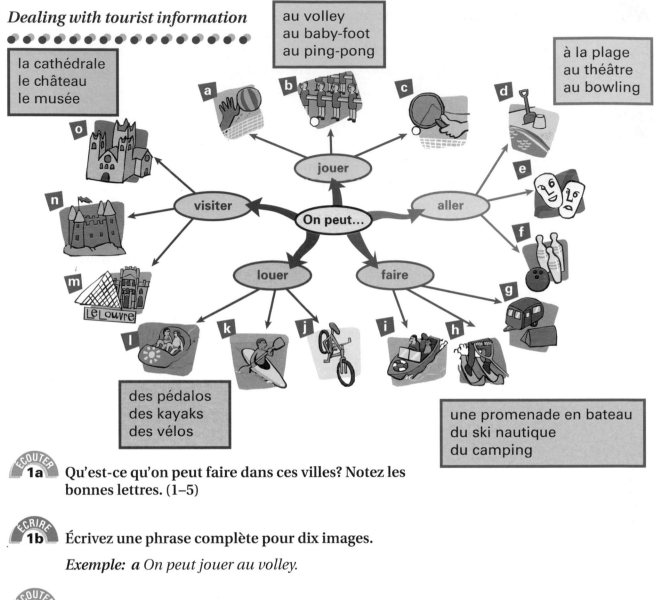

des pédalos
des kayaks
des vélos

une promenade en bateau
du ski nautique
du camping

1a Qu'est-ce qu'on peut faire dans ces villes? Notez les bonnes lettres. (1–5)

1b Écrivez une phrase complète pour dix images.

*Exemple: **a** On peut jouer au volley.*

2a Écoutez la conversation au syndicat d'initiative, et remplissez les blancs.

une carte
bonnes vacances
une liste de restaurants
un plan de la ville
une liste des distractions
un dépliant
une liste d'hôtels

Touriste:	Bonjour, madame. Je voudrais **a** , s'il vous plaît.
Employée:	Oui, voilà. C'est gratuit. Je vous donne **b** sur notre ville, aussi, et **c** de la région.
Touriste:	Avez-vous **d** , madame?
Employée:	Oui, voilà. Il y a **e** là-dedans aussi.
Touriste:	Merci beaucoup, madame. Qu'est-ce qu'on peut faire ici?
Employée:	Il y a **f** dans cette brochure.
Touriste:	Est-ce qu'on peut jouer au golf?
Employée:	Oui, il y a un terrain de golf à 5 kilomètres, **g** !

2b À deux. En français:

A

- Bonjour, vous désirez?
- Voilà, c'est tout?
- Bien sûr, je vais vous montrer sur le plan
- De rien

B

- Ask for a town plan; a list of restaurants; a brochure
- Say no, then ask if you can ; ;
- Say thank you

Bienvenue à Royan: La Perle de l'Océan

Visitez Royan, station balnéaire sur la côte Atlantique.

Histoire de Royan

Au début du Moyen Âge, Royan était un petit port de pêche.

Au XIXè siècle, Royan attirait de plus en plus de monde. Des artistes parisiens ont rendu la ville à la mode.

En 1944, les bombardements alliés ont ruiné la ville. Sa reconstruction lui a donné une nouvelle vie.

Et aujourd'hui, Royan est la capitale de la Côte de Beauté.

À voir, à visiter...

Musée de Royan – Hôtel de Ville.
Visites: *mardi–vendredi de 14h à 18h*
Centre Marin – Place Foch. Ouverture:
toute l'année sauf dimanche et jours fériés
Le zoo de la Palmyre – 6 avenue de
Royan, La Palmyre. *Ouvert du 1/4 au 30/9
de 9h à 19h.*

Sports et Loisirs

Il existe beaucoup de possibilités sportives pour ceux qui passent leurs vacances à Royan, y compris tennis, squash, piscines, golf, équitation, plongée, parachutisme et aviation, et planche à voile (location d'équipement sur place).

3a Répondez aux questions en anglais.

1 Where is Royan situated? (1)

2 What sort of town was Royan in the Middle Ages? (1)

3 What happened to Royan in 1944? (1)

4 When is the museum open? (2)

5 Which sports are available? (9)

6 When is the *Centre Marin* closed? (2)

7 What can you hire equipment for? (1)

8 When can you visit the zoo? (2)

3b Écoutez les questions de ces touristes à Royan. Répondez Oui ou Non. (1–8)

3 À l'hôtel

Booking in at a hôtel

● ● ● ● ● ● ● ● ● ● ●

ÉCOUTER

1 Notez les détails pour chaque conversation. (1–4)

a La sorte de chambre

❶ une chambre pour une personne

❷ une chambre double

❸ une chambre pour deux personnes avec deux petits lits

❹ une chambre de famille

b Ce qu'il y a dans la chambre

❶ une salle de bains

❷ une douche

❸ les W-C

❹ un balcon

❺ une vue sur la mer

c La durée du séjour

❶ une nuit

❷ deux nuits

❸ trois nuits

❹ 7 une semaine

❺ 15 quinze jours

d Ce qu'ils veulent à l'hôtel

❶ ❷ ❸ ❹

un restaurant un parking un ascenseur une piscine

LIRE

2a Lisez la lettre de Janet. Qu'est-ce qu'elle veut réserver?

a   b   c   d

Monsieur,

Je vous écris pour réserver des chambres dans votre hôtel.

Je voudrais réserver <u>deux</u> chambres: une chambre <u>double pour deux personnes</u> avec <u>un grand lit</u> et <u>salle de bains</u>, et une chambre <u>pour deux personnes</u> avec <u>deux petits lits</u> et <u>une douche</u>. Nous voudrions rester pour <u>deux nuits</u>, du <u>29</u> au <u>31</u> juillet.

Est-ce qu'il y a <u>un restaurant</u> à l'hôtel?

Voudriez-vous bien confirmer ma réservation, s'il vous plaît. Nous espérons arriver à l'hôtel vers 20h, le 29 juillet.

Je vous prie d'agréer, monsieur, l'expression de mes sentiments distingués.

Janet Crook

ÉCRIRE

2b Écrivez deux lettres en utilisant la lettre de Janet.

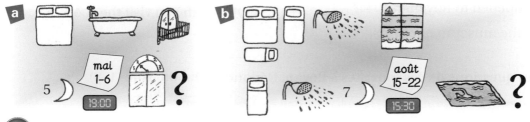

a   mai 1–6   19:00   ?

b   août 15–22   15:30   ?

PARLER
3 À deux. Entraînez-vous.

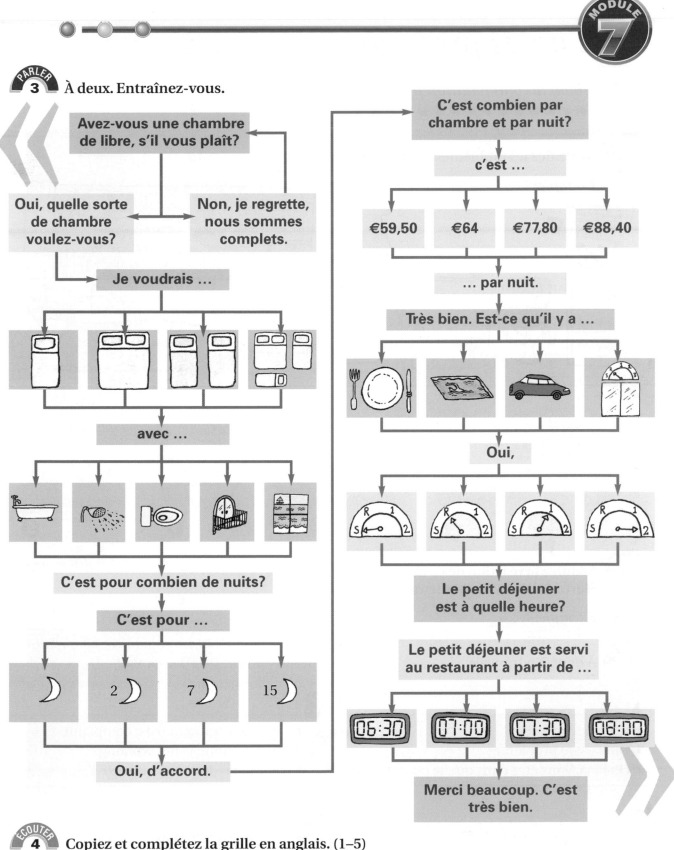

Avez-vous une chambre de libre, s'il vous plaît?

Oui, quelle sorte de chambre voulez-vous?

Non, je regrette, nous sommes complets.

Je voudrais …

avec …

C'est pour combien de nuits?

C'est pour …

2   7   15

Oui, d'accord.

C'est combien par chambre et par nuit?

c'est …

€59,50   €64   €77,80   €88,40

… par nuit.

Très bien. Est-ce qu'il y a …

Oui,

Le petit déjeuner est à quelle heure?

Le petit déjeuner est servi au restaurant à partir de …

06:30   07:00   07:30   08:00

Merci beaucoup. C'est très bien.

ÉCOUTER
4 Copiez et complétez la grille en anglais. (1–5)

Accommodation	Reason(s)
1	

4 On a des problèmes

Talking about accommodation problems

1a Identifiez les problèmes à l'Hôtel Horrible!

Exemple: 1c

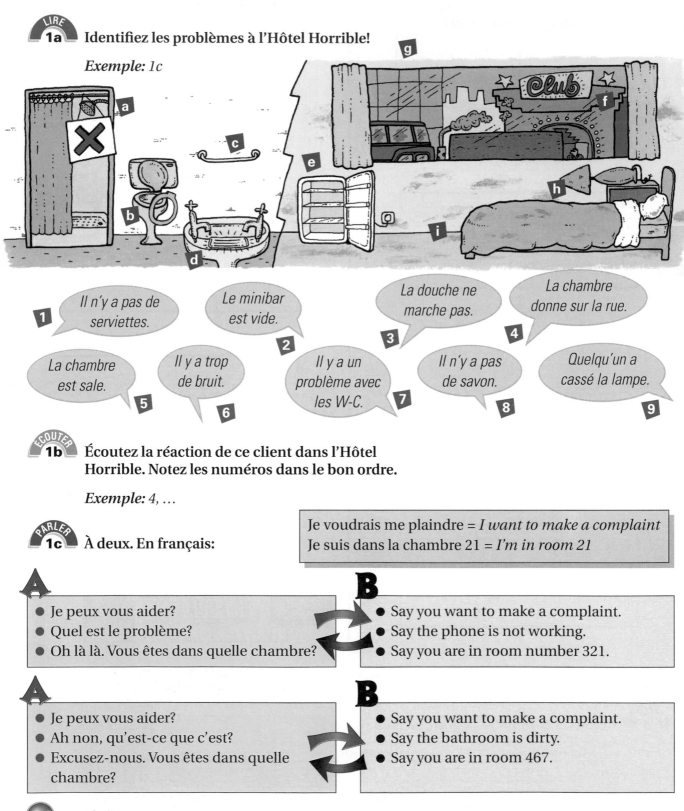

1 *Il n'y a pas de serviettes.*

2 *Le minibar est vide.*

3 *La douche ne marche pas.*

4 *La chambre donne sur la rue.*

5 *La chambre est sale.*

6 *Il y a trop de bruit.*

7 *Il y a un problème avec les W-C.*

8 *Il n'y a pas de savon.*

9 *Quelqu'un a cassé la lampe.*

ÉCOUTER

1b Écoutez la réaction de ce client dans l'Hôtel Horrible. Notez les numéros dans le bon ordre.

Exemple: 4, …

PARLER

1c À deux. En français:

> Je voudrais me plaindre = *I want to make a complaint*
> Je suis dans la chambre 21 = *I'm in room 21*

A
- Je peux vous aider?
- Quel est le problème?
- Oh là là. Vous êtes dans quelle chambre?

B
- Say you want to make a complaint.
- Say the phone is not working.
- Say you are in room number 321.

A
- Je peux vous aider?
- Ah non, qu'est-ce que c'est?
- Excusez-nous. Vous êtes dans quelle chambre?

B
- Say you want to make a complaint.
- Say the bathroom is dirty.
- Say you are in room 467.

2a Lisez la lettre, puis choisissez la bonne réponse.

> Paris, le 12 septembre
>
> Monsieur/Madame
>
> Je vous écris pour me plaindre de mon séjour dans votre hôtel au mois de juillet cette année.
>
> D'abord, le personnel. À la réception, le réceptionniste n'était pas sympa. Les serveurs dans le restaurant étaient mal polis aussi.
>
> Ma chambre n'était pas propre. Il n'y avait pas de lampe et la télévision ne marchait pas. La salle de bains était en désordre et il n'y avait pas de serviettes.
>
> Il y avait une erreur dans la note aussi.
>
> Je suis curieux de savoir votre opinion sur mon expérience, Monsieur/Madame. Je suis convaincu que vous ferez quelque chose pour résoudre ces problèmes.
>
> Je vous prie d'agréer l'expression de mes sentiments distingués,
>
> *Benjamin Lenôtre*

1 M. Lenôtre a visité l'hôtel …
 a en mars.
 b en juillet.
 c en septembre.

2 Il écrit pour …
 a se plaindre.
 b réserver une chambre.
 c remercier le directeur.

3 Le personnel était …
 a poli.
 b mal poli.
 c occupé.

4 Sa chambre était …
 a propre.
 b sale.
 c trop petite.

5 Il n'y avait pas de …
 a salle de bains.
 b lampe.
 c télévision.

6 Sa note était …
 a à suivre.
 b correcte.
 c incorrecte.

quelqu'un = *somebody*
quelquefois = *sometimes*
quelque part = *somewhere*
quelque chose = *something*

Rappel

Imperfect tense:

était = *was*

étaient = *were*

Il n'y avait pas de = *There was/were (no)*

… ne marchait pas = … *didn't work*

2b Vous avez eu des problèmes à l'hôtel aussi. Regardez la lettre modèle (2a) et les images et écrivez une lettre au directeur.

À L'ORAL

1 You are at a hotel, booking accommodation.
Your partner will play the part of the receptionist.

Jeux de rôle

A
- Bonjour, Monsieur/Madame. Je peux vous aider?
- D'accord.
- C'est bien. Vous voulez rester combien de nuits?
- Pas de problème.
- De rien!

B
- Ask for a room with a double bed.
- Say you'd like a room with a bathroom and a telephone.
- Say for four nights.
- Say thank you.

2 You are at the tourist information office in a French town.
Your partner will play the part of the assistant.

Jeux de rôle

A
- Je peux vous aider?
- Voilà.
- La rivière est jolie, et la cathédrale est spectaculaire.
- Non, je regrette.
- Au revoir!

B
- Ask for a town plan and a map of the region.
- Ask what there is to see.
- Ask if there is an ice-rink.*
- Say goodbye.

* une patinoire

3 Talk for one minute on your favourite kind of holiday. Make notes before preparing your exam cue card.

Exemple:

Je préfère passer mes vacances à/en ... avec ...
Je préfère rester à la maison/dans un(e) ...
parce que ...
Comme activité, j'aime ...
Quand il fait beau, je ...
Quand il pleut, je ...
L'année dernière, je suis allé(e) ... et j'ai ... et c'était ...

The 'holidays' topic is ideal to practise past, present and future tenses, so listen carefully to your teacher's questions, and try to answer with the correct form of the verbs.

Your examiner may ask ...
Qu'est-ce que tu fais normalement pendant les grandes vacances?

Et l'année dernière, qu'est-ce que tu as fait?

Qu'est ce que tu vas faire cet été pendant les grandes vacances?

Quel pays est-ce que tu voudrais visiter?

Make a recording of yourself on tape saying and answering the questions.

1 Account of a holiday.
   Your task is to write about a holiday you have been on, real or
   imaginary (70–100 words).
   You can include photos and illustrations to make your work
   look more interesting.

*Look back at Module 5 for help (pages
68–73). If you have a brochure about where
you went, include some pictures from this.*

*Watch your perfect tense verbs.
Include some opinion phrases in the
imperfect.*
c'était confortable   *comfortable*
c'était pratique   *practical*

*Give opinions: do you like going with
parents/friends, etc.? Why (not)?*

*Your verbs should be in the perfect tense.
Use what you have learned in this
module and in Module 3 (pages 38–41).
Remember: to say what things were like
use the imperfect tense.*
Il y avait beaucoup de choses à faire.
Il faisait beau temps.

Remember to use je voudrais + *infinitive.*

Introduction
   Say where you went and describe the
   town/village and its location.
Idea 1
   Say where you stayed. Say what the
   accommodation was like.
Idea 2
   Say who you went with and how long you stayed.
Idea 3
   Describe what you did on holiday.
Idea 4
   Say if you would like to go back to that place
   again and why (not).
Conclusion
   End by writing a paragraph on where you are
   going to go for your holidays next year, who
   with, for how long and what you will do.

Use the future aller + *infinitive (look
back at Module 1, page 16).*
l'année prochaine   *next year*
j'espère + *infinitive*   *I hope to …*

Improve your vocabulary by using words like these to start sentences:

d'abord	*first of all*
après	*afterwards*
finalement	*finally*
souvent	*often*
quelquefois	*sometimes*
de temps en temps	*from time to time*
cependant	*however*
pourtant	*however*

Mots

Les pays	*Countries*
l'Allemagne *(f)*	*Germany*
l'Amérique *(f)*	*America*
la Belgique	*Belgium*
le Canada	*Canada*
l'Espagne *(f)*	*Spain*
les États-Unis *(mpl)*	*United States*
la France	*France*
la Grande-Bretagne	*Great Britain*
la Grèce	*Greece*
la Hollande	*Holland*
l'Irlande *(f)*	*Ireland*
l'Italie *(f)*	*Italy*
le Portugal	*Portugal*
la Suisse	*Switzerland*
l'Europe *(f)*	*Europe*
Où est-ce que tu passes tes vacances?	*Where do you spend your holidays?*
Je passe mes vacances …	*I spend my holidays …*
… en France	*in France*
… au Portugal/Canada	*in Portugal/Canada*
… aux États-Unis	*in the United States*

Les nationalités	*Nationalities*
Je suis …	*I am …*
Il/Elle est …	*He/She is …*
américain(e)	*American*
belge	*Belgian*
britannique	*British*
canadien(ne)	*Canadian*
espagnol(e)	*Spanish*
français(e)	*French*
grec(que)	*Greek*
hollandais(e)	*Dutch*
irlandais(e)	*Irish*
italien(ne)	*Italian*
portugais(e)	*Portuguese*
suisse	*Swiss*

Le temps	*The weather*
Il fait beau.	*It is good weather.*
Il fait mauvais.	*It is bad weather.*
Il fait chaud.	*It is hot.*
Il fait froid.	*It is cold.*
Il fait du brouillard.	*It is foggy.*
Il fait du vent.	*It is windy.*
Il neige.	*It is snowing.*
Il pleut.	*It is raining.*

dans …	*in …*
… le nord-ouest/nord-est	*… the North-West/North-East*
… le centre	*… the centre*
… le sud-ouest/sud-est	*… the South-West/South-East*
Il fera beau/mauvais.	*It will be good /bad weather.*
Il fera chaud/froid.	*It will be hot/cold.*
Il fera du soleil/du brouillard/du vent.	*It will be sunny/foggy/windy.*
Il neigera.	*It will snow.*
Il pleuvra.	*It will rain.*

L'année dernière	*Last year*
Je suis allé(e) en vacances.	*I went on holiday.*
J'ai passé mes vacances…	*I spent my holidays …*
… en Espagne	*… in Spain*
… avec ma famille/mes copains	*… with my family/my friends*
Je suis resté(e) chez moi.	*I stayed at home.*
J'ai fait du camping.	*I went camping.*
J'ai passé mes vacances dans un gîte/un hôtel.	*I spent my holidays in a guesthouse/hotel.*
une auberge de jeunesse	*a youth hostel*
J'y ai passé (une semaine/ dix jours).	*I spent (a week/10 days) there.*
J'ai joué (au tennis/au volley).	*I played (tennis/ volleyball).*
J'ai fait (de la voile/du vélo).	*I went (sailing/cycling).*
J'ai visité (un musée).	*I visited (a museum).*
C'était (fantastique/ super/extra).	*It was (fantastic/ super/amazing).*
C'était ennuyeux.	*It was boring.*
Il faisait (beau/mauvais).	*The weather was (good/bad).*

Les saisons	*The seasons*
en été	*in summer*
en automne	*in autumn*
en hiver	*in winter*
au printemps	*in spring*

Au syndicat d'initiative — *At the tourist information office*

Vous désirez?	*What would you like?*
Je voudrais … s'il vous plaît.	*I would like … please.*
une brochure	*a brochure*
un dépliant	*a leaflet*
une carte	*a map*
une liste des distractions	*a list of things to do*
un plan de la ville	*a town plan*
C'est gratuit.	*It's free.*
Je vais vous montrer sur le plan.	*I will show you on the map.*

Activités — *Activities*

Qu'est-ce qu'on peut faire ici?	*What is there to do here?*
Est-ce qu'on peut (jouer au volley)?	*Can you (play volleyball)?*
On peut …	*You can …*
aller à la plage/au théâtre	*go to the beach/theatre*
jouer au ping-pong/au volley	*play ping-pong/volleyball*
jouer au babyfoot	*play table-football*
faire du ski nautique/du camping	*go water-skiing/camping*
faire une promenade en bateau	*go on a boat trip*
vister la cathédrale/le château	*visit the cathedral/castle*

À l'hôtel — *At the hotel*

Avez-vous une chambre de libre?	*Have you got a room free?*
Non, nous sommes complets.	*No, we are full up.*
Quelle sorte de chambre voulez-vous?	*What sort of room would you like?*
Je voudrais …	*I would like …*
une chambre pour une personne	*a single room*
une chambre double/de famille	*a double room/family room*
une chambre pour deux personnes	*a twin room*
avec …	*with …*
balcon	*a balcony*
douche	*a shower*
salle de bains	*a bathroom*
vue sur la mer	*a seaview*
W-C	*a toilet*
C'est pour combien de nuits?	*How many nights is it for?*
C'est pour (deux) nuits.	*It's for (two) nights.*
C'est combien par chambre et par nuit?	*How much is it per room per night?*
Est-ce qu'il y a (un restaurant/une piscine/un parking/un ascenseur)?	*Is there (a restaurant/swimming-pool/carpark/lift)?*
(Le petit-déjeuner) est à quelle heure?	*What time is (breakfast)?*
(Le petit-déjeuner) est servi à partir de …	*(Breakfast) is served from …*

Des problèmes — *Problems*

Quel est le problème?	*What is the problem?*
Vous êtes dans quelle chambre?	*What room are you in?*
(La douche) ne marche pas.	*(The shower) doesn't work.*
Il n'y a pas de (serviettes).	*There aren't any (towels).*
La chambre est sale.	*The room is dirty.*
Il y a trop de bruit.	*There is too much noise.*
Il y a un problème avec les W-C.	*There is a problem with the toilet.*
Il y a une erreur dans la note.	*There is a mistake in the bill.*
le directeur	*the manager*
le personnel	*the staff*
mal poli(e)	*rude*
résoudre le problème	*to solve the problem*
le séjour	*a stay*

Des expressions utiles — *Useful expressions*

quelqu'un	*somebody*
quelquefois	*sometimes*
quelque part	*somewhere*
quelque chose	*something*

Bienvenue en France!

1 **Faites correspondre les bulles et les images, puis mettez les bulles dans le bon ordre. (1–7)**
Match each speech bubble with the right picture, then put the bubbles in the right order.

a As-tu faim?

b Entre, et assieds-toi! Es-tu fatiguée?

c As-tu soif?

d Voici ta chambre. Bonne nuit!

e As-tu besoin d'une serviette, de savon ou de dentifrice?

f Bonjour, et bienvenue en France!

g Je te présente ma mère, Cathérine, et mon père, René.

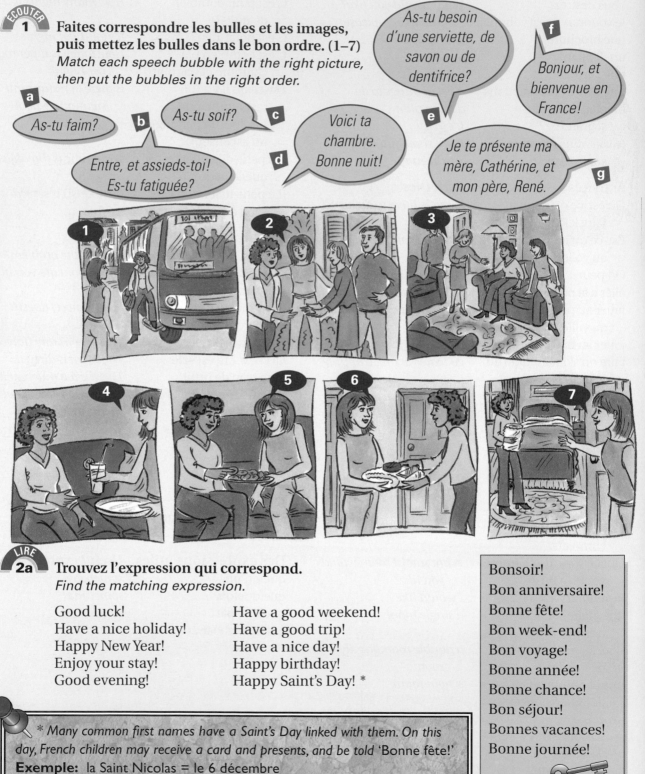

2a **Trouvez l'expression qui correspond.**
Find the matching expression.

Good luck!   Have a good weekend!
Have a nice holiday!   Have a good trip!
Happy New Year!   Have a nice day!
Enjoy your stay!   Happy birthday!
Good evening!   Happy Saint's Day! *

Bonsoir!
Bon anniversaire!
Bonne fête!
Bon week-end!
Bon voyage!
Bonne année!
Bonne chance!
Bon séjour!
Bonnes vacances!
Bonne journée!

> * *Many common first names have a Saint's Day linked with them. On this day, French children may receive a card and presents, and be told 'Bonne fête!'*
> **Exemple:** la Saint Nicolas = le 6 décembre

2b C'est quelle image? (1–6)
Which picture is it?

Exemple: 1–**e**

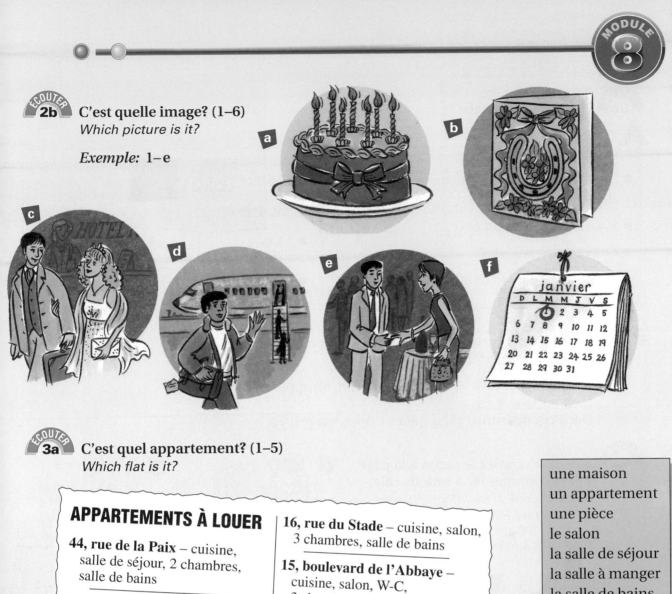

3a C'est quel appartement? (1–5)
Which flat is it?

une maison
un appartement
une pièce
le salon
la salle de séjour
la salle à manger
la salle de bains
la chambre
la cuisine
les W-C

APPARTEMENTS À LOUER

44, rue de la Paix – cuisine, salle de séjour, 2 chambres, salle de bains

2, avenue Clemenceau – cuisine, salon, salle à manger, 3 chambres, salle de bains

16, rue du Stade – cuisine, salon, 3 chambres, salle de bains

15, boulevard de l'Abbaye – cuisine, salon, W-C, 3 chambres, salle de bains

3, place du 11 novembre - cuisine, salle de séjour, salle à manger, W-C, 4 chambres, 2 salles de bains

3b Complétez les blancs dans cette lettre. Choisissez les mots dans la case.
Fill in the blanks in this letter with one of the words from the box.

une   salle   pièces   Lyon
maison   numéro   manger
premier   bonjour   trois

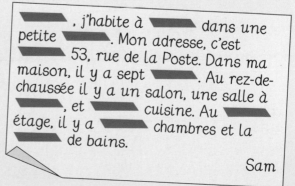

██████ , j'habite à ██████ dans une petite ██████ . Mon adresse, c'est 53, rue de la Poste. Dans ma maison, il y a sept ██████ . Au rez-de-chaussée il y a un salon, une salle à ██████ , et ██████ cuisine. Au ██████ étage, il y a ██████ chambres et la ██████ de bains.

Sam

PARLER
3c
À deux. En français:
In pairs. In French:

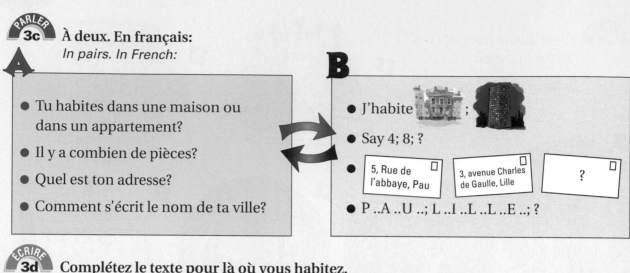

A

- Tu habites dans une maison ou dans un appartement?
- Il y a combien de pièces?
- Quel est ton adresse?
- Comment s'écrit le nom de ta ville?

B

- J'habite   ;
- Say 4; 8; ?
- 5, Rue de l'abbaye, Pau
- 3, avenue Charles de Gaulle, Lille
- ?
- P ..A ..U ..; L ..I ..L ..L ..E ..; ?

ÉCRIRE
3d
Complétez le texte pour là où vous habitez.
Complete the text for where you live.

Bonjour, j'habite à … dans une maison/un appartement/ …
Mon adresse, c'est …
Dans ma maison, il y a … pièces. Au … étage il y a …

PARLER
4a
À deux. Regardez le menu à la page 117 et commandez à tour de rôle.
In pairs. Look at the menu on page 117 and take it in turns to order.

Exemple: 1 *Je voudrais un thé et une pizza.*

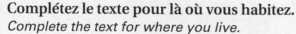

ÉCRIRE
4b
À deux. Pour chaque commande ci-dessus préparez l'addition en Euros.
In pairs. For each order above prepare the bill in Euros.

Exemple: 1

Le Gourmand

un thé	€3,05
une pizza	€5,20
total	€8,25
Merci!	

Le Gourmand

un café €2,10	un thé €3,05	un orangina €2,50
un café-crème €3,40	un coca €2,50	une limonade €2,10
un chocolat chaud €3,40	un jus de fruit €3,05	une eau minérale €2,50

un sandwich au jambon €4,60

un croque-monsieur €4,10

des frites €3,50

un sandwich au fromage €4,50

une pizza €5,20

une crêpe €3,90

une omelette €3,90

une glace €3,70

4c **Regardez le menu et préparez l'addition pour chaque personne. (1–5)**

Look at the menu and calculate the total for each person.

Exemple: 1

> While the tape is playing, listen out for and note the items. Afterwards, use the gaps between playings to work out the prices from the menu.

Le Gourmand

2 cocas	€2,50
	€2,50
1 pizza	€5,20
1 omelette	€3,90
total	€14,10
Merci!	

1 *Voici ma maison*

Describing a house and its rooms

1a Corrigez les erreurs dans ces phrases.

a Émilie fait un échange en Angleterre chez Sarah.
b Elle est logée dans une grande maison où il y a deux étages, et 8 pièces.
c La salle de séjour est en haut, et les chambres sont en bas.
d Il y a 3 chambres, et Émilie partage une chambre avec Madame Hill.
e Il n'y a pas de moquette dans la maison.
f Il y a une grande cave, et un lave-vaisselle.
g Il y a un jardin devant la maison.
h On prend le dîner dans le jardin parce qu'il fait chaud le soir.

LIRE

Chère maman, cher papa,

Ici en Angleterre ça va bien, et ma correspondante, Lindsay, est très gentille.

Je vous envoie une photo de sa maison. C'est une maison moyenne qui se trouve dans une rue tranquille près du centre-ville. C'est une maison jumelée à deux étages. Il y a huit pièces: en bas, il y a le salon, la salle à manger et la cuisine. Il y a un petit bureau à côté de la cuisine, et des W-C aussi. En haut, il y a la salle de bains, et les chambres. Il y a trois chambres: la chambre de Madame Hill, la chambre de Lindsay, et la chambre de Graham, son frère. Moi, je partage une chambre avec Lindsay, et on s'amuse bien.

Ce qui est bizarre, c'est qu'il y a de la moquette partout dans la maison, même dans l'entrée et dans l'escalier! Mais il n'y a pas de cave ni de lave-vaisselle. Je dois aider à faire la vaisselle à la main ...

Il y a un joli jardin derrière la maison, où il y a une pelouse, des fleurs et un grand arbre. Mais on n'y mange pas, parce qu'il fait trop froid le soir pour manger dehors. Il y a un garage aussi.

Vous voyez, j'ai de la chance! Je suis très contente!

Grosses bises, Émilie

1b Identifiez la maison de chaque personne. (1–5)

ECOUTER

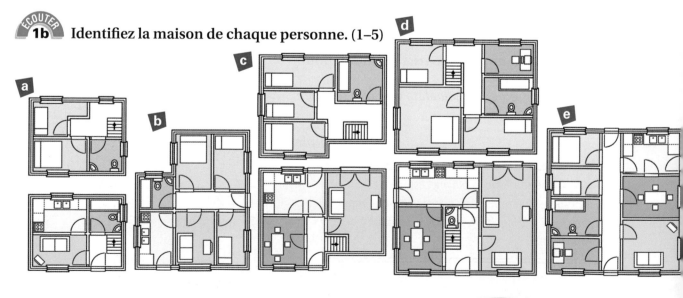

a b c d e

1c À deux. Faites la description d'une de ces maisons. Votre partenaire doit trouver la bonne maison.

PARLER

> Il y a … étages.
> En haut, il y a … .
> En bas, il y a … .

2a Lisez la lettre d'Émilie et identifiez les choses dans la chambre.

La chambre de Lindsay est très chouette. La moquette est bleue et les rideaux sont roses et blancs. Dans sa chambre il y a deux lits, une armoire, et une petite table en bois. Sur sa table il y a une lampe et son réveil. Il y a plein de posters de joueurs de foot aux murs, parce qu'elle adore ce sport. On peut regarder des vidéos et écouter de la musique dans sa chambre, parce qu'elle a sa propre télé, un magnétoscope et une chaîne hi-fi! Sur son lit il y a un ours en peluche qui est très mignon.

Émilie

2b Émilie fait une description de sa propre chambre. Remplissez les blancs avec mon, ma ou mes.

〰〰 chambre est plus petite que celle de Lindsay.
〰〰 rideaux sont beiges et 〰〰 moquette est verte.
〰〰 armoire est dans le coin, à côté de 〰〰 chaîne hifi.
Sur 〰〰 lit il y a 〰〰 chien en peluche, et souvent
〰〰 vêtements sont sur 〰〰 lit aussi! 〰〰 petite
lampe verte est sur 〰〰 table en bois. J'ai 〰〰 propre
chambre, et j'aime bien avoir une chambre à moi.

2c Écoutez la description d'Émilie pour voir si vous avez raison.

3 Cherchez l'intrus dans chaque liste à droite.

4a Identifiez et notez la pièce en français. (1–5)

4b Préparez une liste de tous les meubles dans trois pièces dans votre maison. Utilisez un dictionnaire. Notez les meubles avec un/une.

a
un lit
une armoire
un lave-vaisselle
un poster

b
un four à micro-ondes
un frigo
un placard
une machine à laver

c
un lavabo
une douche
un miroir
une chaîne hi-fi

d
une fenêtre
un mur
une porte
un réveil

e
une cuisinière à gaz
un canapé
un fauteuil
une chaise

*1 Look up the word in the English side of the dictionary (**Exemple**: desk).*
2 Read through the whole definition to make sure you find the right word
Exemple:

desk |desk| *n. (for pupil)* pupitre m; *(for teacher)* bureau m; *(in office, home)* bureau m.

*3 List the word with un or une in front of it (**Exemple**: un bureau) (because m = masc).*

2 La télé

Talking about TV and films

●●●●●●●●●●●●●●

1a Faites une liste de toutes les sortes d'émissions mentionées dans le texte. Trouvez un exemple de chaque sorte d'émission.

Exemple: les émissions de musique =
Top of the Pops

1b Répondez à ces questions en français.

1 What is Éloïse going to watch tonight? *(1)*
2 What programmes does she like best? *(2)*
3 What does she think of adverts? *(1)*
4 What type of films does Paul prefer? *(3)*
5 What is his favourite programme? What type of programme is it? *(2)*
6 Why does he like the programme? *(1)*
7 When does Geneviève watch the news? *(1)*
8 What is her favourite sort of film? *(1)*
9 What sort of programme doesn't she like? *(1)*
10 Why does she prefer the radio? *(1)*
11 What is Auguste's favourite type of programme? *(2)*
12 What type of programme doesn't he like? *(2)*
13 'Qui Veut Gagner Des Millions?', What is the English equivalent of this programme? *(1)*

1c Copiez et complétez la grille en français. (1–5)

	aime	n'aime pas	émission préférée
1	les séries	les informations	Beverley Hills

Qu'est-ce qu'on va regarder ce soir?

Eloïse Ce soir, je vais regarder 'M comme Musique' car j'adore les émissions de musique. J'aime aussi les documentaires sur la nature, parce que j'aime beaucoup les animaux. La publicité, moi, je trouve ça bête.

Paul J'adore les dessins animés et les films policiers. J'aime aussi les films d'horreur et de science-fiction. Ce soir, je vais regarder mon émission préférée, 'Les Simpson', parce que ça me fait rire. Mais je ne vais pas regarder les informations: ça, c'est barbant.

Geneviève Dubois Comme tous les soirs, je vais regarder les informations, et peut-être un film, parce que j'aime les films d'amour. Mon film favori est 'Titanic', parce que je pense que les acteurs sont formidables. Je trouve qu'il y a a trop de séries américaines et anglaises à la télévision française, et je déteste cette sorte d'émission. À vrai dire, je préfère écouter la radio, parce que j'aime beaucoup la musique classique.

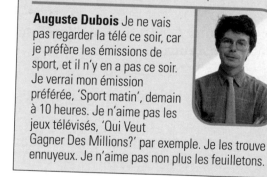

Auguste Dubois Je ne vais pas regarder la télé ce soir, car je préfère les émissions de sport, et il n'y en a pas ce soir. Je verrai mon émission préférée, 'Sport matin', demain à 10 heures. Je n'aime pas les jeux télévisés, 'Qui Veut Gagner Des Millions?' par exemple. Je les trouve ennuyeux. Je n'aime pas non plus les feuilletons.

J'adore/J'aime/Je n'aime pas/Je déteste (les séries) parce que
c'est intéressant/amusant/passionnant/ barbant/bête/ennuyeux

les séries/feuilletons/documentaires/ dessins animés/informations/jeux télévisés
les émissions de musique/sport
les films d'horreur/de science fiction/ d'amour

1d Sondage. Préparez une grille 6 × 6.
Écrivez 5 sortes d'émissions de télé en haut.
Interviewez 5 personnes pour
trouver leurs préférences.

Non, je ne les aime pas.

Oui, je les adore.

Exemple:

Non, je les déteste.

Oui, je les aime.

Tu aimes les dessins animés?

Le détective

Object pronouns

Tu aimes **les films**? = *Do you like **films**?*
Oui, je **les** aime = *Yes, I like **them**.*

Pour en savoir plus ➡ page 191, pt 7.2

2a Identifiez l'émission de télé britannique.

a
C'est une émission pour les jeunes, qui a lieu dans un collège à Londres. Il s'agit de la vie scolaire, et des vies personnelles des élèves et des profs.

b
C'est un dessin animé très populaire. Il s'agit d'une famille américaine. Le père adore manger, la mère a des cheveux très bizarres, le fils est très vilain, la fille joue du saxophone et le bébé suce sa tétine.

c
C'est un feuilleton qui existe depuis plus de 40 ans. Il s'agit de la vie des habitants d'une rue dans le nord de l'Angleterre. C'est un programme qui est amusant mais qui peut être aussi tragique.

d
C'est un jeu télévisé, où on peut gagner beaucoup d'argent, jusqu'à un million de livres sterling. Le présentateur crée beaucoup de tension pendant le jeu.

e
C'est une émission de sport qu'on peut voir le samedi après-midi. On y voit des matchs de rugby, des courses de chevaux, des concours d'athlétisme, et les résultats des matchs de foot joués ce jour-là.

2b Identifiez le film. (1–5)

a STAR TREK

b *Roméo et Juliette*

c Les DENTS de la MER

d POLICE ACADÉMIE 7

e Dracula

2c En groupes. Une personne fait une description d'une émission de télé célèbre, ou d'un film. Le groupe identifie l'émission ou le film.

C'est un(e) _____ qui a lieu _____ . Il s'agit de _____ .

Make your description of what the film/show is about very simple.
Exemple: Il s'agit d'une famille et ses problèmes.
Il s'agit d'un agent de police.

2d Écrivez une description de:

1 votre émission de télé préférée.
2 votre film favori.

Mon émission de télé préférée/film préféré s'appelle …				
C'est un(e)	film feuilleton film policier	qui a lieu	dans une ville à New York	en Australie en Amérique
Il s'agit de …				
J'aime	cette émission ce film	parce que	c'est passionnant ça me fait rire	

3 On sort manger

Going out to a restaurant with your penfriend

Bonjour, j'ai réservé une table pour 5 personnes, au nom de Dubois.

Ah oui monsieur, entrez. Voici votre table, asseyez-vous. Voici la carte.

(quelques minutes plus tard)

Vous avez choisi?

Oui, on voudrait le menu à €12, s'il vous plaît.

D'accord. Et qu'est-ce que vous voulez commander?

Restaurant des Jongleurs

MENU à prix fixe   €12

● **HORS-D'ŒUVRES** ● ● ● ● ●
Assiette de saucisson sec
Crudités
Fruits de mer

● **PLATS PRINCIPAUX** ● ● ● ● ●
Plat du jour
Poulet rôti et haricots verts
Bœuf bourguignon au riz

● **DESSERTS** ● ● ● ● ● ● ●
Glace
Mousse au chocolat
Pâtisserie maison

● **BOISSONS** ● ● ● ● ● ● ●
Carafe de vin blanc/rouge €5,50
Eau minérale €2,50
Bière €2,80

Service et boissons non compris

1a Regardez le menu et notez la commande de chaque personne en français. (1–5)

	hors-d'œuvres	plats principaux	desserts	boissons

1b Commandez un repas complet du menu à €12.

- Vous avez choisi?
- Et comme plat principal?
- Et comme dessert?
- Vous voulez quelque chose à boire?

- Oui, comme hors-d'œuvre, je voudrais …
- Je voudrais …
- Je voudrais …
- Oui, comme boisson, je voudrais …

2 Quel est le plat du jour? (1–6)

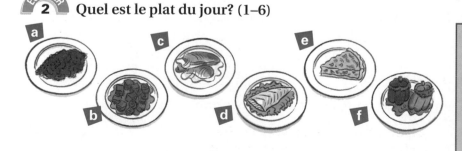

du poulet
du bœuf bourguignon
des poivrons
du poisson avec des épinards
un steak haché
la quiche lorraine

3a Faites correspondre la question et la bonne réponse.

1 Je peux avoir la carte, s'il vous plaît?
2 Quel est le plat du jour?
3 C'est quoi exactement?
4 Avez-vous des frites?
5 On peut avoir encore du pain, s'il vous plaît?
6 Où est le téléphone?
7 Je peux avoir l'addition, s'il vous plaît?

a Oui, mais nos pommes de terre à la vapeur sont très bonnes, vous savez.
b Oui, avez-vous bien mangé?
c Aujourd'hui, c'est de la ratatouille.
d Bien sûr, je vais vous en chercher.
e C'est au sous-sol, près de la sortie.
f C'est une sorte de ragoût de légumes. Il y a des tomates, des courgettes et des aubergines dedans.
g Bien sûr. Voici la carte.

3b À deux. En français:

A
● Je peux vous aider?
● Voilà … Vous avez choisi?
● Voulez-vous autre chose?
● Certainement

B
● Ask if you can see the menu
● Order a starter, a main course and a dessert
● Say you would also like some water
● Ask for the bill

4a Identifiez le problème. (1–7)

1 Je n'ai pas de fourchette.
2 Ma cuillère est sale.
3 L'addition n'est pas juste.
4 Mon potage est froid.
5 Ce couteau n'est pas propre.
6 On n'a ni sel ni poivre sur cette table.
7 Je n'ai pas de verre.

4b Complétez les phrases pour chaque conversation au restaurant.

1 Elle a réservé ▬▬.
Elle n'est pas contente parce que ▬▬.
2 Il a commandé ▬▬.
Il n'est pas content parce qu' ▬▬.
3 Elle a commandé ▬▬.
Elle n'a ▬▬.
4 Il a demandé ▬▬.
Il n'est pas content parce que ▬▬.

Les problèmes

pas de fourchette

il n'y a plus de poulet

le restaurant est complet

l'addition n'est pas juste

5 En groupe. Préparez un sketch en français qui s'appelle 'Au Restaurant'. Présentez le sketch à la classe, ou enregistrez-le.

1 You go into a restaurant in France with your family. Your partner will play the part of the waiter/waitress.

A
- Je peux vous aider?
- Oui, asseyez-vous ici.
- Voilà. … Vous avez choisi?
- Certainement.
- Là-bas, près de l'entrée.

B
- Say you would like a table for four people.
- Ask for the menu.
- Order one thing to eat and one thing to drink.
- Ask where the toilets are.

2 Your French penfriend has just arrived to stay with you. Your partner will play the part of your penfriend.

A
- Ah, enfin arrivé(e)!
- Non, ça va bien, merci.
- Chouette! Tu as une chambre à toi?
- Ah bon.
- Oui, s'il te plaît.

B
- Ask your penfriend if he/she is tired.
- Say his/her bedroom is upstairs next to* the bathroom.
- Say you share with your brother/sister.
- Ask your friend if he/she needs a towel.

* à côté de

3 Talk about your room for one minute. Make notes before preparing your exam cue card.

Exemple:

J'ai une chambre à moi/Je partage ma chambre avec …
Ma chambre est …
Mes rideaux sont (bleus …) et ma moquette est (beige …)
Dans ma chambre il y a … (+ à côté de/en face de/sur)
Sur les murs il y a mes posters de …
J'aime ma chambre/je n'aime pas ma chambre parce que …
Dans ma chambre, je (regarde la télé/fais mes devoirs …)
Hier soir, dans ma chambre, j'ai …
Dans ma chambre idéale, il y a (un sauna privé/un matelas d'eau …)

You can prepare very well in advance for the oral exam. Decide now on what some of your answers are going to be, and practise them!
Exemple:
- *How many rooms are there in your house?*
- *What favourite programme are you going to describe?*
- *What three-course restaurant meal can you describe in French?*

Your examiner may ask …

Quelles sont les pièces dans ta maison?
Est-ce que tu as une chambre à toi?
Tu es allé(e) au cinéma récemment? Pour voir quel film?
C'était comment?
Fais-moi la description de ton repas préféré au restaurant.
Tu es déjà allé(e) à un restaurant français?
Qu'est-ce que tu vas manger ce soir?

1 Account of an exchange visit. Your task is to write about an exchange visit you have been on (real or imaginary) (70–100 words).

Use the perfect tense.
chez X — *at X's house*
un(e) correspondant(e) — *penpal/exchange partner*

Giving full descriptions gets you more marks. Try to add in at least three details when you are describing something or somebody, e.g.:
Ma correspondante habite dans une très grande maison avec deux étages située dans le nord de Bordeaux.
Vary your descriptions by using these words before adjectives:

un peu	*a little bit*
assez	*quite*
très	*very*
vraiment	*really*
extrêmement	*extremely*

Give full descriptions and opinions too.

Il y avait	*There was/were*
C'était	*It was*

Description of somebody: physical appearance, personality.
Look back at Module 2 (pages 28–29) for help.
Je (ne) m'entendais (pas) bien avec lui/elle, car …
I got on (didn't get on) well with him/her, because …

Introduction
Say where you went, who with, when, and how you travelled.

Idea 1
Describe your penfriend's house and bedroom.

Idea 2
Say what your partner was like and whether or not you got on.

Idea 3
Describe an outing you went on, and give your opinion on it.

Idea 4
Describe a meal out which you had, saying what you ate and drank, and what it was like.

Conclusion
Say what you thought of the whole exchange, and why.
Say if you would like to go back again in the future.

Look back at Module 7 for help (page 102).

Look back at Module 3 (page 41) for opinion words.
To talk about the future, use je voudrais + *infinitive.*

2 Your task is to write about what you like to watch on TV/listen to on the radio (90 words). Choose a programme you really like and:

● say when you watch (or listen to) the programme and how often it is on
● say how long it lasts (*durer* = to last; give starting and finishing times too)
● say what type of programme it is
● say what you like about it. (Is it funny? Is it sad? Do you like the characters?)

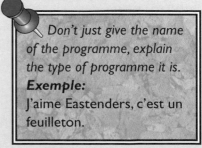

Don't just give the name of the programme, explain the type of programme it is.
Exemple:
J'aime Eastenders, c'est un feuilleton.

Mots

Les invités	**Guests**
Bonjour et bienvenue en France!	*Hello and welcome to France!*
Entre!	*Come in.*
Assieds-toi.	*Sit down.*
Je te présente (ma mère).	*Let me introduce you to (my mother).*
As-tu faim/soif?	*Are you hungry/thirsty?*
As-tu besoin (d'une serviette/de savon/ de dentifrice)?	*Do you need (a towel/ soap/toothpaste)?*
Es-tu fatigué(e)?	*Are you tired?*
Voici ta chambre.	*Here is your room.*
Bonsoir!	*Good evening*
Bon anniversaire!	*Happy Birthday*
Bonne année!	*Happy New Year*
Bonne chance!	*Good Luck*
Bonne fête!	*Happy Saint's Day*
Bonne journée!	*Have a good day*
Bonne nuit!	*Goodnight*
Bon séjour!	*Have a good stay*
Bon voyage!	*Have a safe journey*
Bonnes vacances!	*Have a good holiday*
Bon week-end!	*Have a nice weekend*

À la maison	**At home**
J'habite dans …	*I live in …*
… un appartement	*a flat*
… une maison	*a house*
une pièce	*a room*
Il y a (trois) pièces.	*There are (three) rooms.*
Il y a (trois) étages.	*There are (three) floors.*
En haut, il y a …	*Upstairs, there is …*
En bas, il y a …	*Downstairs, there is …*
les chambres	*the bedrooms*
la cuisine	*the kitchen*
l'entrée	*the hall*
la salle de bains	*the bathroom*
la salle à manger	*the dining-room*
la salle de séjour	*the living-room*
le salon	*the lounge*
les W-C	*the toilet*

Les meubles	**Furniture**
une armoire	*wardrobe*
un canapé	*couch*
une chaîne hi-fi	*hi-fi system*
une chaise	*chair*
une cuisinière à gaz	*gas cooker*
une douche	*shower*
un fauteuil	*armchair*
une fenêtre	*window*
un four à micro-ondes	*microwave*
un frigo	*fridge*
une lampe	*lamp*
un lavabo	*washbasin*
un lave-vaisselle	*dishwasher*
un lit	*bed*
une machine à laver	*washing machine*
un miroir	*mirror*
un mur	*wall*
un placard	*cupboard*
une porte	*door*
un poster	*poster*
un réveil	*alarm clock*
une table	*table*

La télé	**Television**
J'adore (les feuilletons).	*I love (soaps).*
J'aime/Je n'aime pas (la publicité).	*I like/I don't like (adverts).*
Je déteste (les émissions de sport).	*I hate (sports programmes).*
les informations *(fpl)*	*news*
les documentaires *(mpl)*	*documentaries*
les dessins animés *(mpl)*	*cartoons*
les jeux télévisés	*game shows*
Ça me fait rire.	*It makes me laugh.*
Mon émission de télé préférée/film préféré s'appelle …	*My favourite TV programme/film is called …*
C'est (un film/un feuilleton)	*It is a (film/soap)*
qui a lieu …	*which takes place …*
dans une ville	*in a town*

à New York	*in New York*
en Australie	*in Australia*
Il s'agit de …	*It is about …*
J'aime cette émission parce que c'est …	*I like this programme because it is …*
amusant	*funny*
barbant	*boring*
bête	*stupid*
ennuyeux	*boring*
intéressant	*interesting*
passionnant	*exciting*
un film d'amour	*romantic film*
un film comique	*comedy*
un film d'horreur	*horror film*
un film policier	*detective film*
un film de science-fiction	*a sci-fi film*

On mange — *Eating*

Garçon/Monsieur!	*Waiter!*
Madame/Mademoiselle!	*Waitress!*
Vous avez choisi?	*Have you chosen?*
Oui, comme (hors-d'œuvre) je voudrais …	*Yes, for (starters) I would like …*
Et comme (plat principal/dessert)?	*And for (the main course/the dessert)?*
Vous voulez quelque chose à boire?	*Would you like something to drink?*
Comme boisson, je voudrais …	*I would like … to drink.*
Quel est le plat du jour?	*What is the dish of the day?*
C'est quoi exactement?	*What is that exactly?*
On peut avoir encore du pain, s'il vous plaît?	*Can we have some more bread, please?*
Je peux avoir l'addition, s'il vous plaît?	*May I have the bill, please?*
le menu à prix fixe	*set menu*
la carte	*menu*
le menu à (12 euros).	*the (12 euro) set menu.*
service (non) compris.	*service (not) included*
le bœuf	*beef*
une crêpe	*pancake*

un croque-monsieur	*ham and cheese toasted sandwich*
les crudités *(fpl)*	*raw vegetable salad*
les frites *(fpl)*	*chips*
les fruits de mer *(mpl)*	*seafood*
une glace	*ice-cream*
les haricots verts *(mpl)*	*green beans*
une mousse au chocolat	*chocolate mousse*
une omelette	*omelette*
une pizza	*pizza*
le poulet rôti	*roast chicken*
le riz	*rice*
un sandwich (au jambon/au fromage)	*(ham/cheese) sandwich*

Les boissons — *Drinks*

un café	*black coffee*
un café crème	*white coffee*
un chocolat chaud	*hot chocolate*
un coca	*coke*
une eau minérale	*mineral water*
un jus de fruit	*fruit juice*
une limonade	*lemonade*
un thé (au citron)	*tea (with lemon)*

MODULE 9

En bonne forme

ECOUTER

1a **Comment vont-ils?**

Notez 🙂, 😐 ou ☹. (1–6)

How are they?

Write down 🙂, 😐 or ☹.

Comment vas-tu?	Je vais très bien.
Comment allez-vous?	Je vais mieux.
Comment ça va?	Comme ci, comme ça!
Ça va?	Pas mal!
	Je suis malade.
	Ça ne va pas.

LIRE

1b **Identifiez la partie du corps.**

Identify the part of the body.

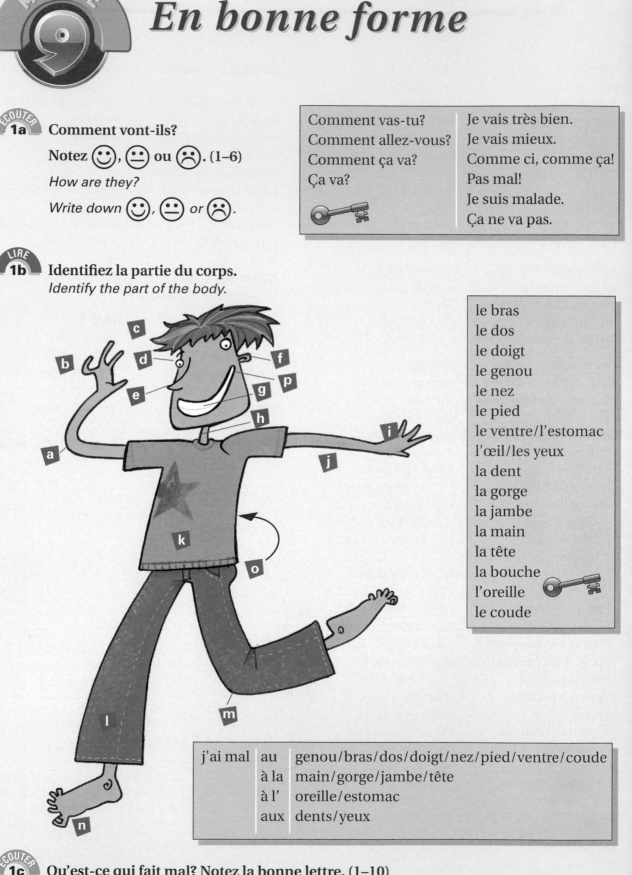

le bras
le dos
le doigt
le genou
le nez
le pied
le ventre/l'estomac
l'œil/les yeux
la dent
la gorge
la jambe
la main
la tête
la bouche
l'oreille
le coude

j'ai mal	au	genou/bras/dos/doigt/nez/pied/ventre/coude
	à la	main/gorge/jambe/tête
	à l'	oreille/estomac
	aux	dents/yeux

ECOUTER

1c **Qu'est-ce qui fait mal? Notez la bonne lettre. (1–10)**

What's hurting? Note the right letter.

PARLER

1d À deux. Expliquez votre problème en français. Votre partenaire trouve la bonne image.
In pairs. Explain your problem in French. Your partner points to the right picture.

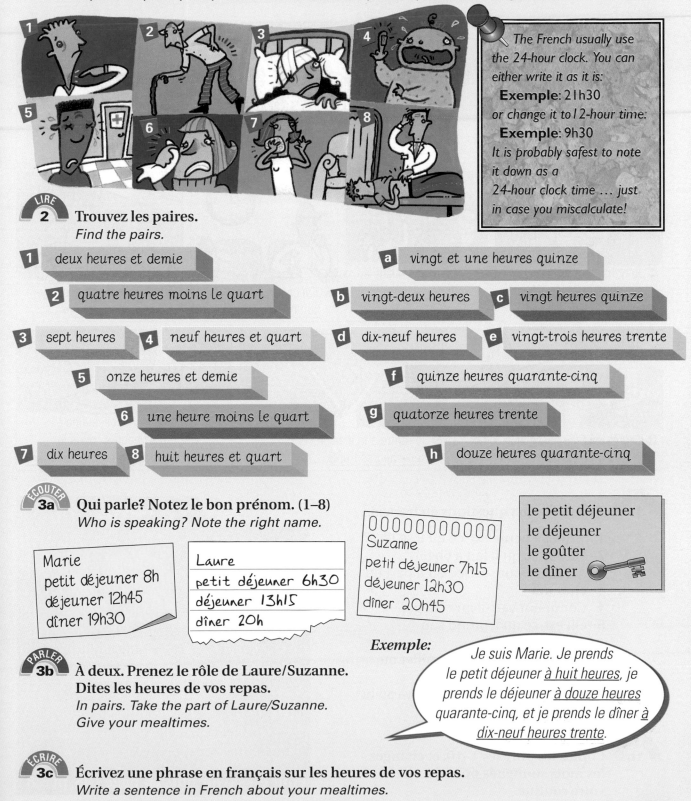

> The French usually use the 24-hour clock. You can either write it as it is:
> **Exemple**: 21h30
> or change it to 12-hour time:
> **Exemple**: 9h30
> It is probably safest to note it down as a 24-hour clock time … just in case you miscalculate!

LIRE

2 Trouvez les paires.
Find the pairs.

1. deux heures et demie
2. quatre heures moins le quart
3. sept heures
4. neuf heures et quart
5. onze heures et demie
6. une heure moins le quart
7. dix heures
8. huit heures et quart

a. vingt et une heures quinze
b. vingt-deux heures
c. vingt heures quinze
d. dix-neuf heures
e. vingt-trois heures trente
f. quinze heures quarante-cinq
g. quatorze heures trente
h. douze heures quarante-cinq

ÉCOUTER

3a Qui parle? Notez le bon prénom. (1–8)
Who is speaking? Note the right name.

Marie
petit déjeuner 8h
déjeuner 12h45
dîner 19h30

Laure
petit déjeuner 6h30
déjeuner 13h15
dîner 20h

Suzanne
petit déjeuner 7h15
déjeuner 12h30
dîner 20h45

le petit déjeuner
le déjeuner
le goûter
le dîner

Exemple:

> Je suis Marie. Je prends le petit déjeuner <u>à huit heures</u>, je prends le déjeuner <u>à douze heures quarante-cinq</u>, et je prends le dîner <u>à dix-neuf heures trente</u>.

PARLER

3b À deux. Prenez le rôle de Laure/Suzanne. Dites les heures de vos repas.
In pairs. Take the part of Laure/Suzanne. Give your mealtimes.

ÉCRIRE

3c Écrivez une phrase en français sur les heures de vos repas.
Write a sentence in French about your mealtimes.

1 La routine

Talking about your daily routine

1 D'habitude, je me lève à six heures et demie.

2 Je me lave et je me brosse les dents à sept heures moins le quart.

3 Je prends le petit déjeuner dans la cuisine.

4 Je quitte la maison vers sept heures et demie, et je vais au collège en car.

5 J'arrive au collège à huit heures moins le quart.

6 J'ai cours de huit heures à midi.

7 À l'heure du déjeuner, je mange à la cantine.

8 L'après-midi, je passe mon temps à dormir en classe.

9 Je rentre à la maison vers seize heures trente.

10 Je me couche en semaine à vingt-deux heures, mais le week-end je me couche plus tard.

LIRE

1a Répondez aux questions en français.

1 À quelle heure est-ce qu'il se lève?
2 Qu'est-ce qu'il fait à 6h45?
3 À quelle heure est-ce qu'il part de chez lui?
4 Comment va-t-il au collège?
5 Où est-ce qu'il prend son déjeuner?
6 Est-ce qu'il préfère travailler ou dormir l'après-midi?
7 À quelle heure est-ce qu'il va au lit pendant la semaine?

ÉCRIRE

1b Copiez les phrases 1–10, et changez les mots soulignés pour décrire votre routine.

Le détective

Reflexive verbs

These are normal verbs, which need an extra bit (the **reflexive pronoun**) when you use them.

Exemple: se laver = *to get washed*

je **me** lave	nous **nous** lavons
tu **te** laves	vous **vous** lavez
il/elle **se** lave	ils/elles **se** lavent

In the perfect tense, they go with **être**

Exemple: Hier, je me suis levé(e) à dix heures = *Yesterday, I got up at 10am.*

Pour en savoir plus ➡ page 186, pt 3.8

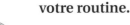

1c Faites une interview et présentez les résultats à la classe.

*Your questions will begin with **tu***

*Your partner's answers will begin with **je***

*Your report will begin with **il/elle***

> *Exemple: Tu te lèves à quelle heure? Je me lève à sept heures 7h*
> *notepad Il se lève à sept heures*

- Tu quittes la maison à quelle heure?
- Tu arrives au collège à quelle heure?
- Tu rentres à la maison à quelle heure?
- Tu manges où à midi?
- Tu te couches à quelle heure?

> *Join up your sentences with:*
> et
> puis
> ensuite
> après
> mais
> pourtant

2a Copiez et complétez les phrases pour cette athlète olympique française.

1 À 6h, elle …
2 À 6h30, elle …
3 À 8h30, elle …
4 À 9h, elle …

5 Elle travaille de … à …
6 À 18h, elle …
7 À 20h30, elle …
8 Vers 22h, elle …

> Elle se douche = *She has a shower*

2b Lisez le texte sur la routine imaginaire de Fabien Barthez et finissez les phrases correctement.

1 Fabien Barthez est de nationalité … anglaise/française.
2 Il est … buteur/gardien de but.
3 En 1998, il jouait pour … Marseille/Monaco.
4 Il se lève à … sept heures et demie/sept heures et quart.
5 Il prend le petit déjeuner à … 7h30/7h45.
6 Il prend le déjeuner … à la maison/au gymnase.
7 Il va au stade pour … voir les fans/s'entraîner.
8 Il s'entraîne pendant … 2 heures/3 heures.
9 Après l'entraînement, il … se douche/se repose.
10 En semaine, il va au lit à … minuit/midi.

> la veille   *the day before*

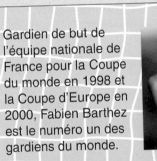

www.fabien_bz.com

Gardien de but de l'équipe nationale de France pour la Coupe du monde en 1998 et la Coupe d'Europe en 2000, Fabien Barthez est le numéro un des gardiens du monde.

Ancien joueur avec Marseille (1992–1995) et Monaco (jusqu'à 2000), il a quitté la France pour habiter en Angleterre quand il est devenu membre de l'équipe de Manchester United.

Pour être footballeur professionnel, il faut être en forme. Fabien se lève vers 7h30 tous les jours, et un quart d'heure plus tard il prend le petit déjeuner. Ensuite, il conduit au gymnase où il passe deux heures à s'entraîner seul. Rentré à la maison, il prend un déjeuner léger, et il se repose un peu. Vers midi, il va au stade où il rencontre ses collègues et leur coach. Après trois heures d'entraînement, il se douche, puis rentre à la maison pour manger, ou il sort avec des amis pour une soirée en ville. Il se couche vers minuit normalement, mais la veille d'un match, il va au lit à 21h.

2 Avez-vous la pêche?

Talking about food preferences and healthy eating

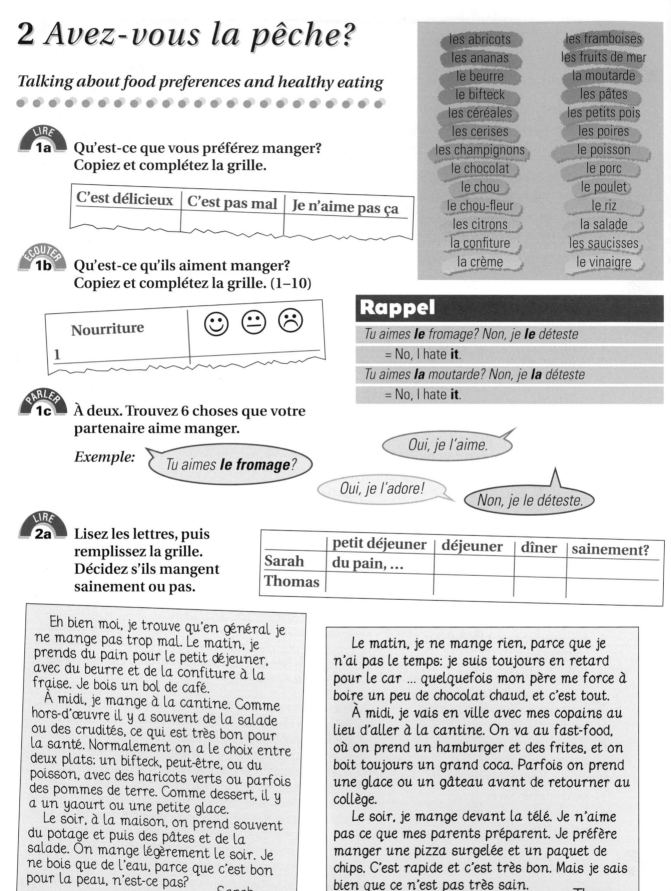

LIRE
1a Qu'est-ce que vous préférez manger?
Copiez et complétez la grille.

C'est délicieux	C'est pas mal	Je n'aime pas ça

ÉCOUTER
1b Qu'est-ce qu'ils aiment manger?
Copiez et complétez la grille. (1–10)

Nourriture	☺	😐	☹
1			

PARLER
1c À deux. Trouvez 6 choses que votre partenaire aime manger.

Exemple:

Tu aimes **le fromage**?

Oui, je l'aime.

Oui, je l'adore!

Non, je le déteste.

LIRE
2a Lisez les lettres, puis remplissez la grille. Décidez s'ils mangent sainement ou pas.

	petit déjeuner	déjeuner	dîner	sainement?
Sarah	du pain, …			
Thomas				

les abricots
les ananas
le beurre
le bifteck
les céréales
les cerises
les champignons
le chocolat
le chou
le chou-fleur
les citrons
la confiture
la crème
les framboises
les fruits de mer
la moutarde
les pâtes
les petits pois
les poires
le poisson
le porc
le poulet
le riz
la salade
les saucisses
le vinaigre

Rappel

Tu aimes **le** fromage? Non, je **le** déteste
= No, I hate **it**.
Tu aimes **la** moutarde? Non, je **la** déteste
= No, I hate **it**.

Eh bien moi, je trouve qu'en général je ne mange pas trop mal. Le matin, je prends du pain pour le petit déjeuner, avec du beurre et de la confiture à la fraise. Je bois un bol de café.

À midi, je mange à la cantine. Comme hors-d'œuvre il y a souvent de la salade ou des crudités, ce qui est très bon pour la santé. Normalement on a le choix entre deux plats: un bifteck, peut-être, ou du poisson, avec des haricots verts ou parfois des pommes de terre. Comme dessert, il y a un yaourt ou une petite glace.

Le soir, à la maison, on prend souvent du potage et puis des pâtes et de la salade. On mange légèrement le soir. Je ne bois que de l'eau, parce que c'est bon pour la peau, n'est-ce pas?
Sarah

Le matin, je ne mange rien, parce que je n'ai pas le temps: je suis toujours en retard pour le car … quelquefois mon père me force à boire un peu de chocolat chaud, et c'est tout.

À midi, je vais en ville avec mes copains au lieu d'aller à la cantine. On va au fast-food, où on prend un hamburger et des frites, et on boit toujours un grand coca. Parfois on prend une glace ou un gâteau avant de retourner au collège.

Le soir, je mange devant la télé. Je n'aime pas ce que mes parents préparent. Je préfère manger une pizza surgelée et un paquet de chips. C'est rapide et c'est très bon. Mais je sais bien que ce n'est pas très sain.
Thomas

2b Notez en français ce qu'ils mangent au petit déjeuner. Pour chaque personne, décidez si c'est sain ou pas sain. (1–6)

Exemple: bol de céréales, jus d'orange ✓

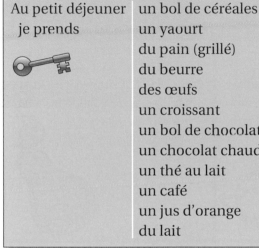

Au petit déjeuner je prends	un bol de céréales
	un yaourt
	du pain (grillé)
	du beurre
	des œufs
	un croissant
	un bol de chocolat
	un chocolat chaud
	un thé au lait
	un café
	un jus d'orange
	du lait

 **Le détective**

du, de la, des

Nouns always need a word before them in French, even when there isn't one in English. When talking about likes/dislikes, use le/la/les.

   Exemple: *I like chocolate =* J'aime **le** chocolat.

At other times, use the right word for **some**.

Masc.	Fem.	Vowel or silent h	Plural
du pain	**de la** confiture	**de** l'eau	**des** œufs

   Exemple: *I have bread and jam for breakfast =*
   Je prends **du** pain et **de la** confiture au petit déjeuner.

Pour en savoir plus ➡ page 181, pt 2.1

Je prends le (petit déjeuner) à huit/heures		
Au (déjeuner)	je prends	du jambon
		de la salade
		des œufs
		une saucisse
	je bois	du coca
		un café
		un chocolat chaud
		de l'eau

2c Préparez une présentation sur vos repas typiques. Complétez ces phrases pour chaque repas.

 3a Identifiez la fonction de chaque sorte de nourriture. Écoutez la cassette pour voir si vous avez raison.

sorte de nourriture
a produits laitiers
b pain/céréales
c fruits/légumes
d produits sucrés
e nourritures grasses
f viandes/protéines

fonction
1 donnent de l'énergie, mais contiennent beaucoup de calories
2 contiennent des fibres et de la vitamine C
3 source de calcium, protéines et de vitamine D
4 source de cholestérol
5 apportent des protéines et des vitamines, mais attention aux matières grasses
6 donnent des vitamines, des fibres et de l'énergie

 3b Donnez 2 exemples en français pour chaque sorte de nourriture.

Exemple: produits laitiers – du lait, un yaourt

3 Êtes-vous en bonne forme?

Talking about a healthy lifestyle

● ● ● ● ● ● ● ● ● ● ● ● ● ● ● ● ● ●

LIRE 1a Lisez le dépliant et choisissez le bon mot pour compléter chaque phrase.

Exemple: 1 bonne

> *cru(e) raw
> *matières grasses fat
> *au lieu de instead of

Qu'est-ce que c'est qu'un menu Bonne Santé?

• **Comme hors-d'œuvre …** offrez de la salade ou des légumes frais. Les crudités (des carottes rapées, des céleris crus*) sont délicieux et apportent beaucoup de vitamines.

• **Comme plat principal …** choisissez quelque chose qui n'apporte pas trop de matières grasses:* du poulet au lieu du* bœuf; du poisson au lieu d'un hamburger. N'utilisez pas trop de beurre ou de crème dans les sauces, et n'ajoutez pas de sel aux légumes.

• **Comme dessert …** attention au sucre! Un fruit est bon pour le corps parce que les fruits sont pleins de vitamines. Du yaourt glacé est aussi délicieux qu'une glace, mais contient moins de matières grasses.

1 C'est une **bonne/mauvaise** idée de manger une salade comme entrée.
2 Les crudités sont des légumes **crus/cuits**.
3 Le **poulet/bœuf** apporte beaucoup de matières grasses.

4 Les sauces qui contiennent trop de **beurre/lait** ne sont pas bonnes pour la santé.
5 Il y a souvent trop de **vitamines/sucre** dans les desserts.
6 Un **yaourt glacé/une glace** apporte plus de matières grasses.

ÉCRIRE 1b Choisissez un scénario et écrivez un menu sain (trois plats: un hors-d'oeuvre, un plat principal et un dessert).

a Pour votre famille à la maison.
b Pour la cantine au collège.
c Pour une visite au restaurant.

d Pour un pique-nique à la campagne avec des copains.
e Pour un repas typique de votre région/pays.

ÉCOUTER 1c Regardez cette annonce. Remplacez les blancs. Puis écoutez pour vérifier.

Exemple: 1a fast-food

tôt · produits bio · fruits · chocolat · fast-food · matières grasses · trois · exercice · heures · sport · fumez · légumes

VIVEZ PLUS SAIN … CHANGEZ VOS HABITUDES!

1 Il faut manger moins de **a**, de **b** et de **c**.
2 Il faut manger plus de **d** et de **e**. Achetez les **f**, si possible.
3 Essayez de prendre plus d' **g**. Faites du **h** au moins **i** fois par semaine.
4 Couchez-vous plus **j**. Huit **k** par nuit, c'est parfait.
5 Surtout, ne **l** pas.

2a Henri est en forme, Horace n'est pas en forme. Les phrases d'Henri et d'Horace sont mélangées. Séparez les phrases pour faire un paragraphe sur Henri et un paragraphe sur Horace.

Henri    **Horace**

> Je me lève tôt tous les matins./Tous les jours je me lève tard./Je ne prends pas de petit déjeuner./Je bois un jus de fruits et je mange un peu de pain grillé./Je vais au collège à vélo./Je prends le bus pour aller au collège./Pendant la récré je fume avec mes amis./Je joue au ping-pong pendant la récré./J'essaie de manger des fruits ou des légumes cinq fois par jour./Je mange toujours des bonbons et du fast-food, si possible./Le soir je suis toujours assis devant mon ordinateur./J'aime faire du sport le soir./Je me couche assez tôt pour être en forme le lendemain./Je ne me couche jamais avant minuit.

2b Préparez un paragraphe sur votre routine personnelle.

2c À deux. Préparez cette interview sur vos habitudes:

A
- Tu te lèves à quelle heure?
- Qu'est-ce que tu prends au petit déjeuner?
- Comment vas-tu au collège?
- Qu'est-ce que tu fais pendant la récré?
- Qu'est-ce que tu manges le soir?
- Qu'est-ce que tu fais le soir?
- Tu te couches à quelle heure?
- Es-tu en bonne forme?

B
- Je me lève à …
- Je mange … et je bois …/ Je ne prends pas de petit déjeuner.
- Je vais au collège …
- Je …
- Je mange … et je bois …
- Je …
- Je me couche à …
- Je pense que je suis en bonne forme parce que … je suis très actif(active) / je mange bien / je me couche assez tôt / je ne fume pas. *OR*
- Je ne suis pas en bonne forme parce que … je ne suis pas très actif(active) / je ne mange pas bien / je me couche tard / je fume.

3 Ces jeunes donnent leurs opinions sur les émissions sur la nourriture et la santé. (1–5) Pour chaque personne, notez:
- le nom de l'émission dans la case à côté
- si leur opinion est positive (✔) ou négative (✘).

Exemple: 1 Bon appétit! – ✔

La cuisine de Chantal **Bon appétit!**
Prenez 2 chefs À votre santé!
Gastronomie – la fantaisie

4 Ça ne va pas

Dealing with illness

● ● ● ● ● ● ● ● ● ● ● ●

LIRE
1a Faites correspondre l'image et le problème.

1 J'ai très chaud

2 Je n'ai pas faim

Je me sens très fatiguée 3

J'ai très froid

Je suis malade 5

4 J'ai mal au cœur

6

7 J'ai la grippe

Je suis enrhumée

8

9 J'ai vomi

Je me suis blessée à la jambe

10

LIRE
1b Faites correspondre l'image et le remède.

1	prenez ces comprimés	
2	prenez ces pastilles	🔑
3	prenez ce sirop	
4	reposez-vous au lit	
5	prenez rendez-vous chez le médecin	
6	buvez beaucoup d'eau	

Le détective

Avoir

Some French expressions use the verb **avoir** where English uses **to be**

> **Exemple:** J'ai chaud = *I'm hot*
> (in French, I have hot)

J'ai chaud	J'ai froid	J'ai faim
J'ai soif	J'ai … ans	J'ai peur

Pour en savoir plus ➡ page 183, pt 3.3

ÉCOUTER
1c Écoutez ces conversations à la pharmacie. Notez le problème, et le remède proposé. (1–6)

Choisissez la bonne image et le(s) bon(s) remède(s).

Exemple: h, 4 and 1

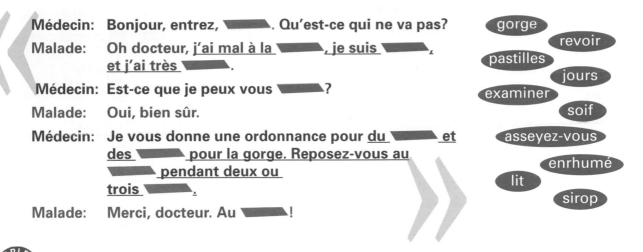

LIRE

2a Copiez et complétez la conversation chez le médecin.

Médecin: Bonjour, entrez, ＿＿＿. Qu'est-ce qui ne va pas?

Malade: Oh docteur, <u>j'ai mal à la</u> ＿＿＿, <u>je suis</u> ＿＿＿, et <u>j'ai très</u> ＿＿＿.

Médecin: Est-ce que je peux vous ＿＿＿?

Malade: Oui, bien sûr.

Médecin: Je vous donne une ordonnance pour <u>du</u> ＿＿＿ <u>et des</u> ＿＿＿ <u>pour la gorge. Reposez-vous au</u> ＿＿＿ <u>pendant deux ou trois</u> ＿＿＿.

Malade: Merci, docteur. Au ＿＿＿!

gorge · revoir · pastilles · jours · examiner · soif · asseyez-vous · enrhumé · lit · sirop

PARLER

2b À deux. Préparez une autre conversation 'Chez le médecin'. Utilisez la conversation ci-dessus comme modèle.

ÉCOUTER

2c Copiez et complétez la grille en français. (1–4)

symptômes	remède proposé
1	

LIRE

3 Lisez cette affiche puis répondez aux questions en anglais.

1 What should be available in every workplace? (1)
2 What should one person be trained in? (1)
3 What is the first thing you should do if there's an accident or a fire? (1)
4 What are the numbers to dial for the emergency services in France? (1)
5 What should you do after alerting the emergency services? (2)

Remember:

Questions in English, answer in English.
Questions in French, answer in French.
If you answer in the wrong language, you get nul points!

SÉCURITÉ AU TRAVAIL

1 Une TROUSSE DE SECOURS doit être disponible dans chaque lieu de travail.

2 Une personne doit être formée en SECOURISME.

3 En cas d'accident ou d'incendie:

  i Alertez vos collègues immediatement.

  ii Composez le 17/15/18 pour appeler la police/une ambulance/ les sapeurs-pompiers.

  iii Restez avec la victime, ou évacuez les lieux en cas d'incendie.

5 Ça vaut le risque?

Talking about smoking, alcohol and drugs

1a Lisez les opinions et décidez si ces jeunes sont pour ou contre le tabac.

a Si on fume, on a l'air plus adulte.

b Le tabac sent mauvais.

c On risque d'avoir le cancer et des maladies cardiaques.

d C'est reposant de fumer une cigarette.

e Si on s'habitue au tabac, on ne peut pas s'arrêter.

f Les cigarettes coûtent très cher.

g Je veux faire la même chose que mes copains, donc je fume.

h Si j'ai une cigarette à la main, j'ai plus confiance en moi.

i L'odeur du tabac cause des problèmes pour les autres, y compris les petits enfants.

Si tu veux ...
des dents jaunes
des doigts marron
une bouche qui sent mauvais
des vêtements qui ont mauvaise odeur
une vie plus courte ...
Commence à fumer
Les cigarettes: ça pue et ça tue!

NE PAS FUMER
NO SMOKING

Contre	Pour
Le tabac sent mauvais.	On a l'air plus adulte.
On risque d'avoir le cancer et des maladies cardiaques.	C'est reposant.
Les cigarettes coûtent cher.	On a plus de confiance.
On ne peut pas s'arrêter.	

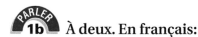
1b À deux. En français:

A
- Tu fumes?
- Tu est pour ou contre le tabac?
- Pourquoi?
- Tu trouves que les cigarettes coûtent cher?
- Moi aussi

B
- Je fume/Je ne fume pas
- Je suis pour/contre
- *Give 2 reasons*
- !

1c Écrivez votre réponse à cette question: qu'est-ce que vous pensez du tabac, et pourquoi?

2 Décidez si ces jeunes sont pour ou contre la drogue, et pourquoi. (1–8)

Exemple: *Pour/reposant*

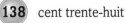

3a Lisez l'article.

Quel est le risque le plus grave pour notre santé au 21ème siècle?

Pour moi, c'est fumer. Les jeunes connaissent les risques du cancer, il y a même une annonce sur les paquets de cigarettes, mais ils s'en fichent, parce qu'ils pensent que c'est cool de fumer. Il faut être comme ses copains. À mon avis, c'est plutôt stupide.
Manon, 16 ans

Je pense que l'alcool est très dangereux. C'est une drogue, mais tout le monde en boit, même les parents à la maison. On ne sait pas ce qu'on fait quand on a trop bu, et ça, c'est très mauvais.
Ludo, 15 ans

Même dans mon village en pleine campagne, on peut trouver de la drogue, si on la cherche. À mon avis, la drogue pose de grands risques pour la santé, et ça ne vaut pas le risque.
Daniel, 16 ans

Surtout parmi les jeunes filles, les maladies comme l'anorexie et la boulimie sont pénibles. Les magazines et la télé insistent qu'il faut être à la mode, populaire, et mince. Beaucoup de jeunes souffrent à cause de ça.
Marie-Jo, 15 ans

Who thinks that:

1 the media encourages eating disorders?
2 young people living in the countryside take drugs?
3 if you drink too much, you no longer know what you're doing?
4 young people smoke to be cool?
5 young people drink because their parents do?
6 young people smoke because their friends do?

3b Écoutez ces publicités. Elles sont de quelle organisation? (1–4)

| le tabac | l'alcool | la drogue |
| les maladies alimentaires |

3c Dessinez un poster anti-alcool ou anti-drogue.

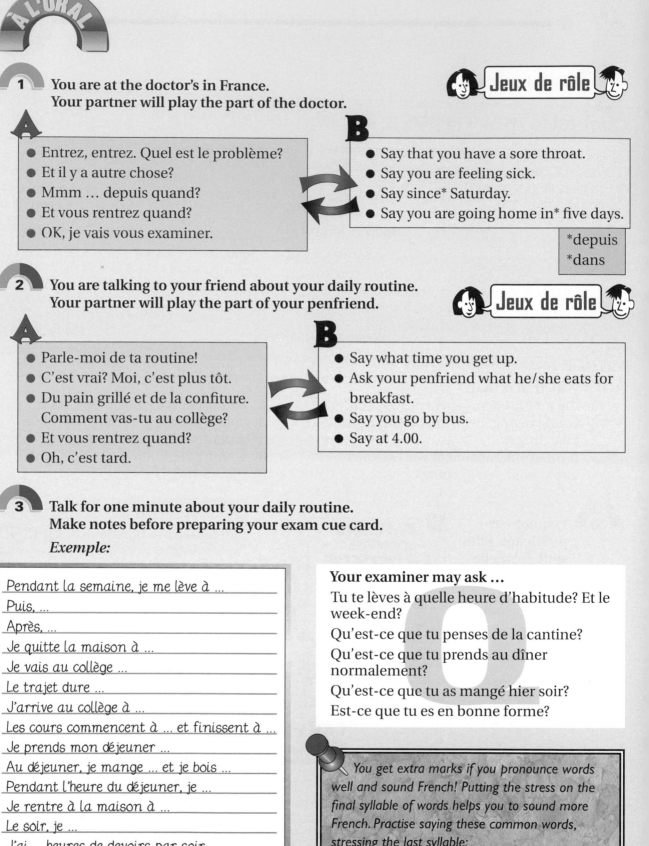

Entraînez-vous

1 You are at the doctor's in France. Your partner will play the part of the doctor.

Jeux de rôle

A
- Entrez, entrez. Quel est le problème?
- Et il y a autre chose?
- Mmm … depuis quand?
- Et vous rentrez quand?
- OK, je vais vous examiner.

B
- Say that you have a sore throat.
- Say you are feeling sick.
- Say since* Saturday.
- Say you are going home in* five days.

*depuis
*dans

2 You are talking to your friend about your daily routine. Your partner will play the part of your penfriend.

Jeux de rôle

A
- Parle-moi de ta routine!
- C'est vrai? Moi, c'est plus tôt.
- Du pain grillé et de la confiture. Comment vas-tu au collège?
- Et vous rentrez quand?
- Oh, c'est tard.

B
- Say what time you get up.
- Ask your penfriend what he/she eats for breakfast.
- Say you go by bus.
- Say at 4.00.

3 Talk for one minute about your daily routine. Make notes before preparing your exam cue card.

Exemple:

Pendant la semaine, je me lève à …
Puis, …
Après, …
Je quitte la maison à …
Je vais au collège …
Le trajet dure …
J'arrive au collège à …
Les cours commencent à … et finissent à …
Je prends mon déjeuner …
Au déjeuner, je mange … et je bois …
Pendant l'heure du déjeuner, je …
Je rentre à la maison à …
Le soir, je …
J'ai … heures de devoirs par soir.
Je me couche à …
Hier, je me suis levé(e) à …

Your examiner may ask …

Tu te lèves à quelle heure d'habitude? Et le week-end?

Qu'est-ce que tu penses de la cantine?

Qu'est-ce que tu prends au dîner normalement?

Qu'est-ce que tu as mangé hier soir?

Est-ce que tu es en bonne forme?

> You get extra marks if you pronounce words well and sound French! Putting the stress on the final syllable of words helps you to sound more French. Practise saying these common words, stressing the last syllable:
>
> docteur, maison, français, famille, vacances, géographie, restaurant

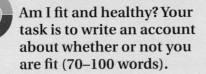

1 Am I fit and healthy? Your task is to write an account about whether or not you are fit (70–100 words).

je (ne) suis (pas) en bonne forme	*I am (not) fit*
je mange bien	*I eat well*
je fais de l'exercice	*I take exercise*

Add in details, so don't just write 'cereal',
but 'cereal with milk and sugar'.
Watch out for du/ de la / des.
bon/mauvais pour la santé
good/bad for your health

Use perfect tense verbs:
J'ai mangé	*I ate*
J'ai bu	*I drank*

And an imperfect:
c'était	*it was*
parce que	*because*

Look back at Module 3, page 38 (sports),
and use expressions of frequency.
une fois par semaine	*once a week*

ne ... pas	*not*
ne ... jamais	*never*

l'alcool	*alcohol*
la bière	*beer*
le vin	*wine*
un pub	*a pub*

Check your reflexive verbs.

Introduction
Say whether or not you are fit, and why.
Idea 1
Say what you normally eat and drink for each meal, and why this is good/bad for you.
Idea 2
Describe a meal you had recently. Say whether it was healthy or not.
Idea 3
Say what sports you do and how often you do them.
Idea 4
Say whether you smoke or not, and what you think of smoking.
Idea 5
Say if you drink alcohol or not.
Idea 6
Say what time you get up and go to bed.
Conclusion
Sum up whether or not you are healthy and say how you plan to stay healthy in the future.

à l'avenir	*in the future*

Use je vais + *infinitive*.
moins de	*less (of)*
plus de	*more (of)*

2 Your task is to write a description of your daily menu (40 words).

- Say when you eat your main meals (give the times).
- Explain where you eat them (e.g. in the kitchen at home/in the school canteen).
- Say what you like to eat (and include what you don't like).
- Say what you like to drink (and what you don't like).

Mots

Ça va?	How are you?
Comment vas-tu?/ allez-vous?	How are you?
Ça va?/ Comment ça va?	How are you?
Je vais très bien.	I am very well.
Je vais mieux.	I am better.
Comme ci, comme ça.	So-so.
Pas mal.	Not bad.
Ça ne va pas.	I am not all right.
J'ai très chaud.	I am very hot.
J'ai très froid.	I am very cold.
Je n'ai pas faim.	I'm not hungry.
Je suis malade.	I am ill.
J'ai mal au cœur.	I feel sick.
J'ai la grippe.	I have flu.
Je suis enrhumé(e).	I have a cold.
J'ai vomi.	I have been sick.
Je me sens très fatigué(e).	I am very tired.
Je me suis blessé(e) à la jambe.	I have hurt my leg.
J'ai mal au (genou/bras/ dos/doigt/nez/ pied/ventre/coude).	My (knee/arm/back/ finger/nose/foot/ stomach/elbow) hurts.
J'ai mal à la (main/gorge/ jambe/tête).	My (hand/throat/ leg/head) hurts.
J'ai mal à l'(oreille/ estomac).	My (ear/stomach) hurts.
J'ai mal aux (dents/yeux).	My (teeth/eyes) hurt.

Les remèdes	Cures
Prenez ces comprimés/ pastilles.	Take these pills/cough sweets.
Prenez ce sirop.	Take this cough medicine.
Reposez-vous au lit.	Rest in bed.
Prenez rendez-vous chez le médecin.	Go and see the doctor.
Buvez beaucoup d'eau.	Drink a lot of water.

La santé	Health
Tu es pour ou contre le tabac?	Are you for or against smoking?
On a l'air plus adulte.	You seem more adult.
C'est reposant.	It is relaxing.
On a plus de confiance.	You are more confident.
Le tabac sent mauvais.	Cigarettes don't smell nice.
On risque d'avoir le cancer et des maladies cardiaques.	There is the risk of getting cancer or heart disease.

Les cigarettes coûtent cher.	Cigarettes are expensive.
On ne peut pas s'arrêter.	You can't stop.
l'alcool	alcohol
la drogue	drugs
les maladies alimentaires	food disorders
le tabac	smoking

Le corps	The body
le bras	arm
le coude	elbow
la dent	tooth
le doigt	finger
le dos	back
le genou	knee
la gorge	throat
la jambe	leg
la main	hand
le nez	nose
l'oreille (f)	ear
le pied	foot
la tête	head
le ventre/l'estomac (m)	stomach
l'œil/les yeux (mpl)	eye/eyes

Les repas	Meals
le petit déjeuner	breakfast
le déjeuner	lunch
le goûter	tea/snack
le dîner	dinner/evening meal
Je prends le petit déjeuner à (8h).	I have breakfast at (8 am).

La routine	Daily routine
Je me lève à (sept heures).	I get up at (7am).
Je me lave.	I get washed.
Je me brosse les dents à (sept heures et quart).	I clean my teeth at (quarter past seven).
Je prends le petit déjeuner dans la cuisine.	I have breakfast in the kitchen.
Je quitte la maison vers (sept heures et demie).	I leave the house at (half past seven).
J'arrive au collège à (huit heures moins le quart).	I arrive at school at (quarter to eight).
J'ai cours à (neuf heures).	I have lessons at (9 am).
Je mange à la cantine à midi.	I eat in the canteen at midday.
Je rentre à la maison à (seize heures).	I return home at (4pm).

Je me couche à (vingt-deux heures).	*I go to bed at (10pm).*
Il/Elle se lève à …	*He/She gets up at …*
Il/Elle se couche à …	*He/She goes to bed at …*
Il/Elle prend le petit déjeuner à …	*He/She has breakfast at …*
tôt	*early*
tard	*late*

Les fruits — *Fruit*

les abricots *(mpl)*	*apricots*
les ananas *(mpl)*	*pineapples*
les cerises *(fpl)*	*cherries*
les citrons *(mpl)*	*lemons*
les fraises *(fpl)*	*strawberries*
les framboises *(fpl)*	*raspberries*
les poires *(fpl)*	*pears*

Les légumes — *Vegetables*

les carottes *(fpl)*	*carrots*
les champignons *(mpl)*	*mushrooms*
le chou	*cabbage*
le chou-fleur	*cauliflower*
les petits pois *(mpl)*	*peas*
les pommes de terre *(fpl)*	*potatoes*
la salade	*lettuce*
les tomates *(fpl)*	*tomatoes*

Autres choses à manger — *Other foods to eat*

le beurre	*butter*
les céréales *(fpl)*	*cereal*
le chocolat	*chocolate*
la confiture	*jam*
la crème	*cream*
la moutarde	*mustard*
les pâtes *(fpl)*	*pasta*
le riz	*rice*
le vinaigre	*vinegar*

La viande — *Meat*

le bifteck	*steak*
les fruits de mer *(mpl)*	*seafood*
le poisson	*fish*
le porc	*pork*
le poulet	*chicken*
les saucisses	*sausages*

Le petit déjeuner — *Breakfast*

Au petit déjeuner je prends …	*For breakfast I have …*
un bol de céréales	*a bowl of cereal*
du lait	*milk*
un jus d'orange	*an orange juice*
un yaourt	*a yoghurt*
du pain (grillé)	*bread (toast)*
du beurre	*butter*
du café	*coffee*
des œufs *(mpl)*	*eggs*
un thé au lait	*tea with milk*
un croissant	*a croissant*
un bol de chocolat	*a bowl of hot chocolate*
Au déjeuner je prends …	*For lunch I have …*
du jambon	*ham*
des œufs *(mpl)*	*eggs*
de la salade	*lettuce*
une saucisse	*a sausage*
Je bois …	*I drink …*
du coca	*coke*
un café	*coffee*
un chocolat chaud	*hot chocolate*
de l'eau	*water*
Tu aimes (le lait)?	*Do you like (milk)?*
Oui, je l'aime./Non, je le déteste.	*Yes, I like it./No, I hate it.*
Oui, je l'adore.	*Yes, I love it.*
C'est délicieux.	*It is delicious.*
C'est pas mal.	*It's not bad.*
Je n'aime pas ça.	*I don't like that.*

La santé — *Health*

Es-tu en bonne forme?	*Are you healthy/fit?*
Je pense que je suis en bonne forme	*I think I am healthy/fit*
Je ne pense pas que je suis en bonne forme	*I don't think I am healthy/fit*
parce que …	*because …*
je (ne) suis (pas) très actif(ive)	*I am (not) very active*
je (ne) mange (pas) bien	*I (don't) eat well*
je (ne) me couche (pas)assez tôt	*I (don't) go to bed early enough*
je (ne) fume (pas)	*I (don't) smoke*

MODULE 10

Le transport

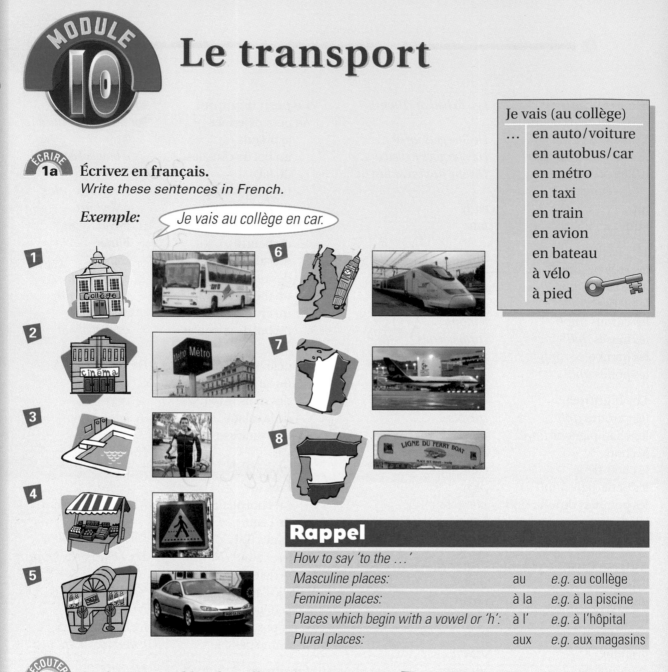

Je vais (au collège)
... en auto/voiture
en autobus/car
en métro
en taxi
en train
en avion
en bateau
à vélo
à pied

ÉCRIRE

1a **Écrivez en français.**
Write these sentences in French.

Exemple: Je vais au collège en car.

Rappel

How to say 'to the ...'		
Masculine places:	au	*e.g.* au collège
Feminine places:	à la	*e.g.* à la piscine
Places which begin with a vowel or 'h':	à l'	*e.g.* à l'hôpital
Plural places:	aux	*e.g.* aux magasins

ÉCOUTER

1b **Copiez et complétez la grille en français. (1–6)**
Copy and complete the grid in French.

	Transport	Durée du trajet
1	en autobus	15 mins
2		

PARLER

1c **À deux. Posez les questions et répondez en français.**
In pairs. Ask and answer these questions in French.

Exemple: 1 ● *Comment est-ce que tu vas au collège?*
        ● *Je vais au collège en voiture.*

2 Comment est-ce que tu vas en ville?
3 Comment est-ce que tu vas à la piscine?
4 Comment est-ce que tu vas chez tes amis?
5 Comment est-ce que tu vas en vacances normalement?

2a C'est quelle direction?
Which direction is it?

a ↑ b c ←

d ← e f →

> **Pour aller à … , s'il vous plaît?**
>
> Tournez à droite
> Tournez à gauche
> Allez tout droit
> Prenez la première rue à droite
> Prenez la deuxième rue à gauche
> Prenez la troisième à droite

2b Regardez le plan, et notez si les directions sont correctes ✔ ou fausses ✗. (1–7)
Look at the plan and note if the directions given are correct ✔ or wrong ✗.

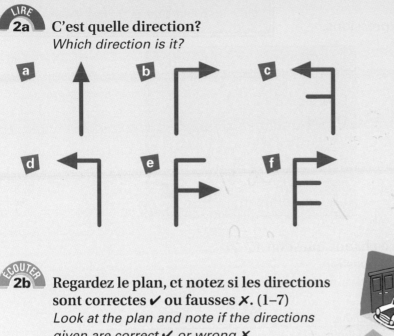

2c À deux. Posez une question et écoutez la réponse de votre partenaire. Dites si la réponse est vraie ou fausse.
In pairs. Ask a question and listen to your partner's answer. Say if the answer is true or false.

Pour aller	au	restaurant/commissariat/ syndicat d'initiative/ stade/parc
	à la	piscine
	a l'	hôpital

Exemple:

● *Pour aller au commissariat?*
● *Prenez la deuxième rue à gauche.*
● *Faux!*

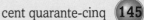

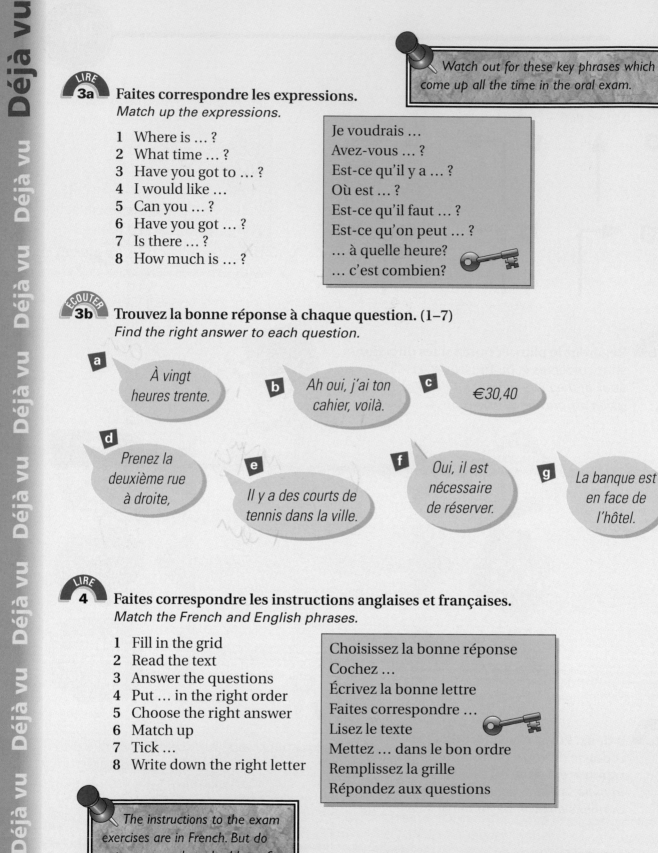

LIRE 3a Faites correspondre les expressions.
Match up the expressions.

> Watch out for these key phrases which come up all the time in the oral exam.

1 Where is … ?
2 What time … ?
3 Have you got to … ?
4 I would like …
5 Can you … ?
6 Have you got … ?
7 Is there … ?
8 How much is … ?

Je voudrais …
Avez-vous … ?
Est-ce qu'il y a … ?
Où est … ?
Est-ce qu'il faut … ?
Est-ce qu'on peut … ?
… à quelle heure?
… c'est combien?

ÉCOUTER 3b Trouvez la bonne réponse à chaque question. (1–7)
Find the right answer to each question.

a À vingt heures trente.

b Ah oui, j'ai ton cahier, voilà.

c €30,40

d Prenez la deuxième rue à droite,

e Il y a des courts de tennis dans la ville.

f Oui, il est nécessaire de réserver.

g La banque est en face de l'hôtel.

LIRE 4 Faites correspondre les instructions anglaises et françaises.
Match the French and English phrases.

1 Fill in the grid
2 Read the text
3 Answer the questions
4 Put … in the right order
5 Choose the right answer
6 Match up
7 Tick …
8 Write down the right letter

Choisissez la bonne réponse
Cochez …
Écrivez la bonne lettre
Faites correspondre …
Lisez le texte
Mettez … dans le bon ordre
Remplissez la grille
Répondez aux questions

> The instructions to the exam exercises are in French. But do not worry: you have had lots of practice following French instructions in this book.

PARLER

5 **Formez des phrases. Les mots qui manquent sont ci-dessous.**
Make these sentences. The missing words are below.

1 Ask if there is ... **a**   **b**   **c** Offre spéciale pour les élèves .

2 Find out where ... **d**   **e**   **f** .

3 Ask if you can ... **g**   **h**   **i** .

4 Say you would like ... **j**   **k** TITANIC   **l** .

5 Ask if they have ... **m**   **n**   **o** .

6 Ask if you must ... **p** retenir à l'avance   **q** Il y a un supplément   **r** français? .

7 Ask how much for ... **s** €5   **t** x1   **u** .

8 Find out when ... **v** FIN   **w**   **x** .

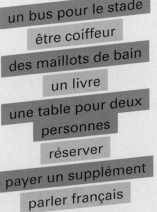

un bus pour le stade
être coiffeur
des maillots de bain
un livre
une table pour deux personnes
réserver
payer un supplément
parler français

un billet
des toilettes
une nuit
un plan de la ville
le film finit
le train arrive
une réduction pour les étudiants
tu te lèves

le stade
mon stylo
le prof
manger du chewing-gum
avoir un nouveau cahier
prendre le bus
une glace
un billet pour 'Titanic'

1 *Pardon, madame ...*

Finding the way around town

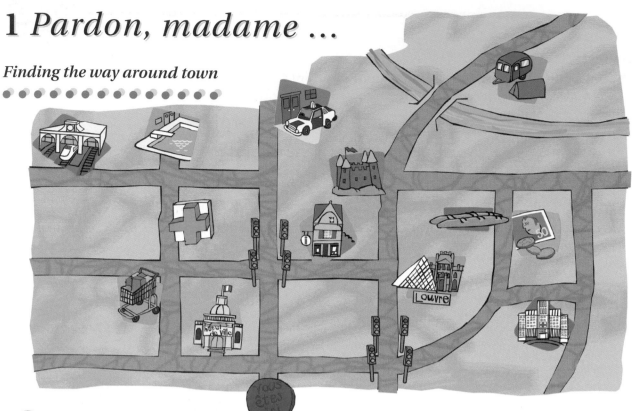

 1a **Lisez les directions et notez la destination.**

a Montez la rue jusqu'aux feux, puis tournez à droite, et c'est à votre gauche.

b Tournez à droite, puis tournez à gauche aux feux. Continuez tout droit, et traversez le pont. C'est un peu plus loin, à droite.

c Tournez à gauche. Ensuite, prenez la première rue à droite. Montez la rue jusqu'au carrefour, et c'est au coin, à gauche.

d Allez tout droit. Passez les feux, puis tournez à gauche. Au rond-point, tournez à droite, et c'est en face de vous.

e Tournez à droite, puis continuez tout droit en passant les feux. C'est juste après la deuxième rue, à droite.

1b **Trouvez le français pour:**

> **go up the road**
>
> **to the lights**
>
> **cross the bridge**
>
> **to the crossroads**
>
> **it's at the corner**
>
> **at the roundabout**

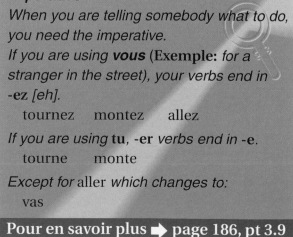

Le détective

Imperative

When you are telling somebody what to do, you need the imperative.

If you are using **vous** *(Exemple: for a stranger in the street), your verbs end in* **-ez** *[eh].*

> tournez   montez   allez

If you are using **tu***, * **-er** *verbs end in* **-e***.*

> tourne   monte

Except for aller *which changes to:*

> vas

Pour en savoir plus ➡ page 186, pt 3.9

 1c **Écoutez ces directions. On va où? (1–5)**

1d **À deux. Regardez le plan encore une fois. Donnez des directions à votre partenaire. Où allez-vous?**

ÉCOUTER

2a
Écoutez et lisez les conversations. Pour chaque conversation notez les détails qui manquent. (1–4)

Touriste	**Pardon, madame/monsieur a , c'est près d'ici?**
Passant(e)	**Ah non, c'est assez loin. C'est à b d'ici.**
Touriste	**Pour y aller, s'il vous plaît?**
Passant(e)	**Prenez c , et descendez à la/au d .**
Touriste	**Le trajet dure combien de temps?**
Passant(e)	**Eh bien, e environ.**
Touriste	**Merci, madame/monsieur. Au revoir.**

a le musée, la gare routière, la plage, la cathédrale

b 5 km, 3 km, 16 km, 8 km

c métro, bus 5/120/8

d cinéma, terminus, plage, place du marché

e 5 min., 15 min., 20 min., 25 min.

Le détective

Y

Y *(pronouned 'ee') means there.*
It comes before the verb in a sentence.

Exemple: Pour y aller, s'il vous plaît?
= *How do I get there?*

Pour en savoir plus ➡ page 191, pt 7.3

PARLER

2b
À deux. Répétez les conversations. Utilisez les détails suivants:

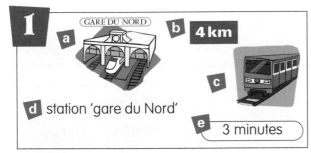

1 — a GARE DU NORD — b 4 km — c — d station 'gare du Nord' — e 3 minutes

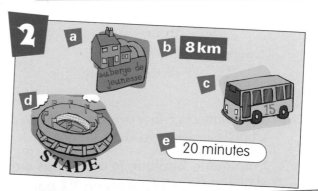

2 — a auberge de jeunesse — b 8 km — c 15 — d STADE — e 20 minutes

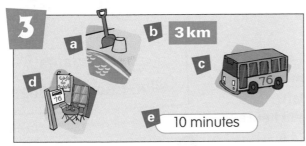

3 — a — b 3 km — c 76 — d Café de Soleil 76 — e 10 minutes

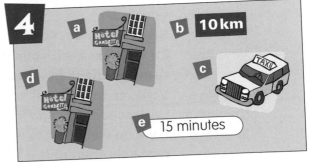

4 — a Hôtel Gambetta — b 10 km — c TAXI — d Hôtel Gambetta — e 15 minutes

ÉCRIRE

3
Écrivez ces directions en français.

1 Pour aller de votre collège en ville.
2 Pour aller de votre maison au collège.
3 Pour aller du collège à une destination de votre choix.

2 À la gare SNCF

Coping at the station

Consigne automatique · **Entrée**

Sortie de secours ➡ · *Buffet*

Réservations · **GUICHET**

QUAIS · *Salle d'attente*

Bagages · Objets Trouvés

1a Où est-ce qu'on va:

a pour attendre le train?
b pour sortir de la gare en cas d'urgence?
c pour chercher quelque chose qu'on a perdu?
d pour réserver un billet à l'avance?
e pour laisser ses sacs et aller visiter la ville?
f pour manger un sandwich?
g pour entrer dans la gare?
h pour prendre le train?
i pour acheter un billet?
j pour enregistrer ses bagages pour un long voyage?

1b Écoutez et notez en français: (1–6)

a ce qu'ils cherchent.
b où c'est.

Exemple: 1 a guichet
  b en face des toilettes

Le détective

Pour

Pour *means* **in order to** *or* **to** *when it is followed by the infinitive.*

Exemple: pour attendre le train = *in order to wait for the train*

Pour en savoir plus ➡ **page 182, pt 3.1**

en face	du quai numéro(3)/du bar
près	de la sortie de secours/de la grande porte
à côté	des réservations/des toilettes

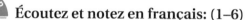

2a Complétez la conversation au guichet.
Choisissez les mots dans la case.

Employé	Bonjour, je peux vous aider?
Voyageur	Je voudrais un **a** pour **b**, s'il vous plaît.
Employé	Bien sûr, en quelle classe?
Voyageur	En **c** classe, s'il vous plaît, et dans la compartiment **d** . C'est combien?
Employé	Voilà, ça fait **e**, s'il vous plaît.
Voyageur	Le prochain train part à quelle heure?
Employé	Il y a un train toutes les **f**. Le prochain train part à **g**.
Voyageur	Merci, et il arrive à quelle heure?
Employé	Il arrive à **h**.
Voyageur	Et quel est le numéro du quai?
Employé	C'est le quai numéro **i**.

deuxième 15h40
quatre Calais
trente minutes
35€
non-fumeurs
aller–retour 13h20

Check you know the meaning of the words you're going to choose from before you start trying to fill in the gaps.

2b Écoutez la conversation pour voir si vous avez raison.

3a À deux. Faites deux autres dialogues en changeant les détails.

Le détective

Quel

Quel *means which or what.*

	Masculine	Feminine
Singular	quel quai?	quelle classe?
Plural	quels trains?	quelles places?

Pour en savoir plus ➡ page 187, pt 4.3

Destination	Départ	Arrivée	Quai	Prix 1ère aller-simple	Prix 2ème aller-simple	Prix 1ère aller-retour	Prix 2ème aller-retour
Paris	9h30	14h56	6	€99,00	€68,60	€182,90	€137,00
Londres	12h04	18h35	10	€150,90	€118,90	€274,40	€237,80
Douvres	15h20	20h16	8	€125,00	€97,60	€228,70	€195,00
Marseille	20h55	6h12	2	€144,80	€111,30	€304,90	€222,60

1ère (première classe) *first class* 2ème (deuxième classe) *second class*
un aller-simple *single* un aller-retour *return*

3b Copiez et complétez la grille. (1–6)

	Destination	Sorte de billet	Classe	Fumeur?	Départ	Arrivée	Quai
1							

4 Regardez l'horaire, et décidez si les phrases sont vraies ou fausses.

1 Le premier train de Paris gare de Lyon à Nîmes part à 8h18.
2 Le train numéro 520 s'arrête à Disneyland®.
3 Le dernier train de Paris gare de Lyon à Nîmes est à 21h59.
4 Le train numéro 853 s'arrête à Avignon.
5 Vous partez de l'Aéroport Charles de Gaulle à 6h56. Le train arrive à Montpellier avant midi.
6 Vous partez de l'Aéroport Charles de Gaulle à 17h05 pour aller à Disneyland®. Le trajet dure 14 minutes.

Numéro de TGV		520	851	853	855	9536	857	871	544	873	877	879
Aéroport Charles de Gaulle TGV	Départ	6.56				13.13			17.05			
Marne la Vallée Chessy Disneyland®	Départ	7.12							17.19			
Paris gare de Lyon	Départ		8.18	10.29	12.06		13.30	16.42		17.48	18.42	21.49
Satolas TGV	Arrivée					15.11						
Valence	Arrivée	9.53	10.46			15.41	15.59	19.10	19.59	20.17	21.10	
Montélimar	Arrivée					a	a	a	a	20.39		
Avignon	Arrivée	10.53			15.28	16.40		20.10	20.59		22.10	03.53
Nîmes	Arrivée	11.25	12.12	14.20	15.58	17.10		20.44	21.39	21.47	22.46	04.49
Montpellier	Arrivée	11.53	12.39	14.46	16.25	17.36	17.51	21.10	22.06	22.14	23.12	05.20

3 En panne!

Talking about driving, breakdowns and accidents

1a Faites correspondre les phrases et les images.

1 Je suis en panne.

2 J'ai un pneu crevé.

3 J'ai un problème avec la batterie.

4 J'ai un problème avec les freins.

5 J'ai un problème avec les phares.

6 Je suis sur la nationale 10 près d'Auchan.

1b Ils sont en panne. Copiez et remplissez la grille. (1–4)

	problème	se trouve	marque de voiture	couleur
1	batterie	N10 près de Tours	Ford	bleue
2				

1c Vous êtes en panne. Racontez votre situation en français.

Exemple:

*Bonjour, pouvez-vous envoyer quelqu'un, s'il vous plaît? J'ai un problème avec **la batterie**. Je suis sur la route **D951**, près **d'Orléans**. J'ai une **Toyota verte**.*

Types of car are all feminine. Remember to make your colour feminine, and put it after the noun.
Exemple:
une Renault rouge
une Citroën blanche
une Jaguar noire

2 Écoutez les descriptions de ces quatre accidents.
Pour chaque accident, notez six détails.

Exemple: Monsieur Bellini: 1d, 2b, 3c, …

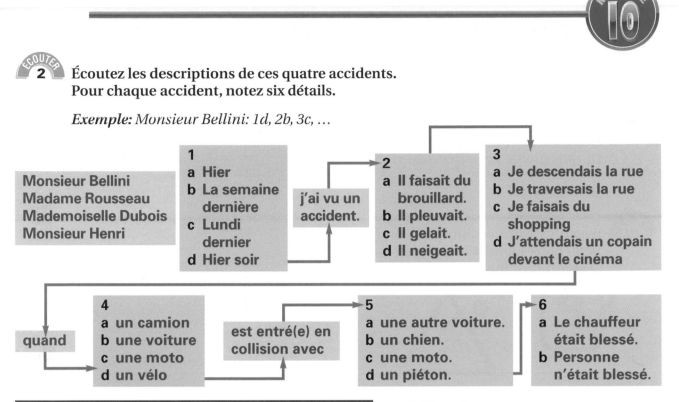

Monsieur Bellini
Madame Rousseau
Mademoiselle Dubois
Monsieur Henri

1
a Hier
b La semaine dernière
c Lundi dernier
d Hier soir

j'ai vu un accident.

2
a Il faisait du brouillard.
b Il pleuvait.
c Il gelait.
d Il neigeait.

3
a Je descendais la rue
b Je traversais la rue
c Je faisais du shopping
d J'attendais un copain devant le cinéma

quand

4
a un camion
b une voiture
c une moto
d un vélo

est entré(e) en collision avec

5
a une autre voiture.
b un chien.
c une moto.
d un piéton.

6
a Le chauffeur était blessé.
b Personne n'était blessé.

Rappel

The verbs in boxes 2, 3 and 6 are in the imperfect tense.
The imperfect tense is used to descibe what something <u>was</u> <u>like</u> (e.g. *Il faisait du brouillard* = It was foggy.) or what <u>was</u> <u>happening</u> (e.g. *Je traversais la rue* = I was crossing the road.)

3a Lisez le texte, puis trouvez l'expression soulignée qui correspond à ces définitions.

Exemple: **a** *il y avait beaucoup de circulation*

a Il y avait beaucoup de voitures sur les routes.
b L'heure où tout le monde rentre à la maison.
c Une situation où les routes sont bloquées à cause du nombre de voitures.
d L'endroit au bord de la route réservé aux piétons.
e Au milieu du centre-ville.
f Très très rapidement.

> **doubler = to overtake*
> *un croquis = a sketch*
> *en a eu marre = had had enough*

3b Dessinez un croquis* de l'incident.

L'agressivité au volant

Accident hier soir <u>en plein centre-ville</u>: trois personnes grièvement blessées.

C'était <u>l'heure d'affluence</u> à La Rochelle, et comme d'habitude à 18h30 <u>il y avait beaucoup de circulation</u>. Aux feux au supermarché Leclerc, on faisait la queue pour tourner à gauche. Mais les voitures continuaient à venir de l'autre direction. Bref, <u>un embouteillage</u>: on attendait avec patience.

Soudain, Thierry Duault, 22 ans, en a eu marre.* <u>À toute vitesse</u>, il a essayé de doubler* la queue pour continuer tout droit. Mais pas sur la route. Il est monté sur <u>le trottoir</u> à 50 kilomètres à l'heure. Désastre: une jeune mère de famille s'y promenait avec ses deux enfants.

Résultat? La jeune femme, un de ses enfants et le chauffeur sont hospitalisés, grièvement blessés.

4 *Les problèmes de l'environnement*

Talking about traffic problems and the environment

ÉCOUTER

1a Regardez 'Les problèmes dans notre ville'. De quel problème parlent-ils? (1–5)

Exemple: 1d

LIRE

1b Regardez 'Nous voulons' et faites correspondre les images et les propositions.

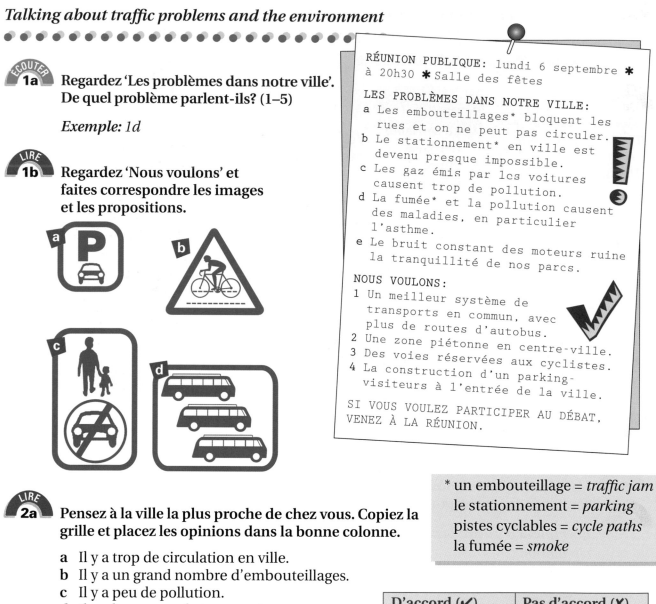

RÉUNION PUBLIQUE: lundi 6 septembre ✱ à 20h30 ✱ Salle des fêtes

LES PROBLÈMES DANS NOTRE VILLE:
a Les embouteillages* bloquent les rues et on ne peut pas circuler.
b Le stationnement* en ville est devenu presque impossible.
c Les gaz émis par les voitures causent trop de pollution.
d La fumée* et la pollution causent des maladies, en particulier l'asthme.
e Le bruit constant des moteurs ruine la tranquillité de nos parcs.

NOUS VOULONS:
1 Un meilleur système de transports en commun, avec plus de routes d'autobus.
2 Une zone piétonne en centre-ville.
3 Des voies réservées aux cyclistes.
4 La construction d'un parking-visiteurs à l'entrée de la ville.

SI VOUS VOULEZ PARTICIPER AU DÉBAT, VENEZ À LA RÉUNION.

LIRE

2a Pensez à la ville la plus proche de chez vous. Copiez la grille et placez les opinions dans la bonne colonne.

a Il y a trop de circulation en ville.
b Il y a un grand nombre d'embouteillages.
c Il y a peu de pollution.
d Il y a beaucoup de transports en commun.
e Il y a assez de zones piétonnes.
f Il n'y a pas assez de pistes cyclables.*

* un embouteillage = *traffic jam*
le stationnement = *parking*
pistes cyclables = *cycle paths*
la fumée = *smoke*

D'accord (✔)	Pas d'accord (✘)
a	

PARLER

2b Sondage: quel est le problème de transport le plus grave dans votre ville/village? Posez la question à vos camarades de classe et notez leurs réponses.

| À mon avis Je pense qu' | → | il y a il n'y a pas | → | assez de/d' peu de/d' trop de/d' beaucoup de/d' | → | embouteillages. pollution. transports en commun. zones piétonnes. pistes cyclables. circulation. |

2c Faites un graphique et écrivez un paragraphe sur les résultats de votre sondage.

Exemple: 12 personnes pensent qu'il y a trop de circulation.

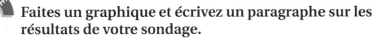

3a Faitcs correspondre ces problèmes de l'environnement avec la bonne image.

1 Le trou dans la couche d'ozone.
2 Le déboisement.
3 La pollution des mers.

4 Le réchauffement de la terre.
5 La disparition des espèces rares.
6 La suppression des déchets nucléaires.

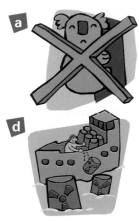

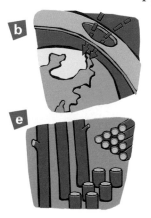

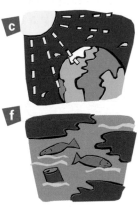

3b Regardez **3a** et écoutez. Ils parlent de quel problème? Mettez les numéros 1–6 dans le bon ordre.

Exemple: 2, …

3c Quelle suggestion aide à résoudre quel problème? Notez la bonne lettre.

Exemple: Problème 1–e

a Encouragez les adultes à aller plus souvent à vélo ou en transports communs, parce que les gaz émis par les voitures réchauffent la terre.

b Recyclez les journaux et achetez du papier recyclé.

c N'achetez jamais de produits qui contribuent à la destruction des animaux en danger.

d Ne jetez rien dans les W-C.

e N'achetez plus de bombes qui contiennent des gaz CFC.

f Écrivez au gouvernement pour poser des questions sur les sources d'énergie alternatives et non-nucléaires.

Entraînez-vous Entraînez-vous Entraînez-vous Entraînez-vous Entraînez-vous Entraînez-vous

1 You are lost in a French town. Your partner will play the part of a passer-by.

A
- Vous cherchez quelque chose?
- Prenez la première rue à droite.
- Oui, c'est à deux kilomètres.
- Prenez le numéro six.

B
- Ask the way to the police station.
- Find out if it's far.
- Ask if there is a bus.
- Say thank you and goodbye.

2 You are with a friend at the bus station. Your partner will play the part of the bus station employee.

A
- Je peux vous aider?
- Dans 15 minutes, Monsieur/ Mademoiselle.
- Oui, voilà. 10 Euros, s'il vous plaît.
- Oh, 20 minutes à peu près.
- Là-bas, près de la sortie.

B
- Ask when the next bus for Paris leaves.
- Say you want a return ticket.
- Ask how long the journey will take.
- Ask where the waiting room is.

3 Talk for one minute about the transport in your town or village. Make notes before preparing your exam cue card.

J'habite ….
Pour aller au collège, je … Le voyage dure ….
On peut aller de chez moi en ville en ….
Normalement je vais en ville en ….
Récemment j'ai fait un long voyage ….
À mon avis, le transport dans mon village est
… car ….

Many people feel quite nervous about their oral exam. You will feel better if you are well prepared.
- Use the questions at the end of each module as practice material at home.
- Get a friend to ask you the questions, or record yourself on tape saying the questions.
- Leave a gap on the tape and see if you can fill it with your long answer.
- Practise in front of a mirror, smiling and looking confident!
- Relax yourself before the exam by taking deep breaths and breathing slowly.
- Bonne chance!

Your examiner may ask …

Comment est-ce qu'on peut aller de chez toi en ville/au centre-ville?

Décris-moi un long voyage que tu as fait récemment.

Tu as visité la France? Parle-moi du voyage.

Parle-moi des problèmes de transport dans ta ville/ton village.

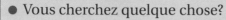

1 **Your task is to write a letter to a newspaper about transport problems in your town (70–100 words).**

Je vous écris parce que
I am writing because
Je voudrais me plaindre au sujet de
I would like to complain about

Il y a …
Il y a trop de …
voitures/embouteillages/
pollution etc
Il n'y a pas assez de …
bus/parkings/pistes cyclables/
zones piétonnes etc

Je suis allé(e) en ville à vélo/à
pied/en bus
Il y avait trop de …
Il n'y avait pas (assez) de …
C'était …

Introduction
Say who you are, how old you are, and where you live. Explain why you are writing.
Idea 1
Describe the traffic problems in your town.
Idea 2
Describe a recent incident during which you had problems.
Idea 3
Include the opinions of some eye witnesses.
Conclusion
Say what you need in your town to solve the problems.

Il faut + *infinitive*	*we need to…*
On a besoin de + *noun*	*we need*
Plus/moins de	*more/less*

2 **Your task is to design a poster or leaflet to publicise an environmental or social problem, e.g. waste collection and recycling (70–100 words).**

- Idea 1
  Describe your town: where it is, what it is like.
- Idea 2
  Describe the problems of waste and recycling.
- Idea 3
  Include the opinions of some visitors to the town.
- Idea 4
  List what you need in your town.

Look back at Module 5 for ideas.

Use this module for help.

Make some cartoons with bubbles, e.g.

on a besoin de	*we need*
plus de	*more*
moins de	*less*

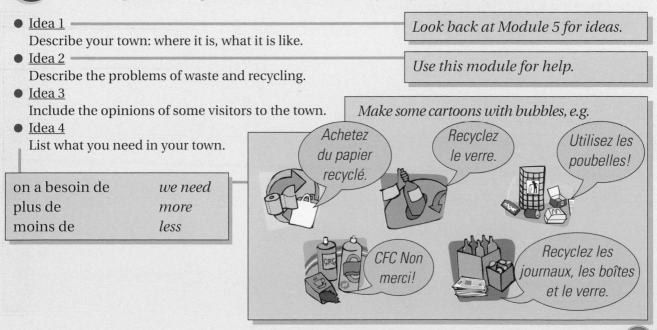

Achetez du papier recyclé.

Recyclez le verre.

Utilisez les poubelles!

CFC Non merci!

Recyclez les journaux, les boîtes et le verre.

Mots

Le transport	Transport
Comment est-ce que tu vas (au collège)?	*How do you get (to school)?*
Je vais (au collège) …	*I go (to school) …*
en auto/voiture	*by car*
en autobus/car	*by bus/coach*
en avion	*by plane*
en bateau	*by boat*
en métro	*by metro*
en taxi	*by taxi*
en train	*by train*
à vélo	*by bike*
à pied	*on foot*

Les directions / Directions

Pour aller à … s'il vous plaît?	*How do you get to … please?*
Tournez à droite/gauche.	*Turn right/left.*
Allez tout droit.	*Go straight ahead.*
Prenez la (première/ deuxième/troisième) rue à droite/gauche.	*Take the (first/second/ third) road on the right/left.*
Pour aller au (restaurant/ commissariat/syndicat d'initiative/stade/ parc) …	*To get to the (restaurant/ police station/ tourist information office/ sports stadium/ park) …*
Pour aller à la piscine …	*To get to the swimming pool …*
Pour aller à l'hôpital …	*To get to the hospital …*
Montez/Descendez la rue jusqu'aux feux.	*Go up/down the road to the traffic lights.*
Traversez la rue.	*Cross the road.*

Les questions / Questions

Je voudrais …	*I would like …*
Avez-vous …?	*Have you got …?*
Est-ce qu'il y a ?	*Is there …?*
Où est …?	*Where is …?*
Est-ce qu'il faut …?	*Have you got to …?*
Est-ce qu'on peut …?	*Can you …?*
… à quelle heure?	*What time …?*
… c'est combien?	*How much is …?*
C'est près/loin d'ici?	*Is it nearby/far away?*
Le trajet dure combien de temps?	*How long does the journey last?*

Les instructions / Instructions

Choisissez la bonne réponse.	*Choose the correct answer.*
Cochez …	*Tick …*
Écrivez la bonne lettre.	*Write the correct letter.*
Faites correspondre …	*Match up …*
Lisez le texte.	*Read the passage.*
Mettez … dans le bon ordre.	*Put … in the correct order.*
Remplissez la grille.	*Fill in the table.*
Répondez aux questions.	*Answer the questions.*

À la gare — *At the station*

Je voudrais un aller-simple/aller-retour pour …	*I would like a single/return ticket for …*
En quelle classe?	*Which class (of ticket)?*
première/deuxième	*first/second class*
Dans le compartiment (fumeurs/non-fumeurs).	*In the (smoking/no smoking) carriage*
Le prochain train part à quelle heure?	*When does the next train leave?*
Le train arrive à quelle heure?	*When does the train arrive?*
Quel est le numéro du quai?	*What is the platform number?*
C'est le quai numéro (deux).	*It is platform number (two).*
en face du quai numéro 3/du bar.	*opposite platform 3/the bar*
près de la sortie de secours/de la grande porte.	*near the emergency exit/large door*
à côté des réservations	*next to reservations*
Arrivée	*Arrival*
Bagages	*Luggage*
Buffet	*Restaurant*
Classe	*Class*
Consigne	*Left Luggage*
Départ	*Departure*
Destination	*Destination*
Entrée	*Entrance*
Guichet	*Ticket Office*
Objets trouvés	*Lost Property*
Quais	*Platforms*
Réservations	*Reservations*
Salle d'attente	*Waiting room*
Sorte de billet	*Type of ticket*
Sortie de secours	*Emergency Exit*

En panne — *Breakdowns*

J'ai un pneu crevé.	*I have a flat tyre.*
Je suis en panne.	*I have broken down.*
J'ai un problème avec les freins.	*I have a problem with the brakes.*
J'ai un problème avec les phares.	*I have a problem with the headlights.*
Je suis sur la route nationale …	*I am on the 'A' … road.*
Je suis sur l'autoroute.	*I am on the motorway.*
Je suis près de Toulouse.	*I am near Toulouse.*
J'ai une (Citroën blanche).	*I have a (white Citroen).*
la batterie	*battery*
se trouver	*to be situated*
la marque de voiture	*model of car*

L'environnement — *Environment*

À mon avis …	*In my opinion …*
Je pense qu'il y a/qu'il n'y a pas …	*I think that there is/isn't …*
assez de/d' …	*enough …*
peu de/d' …	*little …*
trop de/d' …	*too much …*
beaucoup de/d' …	*a lot of …*
embouteillages (mpl)	*traffic jams*
pollution (f)	*pollution*
transports en commun (mpl)	*public transport*
zones piétonnes (fpl)	*pedestrian crossings*
pistes cyclables (fpl)	*cycle routes*
circulation (f)	*traffic*

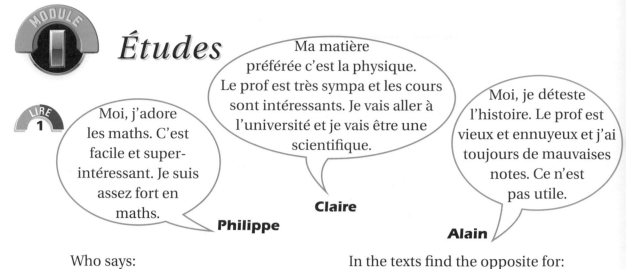

Études

MODULE 1

LIRE 1

Philippe: Moi, j'adore les maths. C'est facile et super-intéressant. Je suis assez fort en maths.

Claire: Ma matière préférée c'est la physique. Le prof est très sympa et les cours sont intéressants. Je vais aller à l'université et je vais être une scientifique.

Alain: Moi, je déteste l'histoire. Le prof est vieux et ennuyeux et j'ai toujours de mauvaises notes. Ce n'est pas utile.

Who says:
- **a** the lessons are interesting?
- **b** I'm going to university?
- **c** the teacher isn't too strict?
- **d** history isn't useful?
- **e** maths is easy?

In the texts find the opposite for:
- **a** jeune et intéressant
- **b** je suis faible
- **c** j'ai de bonne notes
- **d** je déteste les maths

LIRE 2

Interview avec Anne-Claire Robert, 21 ans, assistante de français depuis cinq mois dans un collège anglais.

Q Bonjour, Anne-Claire. D'abord, qu'est-ce que tu fais exactement en Angleterre?

R Eh bien, je suis étudiante à l'université de Clermont-Ferrand. Mais cette année, je travaille au collège de Thurston, dans le Suffolk, comme assistante de français.

Q Quel est ton rôle?

R J'aide les profs et les élèves. Je travaille dans les classes de français.

Q Comment est-ce que tu trouves tes élèves?

R En général, les élèves sont très sympa.

Q Quelles sont les différences entre le collège en France et le collège en Angleterre?

R D'abord, les heures. En France, il est normal de commencer à huit heures et de finir à seize ou même dix-sept heures. Aussi, le fait que* les anglais portent un uniforme. En France, 'l'uniforme', c'est un jean et des baskets! Ce qui est aussi différent, c'est qu'il n'y a pas de redoublement en Angleterre.

Q Tu peux expliquer le redoublement, s'il te plaît?

R À la fin de l'année scolaire, les professeurs regardent les notes de chaque élève. Si un élève n'a pas d'assez bonnes notes, il ne passe pas dans la classe supérieure et il doit refaire l'année scolaire.

Q Et toi, qu'est-ce que tu vas faire après ton année en Angleterre?

R Je vais rentrer à l'université pour continuer mes études, parce que je voudrais être prof d'anglais. J'ai déjà fait beaucoup de progrès en anglais.

*le fait que   *the fact that*

2 Choisissez les bons mots pour compléter chaque phrase.

aide les profs et les élèves
un jean et des baskets
professeur d'anglais
retourner en France
l'uniforme scolaire
à Thurston en Angleterre
assistante de français
sympa
refaire l'année scolaire
l'université de Clermont-Ferrand
différentes
l'anglais, le commerce et l'espagnol

1 Anne-Claire est …
2 Elle étudie à …
3 En ce moment, elle habite …
4 Elle aide …
5 En général, les élèves sont …
6 Elle trouve que les heures du collège sont …
7 Les élèves anglais portent …
8 Les élèves français portent …
9 Redoubler, c'est …
10 Après cette année, Anne-Claire va …
11 Elle voudrait être …

3 C'est comment en Angleterre? Regardez les symboles et écrivez des phrases.

Exemple: 1 J'apprends le français.

En France

1 J'apprends l'anglais.
2 Mes cours commencent à 8h.
3 Mes cours finissent à 17h.
4 Je ne vais pas au collège le mercredi.
5 Je porte un jean et des baskets.
6 Je mange à la maison.
7 Mes cours durent une heure.

En Angleterre

35 minutes

4 Vous écrivez un article sur votre éducation pour le magazine de votre partenaire-école. Il faut mentionner:

● les matières que vous apprenez (au moins 5) (*J'étudie le français, …*)
● depuis quand vous apprenez le français (*J'apprends le français depuis …*)
● votre matière préférée, et pourquoi vous l'aimez (*Ma matière préférée est les maths parce que c'est intéressant/le prof est sympa …*)
● une matière que vous n'aimez pas et pourquoi (*Je n'aime pas l'histoire parce que c'est inutile/ennuyeux etc.*)
● ce que vous pensez de l'uniforme scolaire et pourquoi
● ce que vous allez faire après vos examens à 16 ans (*Je vais quitter le collège/continuer mes études …*)
● votre opinion sur votre école primaire. (*Mon école primaire était …*)

À toi!

MODULE 2 — *Chez moi*

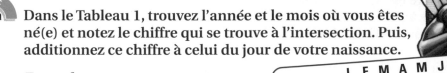

1a Dans le Tableau 1, trouvez l'année et le mois où vous êtes né(e) et notez le chiffre qui se trouve à l'intersection. Puis, additionnez ce chiffre à celui du jour de votre naissance.

Exemple:

> *Vous êtes né(e) le 17 juin 1985*
> *1985/juin = 6*
> *6+17 = 23*

Dans le Tableau 2, trouvez le jour de la semaine qui correspond à ce chiffre.

Exemple:

> *23 → lundi*

Tableau 1

	J	F	M	A	M	J	J	A	S	O	N	D
1985	1	4	5	1	3	(6)	1	4	0	2	5	0
1986	3	6	6	2	4	0	2	5	1	3	6	1
1987	4	0	0	3	5	1	3	6	2	4	0	2
1988	5	1	1	4	6	2	4	0	3	5	1	3
1989	6	2	3	6	1	4	6	2	5	0	3	5

Tableau 2

dimanche	1	8	15	22	29	36
lundi	2	9	16	(23)	30	37
mardi	3	10	17	24	31	
mercredi	4	11	18	25	32	
jeudi	5	12	19	26	33	
vendredi	6	13	20	27	34	
samedi	7	14	21	28	35	

Les mystères de ta date de naissance

Sais-tu que le jour de la semaine où tu es né(e) peut révéler des détails sur ta personnalité?

LUNDI
Tu es né(e) sous l'influence de la lune. Sensible, tu possèdes un réel pouvoir de séduction.

MARDI
Mars était le nom du dieu de la guerre chez les Romains. Comme tu es né(e) sous l'influence de la planète Mars, tu aimes te disputer et te battre! Tu es sportif/ive et gagner est très important pour toi.

MERCREDI
Mercure est ta planète. Très aimable, tu adores les gens et tu aimes faire de nouvelles rencontres. Tu adores voyager. Chose certaine, tu as horreur de la routine.

JEUDI
Ta planète? Jupiter. Plutôt autoritaire, tu aimes être le chef et les autres te suivent naturellement. Généreux/euse, positif/ve et plein/e de vie, tu t'entends bien avec tout le monde.

VENDREDI
Vénus est la déesse de l'amour. Comme tu es né(e) sous l'influence de cette planète, pas de surprise que tu aimes l'amour, le plaisir et les belles choses. Ta gentillesse, ta générosité, ton charme et ton intelligence t'apportent beaucoup d'amis.

SAMEDI
Tu as beaucoup de patience. Tu es travailleur/euse et tu adores aider les autres. Mais attention: il n'y a pas seulement le travail qui est important!

DIMANCHE
Tu es né(e) sous l'influence du Soleil, la planète de l'action. Tu sais ce que tu veux et tu préfères des amis énergiques comme toi.

la lune	moon
sensible	sensitive
un réel pouvoir de	a real power of
la guerre	war
la déesse	goddess

1b Trouvez le bon sous-titre pour chaque jour de la semaine.

Exemple: lundi – le séducteur

lundi	mardi	mercredi	jeudi	vendredi	samedi	dimanche

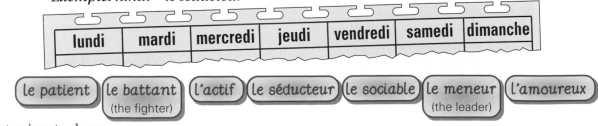

le patient   le battant (the fighter)   l'actif   le séducteur   le sociable   le meneur (the leader)   l'amoureux

1c Trouvez la description pour le jour où <u>vous</u> êtes né(e). Êtes-vous d'accord ou pas?

Exemple: Je suis d'accord parce que je suis (amiable) et j'aime (voyager). Je ne suis pas d'accord. Moi, je suis …

1d Quel jour est-ce qu'ils sont né(e)s?

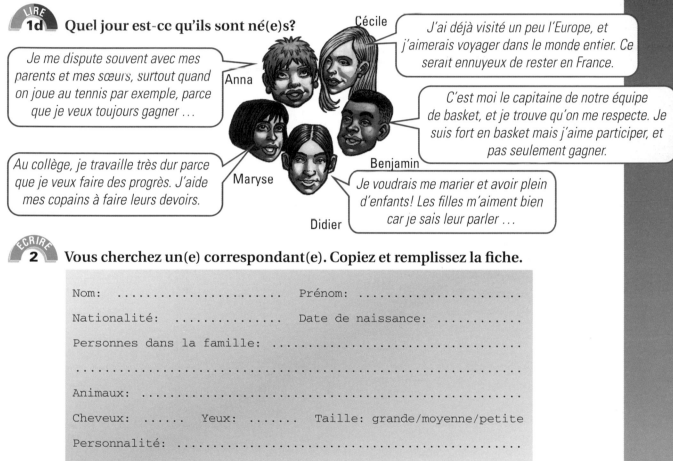

Anna: Je me dispute souvent avec mes parents et mes sœurs, surtout quand on joue au tennis par exemple, parce que je veux toujours gagner …

Cécile: J'ai déjà visité un peu l'Europe, et j'aimerais voyager dans le monde entier. Ce serait ennuyeux de rester en France.

Benjamin: C'est moi le capitaine de notre équipe de basket, et je trouve qu'on me respecte. Je suis fort en basket mais j'aime participer, et pas seulement gagner.

Maryse: Au collège, je travaille très dur parce que je veux faire des progrès. J'aide mes copains à faire leurs devoirs.

Didier: Je voudrais me marier et avoir plein d'enfants! Les filles m'aiment bien car je sais leur parler …

2 Vous cherchez un(e) correspondant(e). Copiez et remplissez la fiche.

```
Nom: .....................   Prénom: .....................

Nationalité: ..............   Date de naissance: ...........

Personnes dans la famille: ...............................

........................................................

Animaux: ................................................

Cheveux: ......   Yeux: .......   Taille: grande/moyenne/petite

Personnalité: ...........................................
```

 3 Vous travaillez comme jeune fille/garçon au pair pour une famille française. Votre correspondant(e) français(e) vous pose ces questions:

- Combien de personnes est-ce qu'il y a dans la famille française? (*Il y a la mère, deux filles et un garçon. La mère s'appelle Anne, les garçons s'appellent Luc et Jean etc …*)
- Décris-moi un des enfants. *(Il/elle a … ans. Il/elle est … Il/elle a … Il/elle aime …)
- Qu'est-ce que tu dois faire pour aider à la maison? *(À la maison je dois faire les lits, …)
- Qu'est-ce que tu penses de la famille? Pourquoi?(*J'aime/Je n'aime pas les enfants parce qu'ils sont … et … J'aime le travail parce que c'est … et …*)

> *au moins trois détails*

Écrivez-lui une lettre. Demandez-lui s'il/si elle aime les enfants et ce qu'il/elle fait pour aider à la maison.

À toi!

Temps libre

Le hockey sur glace

Le sport national du Canada, et le sport le plus populaire, c'est le hockey sur glace.

Carte d'identité

Nom: Roy
Prénom: Patrick
Né: le 5 octobre 1965, Sainte-Foy, Québec
Taille: 1.83 mètres
Poids: 87 kilos
Position: gardien de but
Numéro: 33
Équipes: Canadiens de Montréal, Avalanche du Colorado
Surnoms: Saint Patrick, Goose
Repas préféré: le steak
Passe-temps préféré en été: le golf

Équipement pour le hockey sur glace

1 paire de patins	$229
1 stick	$30
1 paire de jambières	$50
1 paire d'épaulettes	$45
1 paire de protège-coudes	$40
1 paire de gants	$40
1 casque	$60
1 maillot de hockey	$50
1 pantalon de hockey	$109
TOTAL	$653

Le sport a été inventé en 1867 par un groupe de soldats britanniques stationnés en Ontario au Canada.

Au Canada, beaucoup d'enfants apprennent à patiner quand ils ont quatre ou cinq ans. Pourtant, comme il faut avoir beaucoup d'équipement, le hockey est un sport qui coûte très cher pour les parents.

Le hockey sur glace est un sport très passionnant. Un jeu consiste en trois périodes de 20 minutes, mais le match dure presque trois heures parce qu'il y a beaucoup de pauses. C'est extrêmement rapide mais aussi assez violent, et il y a souvent des bagarres pendant les matchs professionnels.

Dans une équipe de hockey sur glace, il y a 20 joueurs, mais seulement 6 joueurs sont sur la glace en même temps. L'entraîneur remplace les joueurs continuellement pendant le jeu.

Les Canadiens de Montréal sont peut-être l'équipe la plus célèbre du Canada. Habillés en bleu, blanc et rouge, ils ont gagné la Coupe Stanley, le prix le plus prestigieux, 24 fois. Patrick Roy, leur gardien de but pendant dix ans, est un grand héros sportif.

bagarres	*fights*

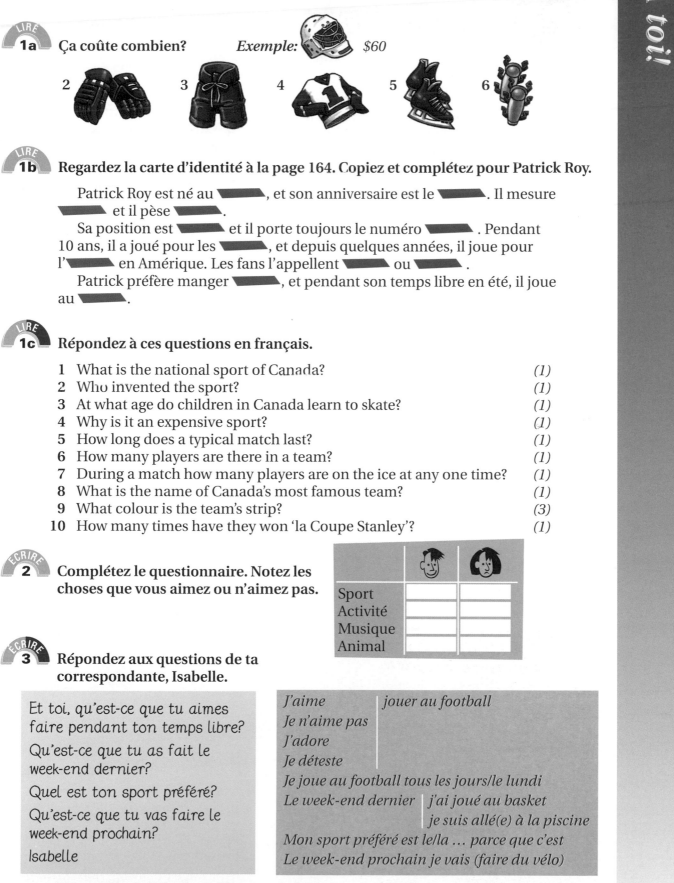

1a Ça coûte combien?   *Exemple:* $60

2   3   4   5   6

1b Regardez la carte d'identité à la page 164. Copiez et complétez pour Patrick Roy.

Patrick Roy est né au ▰▰, et son anniversaire est le ▰▰. Il mesure ▰▰ et il pèse ▰▰.

Sa position est ▰▰ et il porte toujours le numéro ▰▰. Pendant 10 ans, il a joué pour les ▰▰, et depuis quelques années, il joue pour l'▰▰ en Amérique. Les fans l'appellent ▰▰ ou ▰▰.

Patrick préfère manger ▰▰, et pendant son temps libre en été, il joue au ▰▰.

1c Répondez à ces questions en français.

1 What is the national sport of Canada? *(1)*
2 Who invented the sport? *(1)*
3 At what age do children in Canada learn to skate? *(1)*
4 Why is it an expensive sport? *(1)*
5 How long does a typical match last? *(1)*
6 How many players are there in a team? *(1)*
7 During a match how many players are on the ice at any one time? *(1)*
8 What is the name of Canada's most famous team? *(1)*
9 What colour is the team's strip? *(3)*
10 How many times have they won 'la Coupe Stanley'? *(1)*

2 Complétez le questionnaire. Notez les choses que vous aimez ou n'aimez pas.

	🙂	🙁
Sport		
Activité		
Musique		
Animal		

3 Répondez aux questions de ta correspondante, Isabelle.

Et toi, qu'est-ce que tu aimes faire pendant ton temps libre?

Qu'est-ce que tu as fait le week-end dernier?

Quel est ton sport préféré?

Qu'est-ce que tu vas faire le week-end prochain?

Isabelle

J'aime   jouer au football
Je n'aime pas
J'adore
Je déteste

Je joue au football tous les jours/le lundi
Le week-end dernier j'ai joué au basket
*   je suis allé(e) à la piscine*
Mon sport préféré est le/la … parce que c'est
Le week-end prochain je vais (faire du vélo)

Demandez à Isabelle si elle aime le foot.

Au boulot

1a Trouvez le bon métier.

1 On a beaucoup de contact avec le public.
2 On a des stylos rouges gratuits.
3 On peut travailler dehors.
4 On peut travailler avec des animaux.
5 On a un uniforme chic.
6 On voyage beaucoup.

A Agent de police
B Vétérinaire
C Chauffeur de camion
D Professeur
E Vendeur de journaux
F Steward/hôtesse de l'air

1b

Le monde du travail à l'avenir: mythe ou réalité?

1 On restera à la maison pour travailler. *Réalité*

La création du web veut dire qu'on peut rester en contact avec sa compagnie et ses collègues sans quitter sa propre maison. Communiquer, choisir, acheter, vendre, tout peut se faire grâce au courrier électronique et aux sites de web de plus en plus sophistiqués.

2 Le chômage deviendra de pire en pire. *Mythe*

C'est vrai que les industries traditionnelles sont en train de disparaître, mais les machines ne remplaceront jamais les gens dans les hôpitaux, les écoles et les autres domaines de service.

3 On ne fera plus un métier pour la vie. *Réalité*

Les jeunes doivent être prêts à changer, à suivre des formations* différentes à des âges différents, et à s'adapter quand c'est nécessaire.

4 On fera moins de travail, et aura plus de loisirs ... *Mythe*

Le travail à temps partiel et le partage de poste* restent assez populaires. Pourtant, en Europe et aux États-Unis, on continuera à travailler pendant les heures traditionnelles.

*le chômage *unemployment*
de pire en pire *worse and worse*
formations *training courses*
le partage de poste *job sharing*

LIRE 1b Match the English summary to the right paragraph.

a People will change professions during their lives
b People wil be able to work from home.
c People won't generally have more free time.
d There will be more unemployment but there will be areas where machines will never replace people.

LIRE 1c Choisissez la bonne fin pour chaque phrase.

1 On pourra travailler à partir de sa maison grâce …

a au chômage.
b à la communication électronique.
c aux collègues.

2 Il y aura toujours des gens qui travailleront dans …

a les usines.
b les bureaux.
c les hôpitaux.

3 Les jeunes devront être prêts à …

a changer de métier.
b gagner moins d'argent.
c travailler dehors.

4 Les heures de travail …

a ne changeront pas beaucoup.
b seront différentes.
c seront plus longues.

ÉCRIRE 2 Copiez et complétez la grille. Trouvez des métiers.

Lieu de travail	Métier
dans un collège	professeur, secrétaire, …
dans un hôpital	
dans un bureau	
dans un magasin	
dans un garage	
dans un hôtel	
dehors	

ÉCRIRE 3 Écrivez une lettre en français au directeur de Monde de la Musique. Il faut mentionner:

Aimez-vous la musique?

Étudiants, si vous cherchez un job pour les vacances, adressez-vous à

MONDE de la Musique

111, boulevard Legros
37100 TOULOUSE
tél 34-48-78-96-02

• Pourquoi vous écrivez (*Je voudrais un poste comme…*)

• Vos détails personnels (*J'ai…ans et je suis étudiant(e) à …*)

• La sorte de musique que vous préférez (*Je préfère le rock/le jazz…*)

• Votre expérience (*Pendant mon stage j'ai travaillé …*)

• Quand vous pourrez commencer (*Je pourrai commencer le …*)

MODULE 5 — Ma ville

LIRE 1 Copiez et complétez les blancs.

J'habite à Rouen. C'est une ▬▬▬ moyenne dans le ▬▬▬ de la France. C'est une ville ▬▬▬ et touristique. Je n'habite pas en ville mais dans la ▬▬▬ dans une ▬▬▬ mitoyenne. J'aime ▬▬▬ à Rouen. Il y a beaucoup de choses à faire et ▬▬▬ agréable.

nord   habiter   maison   ville   historique   banlieue   c'est

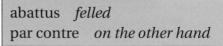

| abattus | *felled* |
| par contre | *on the other hand* |

LIRE 2a Faites correspondre le paragraphe et l'image.

 a
 b
 c
 d

4 IDÉES FACILES POUR SAUVER L'ENVIRONNEMENT

1 Prends une douche!

Quand tu te douches, tu utilises 20 litres d'eau par minute. Par contre, un bain, c'est facilement 200 litres d'eau. Si tu prends des douches rapides au lieu de bains, tu économiseras une bonne quantité d'eau.

2 Achète un sapin de Noël vivant!

Des millions d'arbres sont abattus à Noël chaque année. Cette année, achète un arbre vivant dans un pot. Après Noël, laisse le sapin dans son pot dans le garage. Au printemps, tu peux planter ton sapin dans le jardin.

3 Conserve les ressources!

Nous jetons beaucoup: nous devons recycler. Cherche dans ton armoire, dans la cave, même sous ton lit … tu trouveras plein de choses que tu n'aimes plus. Les organisations charitables seront très contentes de recevoir tes anciennes affaires, et tu feras moins de déchets.

4 'Pas de sac, s'il vous plaît!'

Dans les magasins, on reçoit un sac avec tout. Mais les sacs en papier viennent des arbres, et les sacs en plastique, du pétrole. Leur fabrication augmente la pollution. Quand on t'offre un sac à la caisse, dis simplement 'Non merci'.

2b Trouvez la bonne fin pour chaque phrase.

1 Si on prend une douche
   au lieu d'un bain, …
2 Si on achète un sapin
   de Noël vivant, …
3 Si on recycle ses affaires, …
4 Si on n'accepte pas les
   sacs dans les magasins, …

a … on protège les arbres.
b … on économise l'eau.
c … on n'encourage pas la pollution.
d … on fait moins de déchets.

2c Copiez et complétez les blancs.

5

Une cinquième idée pour ▰▰▰ l'environnement: recycle le verre!
Il y a du verre ▰▰▰: les miroirs, les bouteilles, les anciennes
▰▰▰ mais nous jetons presque ▰▰▰ le verre que nous
employons. Recycler le verre économise l'▰▰▰ et protège les
ressources ▰▰▰. Apporte tes ▰▰▰ vides au centre de
recyclage, et ne mets ▰▰▰ du verre à la poubelle.

> partout
> bouteilles **tout**
> **jamais**
> énergie
> protéger
> naturelles
> lunettes

3 Choisissez une ville que vous
connaissez bien. Copiez et
complétez la fiche.

○○○○○○○○○○○○

Nom de la ville:
....

Situation:...........................

....

Description:*C'est une grande
ville industrielle/touristique* …

Distractions touristiques
(au moins 3):.......................
Il y a un château, etc
On peut visiter le musée …

Loisirs (au moins 3):.............
On peut jouer au tennis

Opinion personnelle:..........
J'aime bien … car c'est
Je n'aime pas …

4 Écrivez une lettre sur votre ville/village
pour ce magazine.

**Sondage: Nos lecteurs, nos
lectrices, où habitent-ils?**

Écris-nous pour nous parler de ta ville/ton
village …

Dis-nous:

- où tu habites et depuis quand (*J'habite
  à … depuis … ans.*)
- ce qu'on peut y faire pendant le
  week-end (3 activités)(*On peut
  faire …/visiter/aller au/à la…*)

Parle-nous:

- d'une sortie récente dans ta ville/ton
  village (*Je suis allé(e) à/au/à la …
  J'ai fait … C'était extra!*)
- d'un problème de l'environnement
  qu'il y a (*Dans notre ville il y a trop
  de/pas assez de …*)
- de ton opinion sur ta ville/ton village
  (*J'aime Swindon parce qu'il y a …
  parce qu'on peut …*)

Aux magasins

1 **Answer these questions in English.**

1 What does this sign on the door of a shop tell you?
2 When is this shop open?
3 What will you find if you follow this sign?
4 What bargain does this sign tell you about?
5 What does this sign on a shop door say?
6 What do you get for €0,90?
7 What does this notice say?
8 What costs €68,60?
9 What does it say on the label of this jumper?
10 What does this sign on a shop door say?

1 FERMÉ

2 Ouvert jusqu'à 20h

3 Ascenseur

4 –50% sur toutes nos K7-vidéos

5 TIREZ

6 melons: €0,90 la pièce

7 soldes à partir du 1er août

8 pantalon en cuir: €68,60

9 ne pas laver à l'eau chaude

10 POUSSEZ

2 Copiez et complétez la grille.

Magasin	On peut y acheter	
	1	2
Pharmacie	aspirine	sirop
Boulangerie		
Magasin de vêtements		
Boucherie		
Poste		
Magasin de musique		
Épicerie		

... avec les céréales **Méli-mélo**

MINI SAC À DOS

OFFRE SPÉCIALE!

Dans ce sac à dos, tu peux garder toutes tes petites affaires: ton argent de poche, tes billets de bus, ta carte d'identité, même ton mouchoir …

Tout petit, et en plastique, il existe en trois couleurs: rose foncé, bleu marine, ou noir.

Nom: ....

Adresse: ....

....

....

Méli-mélo **1**

Si tu veux t'acheter ce super mini-cadeau, il faut collectionner 3 bons des paquets de Méli-mélo. Envoie-les avec un chèque de €6,40, et 3 timbres à €4,60, à Méli-mélo, 134 avenue Foch, 75340 Paris. N'oublie pas d'attacher ton nom et ton adresse.

Offre valable jusq'au 31 décembre.

LIRE
3 Corrigez les erreurs.

1 Méli-mélo est une sorte de yaourt.
2 Cette offre spéciale est pour un CD.
3 Tu peux garder tes livres, tes baskets, ton pullover et tes sandwichs dans le sac à dos.
4 Le sac à dos est grand et en cuir.
5 On peut l'acheter en deux couleurs.
6 Il faut envoyer deux bons des paquets de Méli-mélo et un chèque de €6,20.
7 Il faut envoyer quatre timbres à €4,60 aussi.
8 L'offre finit le 20 avril.

ÉCRIRE
4 Le week-end dernier, vous êtes allé(e) en ville.
Écrivez un message à votre correspondant(e) et mentionnez:

- comment vous êtes allé(e) en ville (*Je suis allé(e) en bus/à vélo etc …*)
- avec qui vous êtes allé(e) (*avec mon/ma/mes*)
- votre magasin préféré (*Mon magasin préféré s'appelle Next parce que c'est/il y a …*)
- trois choses que vous avez achetées (*J'ai acheté …*)
- si vous aimez le shopping et pourquoi (*J'aime/Je n'aime pas le shopping parce que c'est …*)
- ce que vous achèterez la prochaine fois (*Je vais acheter …*)

Posez-lui aussi une question sur le shopping.
Demandez-lui ce qu'il (elle) voudrait comme cadeau d'anniversaire. (*Qu'est-ce que tu voudrais …*)

MODULE 7 — En vacances

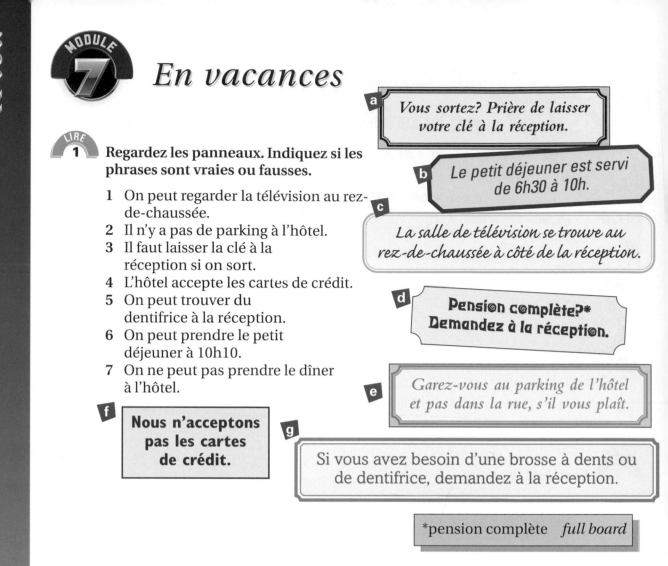

LIRE

1 Regardez les panneaux. Indiquez si les phrases sont vraies ou fausses.

1 On peut regarder la télévision au rez-de-chaussée.
2 Il n'y a pas de parking à l'hôtel.
3 Il faut laisser la clé à la réception si on sort.
4 L'hôtel accepte les cartes de crédit.
5 On peut trouver du dentifrice à la réception.
6 On peut prendre le petit déjeuner à 10h10.
7 On ne peut pas prendre le dîner à l'hôtel.

a Vous sortez? Prière de laisser votre clé à la réception.

b Le petit déjeuner est servi de 6h30 à 10h.

c La salle de télévision se trouve au rez-de-chaussée à côté de la réception.

d Pension complète?* Demandez à la réception.

e Garez-vous au parking de l'hôtel et pas dans la rue, s'il vous plaît.

f Nous n'acceptons pas les cartes de crédit.

g Si vous avez besoin d'une brosse à dents ou de dentifrice, demandez à la réception.

*pension complète *full board*

ÉCRIRE

2 Vous partez à la mer pendant les vacances. Copiez et complétez la grille. Proposez une activité pour chaque jour.

Jour	Activité
lundi	*planche à voile*
mardi	
mercredi	
jeudi	
vendredi	
samedi	
dimanche	

Village de Vacances 'Le Blaireau'

Situé dans la vallée de la Garonne, ce village de vacances de 9 hectares vous offre sur place toutes les facilités et les avantages pour réussir vos vacances.

Base nautique

(ouvert de 9h à 18h du 1er juillet au 31 août)

Baignade surveillée
Location: planche à voile, pédalo, canoë-kayak.

Loisirs

- Pêche sur plan d'eau
- Tir à l'arc
- VTT
- Jeu dc boules
- Aire de jeu pour les enfants
- Zones de pique-niques

Hébergement

(ouvert toute l'année)

Les 50 chalets indépendants ont un coin cuisine équipé, une salle de bains avec douche/W-C, et une terrasse privée équipée d'un salon de jardin. 4 personnes: séjour avec canapé, 2 chambres avec deux lits jumeaux.

Restaurant

(ouvert de 8h à 1h du matin, du 1er mai au 31 août)

Le Restaurant du *Blaireau* vous propose des spécialités (demi-lapin grillé, pizza) et des plats combinés. Dans la salle de restaurant ou sur la terrasse, vous pouvez également savourer les coupes de glace.

Accès

Accessible par l'A60, sorties 12 ou 13, ou par la gare SNCF.
Informations/Réservations:
tél: 05 77 43 43 21

LIRE

3a **Regardez la brochure et répondez aux questions en anglais.**

1 Where is the holiday village situated? *(1)*
2 Can you swim at 7pm on August 30th? *(1)*
3 What can you hire at the 'Base nautique'? *(3)*
4 Name two other leisure activities that you can do in the holiday village. *(2)*
5 Are the chalets open in winter? *(1)*
6 How many beds are there in each chalet? *(1)*
7 Can you eat in the restaurant on Christmas Day? *(1)*
8 Name one of the restaurant's specialities. *(1)*
9 What dessert is mentioned? *(1)*
10 Can you travel to the village by train? *(1)*

ÉCRIRE

3b **Vous avez passé vos vacances au village de vacances 'Le Blaireau'. Écrivez une lettre à votre correspondant(e) et mentionnez:**

- avec qui vous êtes allé(e) (*Je suis allé(e) en vacances avec …*)
- ce que vous avez fait pendant la journée (au moins 3 activités) (*J'ai joué au tennis. J'ai fait du/de la …*)
- quel temps il faisait (*Il faisait beau/Il pleuvait …*)
- ce que vous pensez du village de vacances et pourquoi (*J'aime bien le village de vacances parce qu'il y a … parce qu'on peut(faire …)*)
- quand vous allez retourner au village de vacances 'Le Blaireau'. (*Je vais retourner …*)

Posez-lui aussi une question sur ses vacances.

MODULE 8

Bienvenue en France

Ça me fait rire

1

Sylvie: Quel est le plat préféré des extra-terrestres?
Marc: Je ne sais pas.
Sylvie: Les spagh-E.T.

2

La sœur: As-tu vu mon hamster? Il a disparu!
Le frère: C'est bizarre! Il était là ce matin quand j'ai nettoyé sa cage avec l'aspirateur!

3

Jean se prépare à plonger dans la piscine. 'Attention!', crie le sauveteur. 'Il n'y a pas d'eau dans la piscine!' 'Ce n'est pas grave,' répond Jean. 'Je ne sais pas nager.'

4

Au restaurant
• 'Avez-vous des cuisses de grenouille?' demande la cliente.
• 'Oui, madame', répond le serveur.
• 'Mon pauvre! Si vous portez toujours un pantalon, ça restera un secret!'

5

La fille: 'Papa, je suis très contente de ne pas être née en Allemagne!'
Le père: 'Pourquoi?'
La fille: 'Parce que je ne parle pas allemand!'

6

Isabelle: 'Veux-tu voir quelque chose de drôle?'
Marie: 'Oui.'
Isabelle: 'Regarde dans le miroir!'

7

Au magasin:
• Je peux vous aider, Madame?
• Je cherche un mouchoir pour mon mari.
• Oui, quelle est la taille de son nez?

8

Sébastien est très fier de son nouveau chien. Son ami lui demande:
• C'est quelle sorte de chien?
• C'est un chien policier.
• Mais il n'en a pas l'air!
• C'est parce que c'est un agent secret!

le sauveteur	*lifeguard*
fier de	*proud of*
de ne pas être née	*not to have been born*
drôle	*funny*
Il n'en a pas l'air	*He doesn't look like one*

LIRE 1 Trouvez l'image qui correspond à chaque histoire drôle.

ich verstehe nicht!

2 Copiez et complétez cette histoire drôle. Les mots qui manquent sont en bas.

Françoise et son amie Sandrine sont en ▧▧▧ à la campagne. Elles ont mangé un ▧▧▧ au bord d'une route où un autobus passe de temps en temps. Un fermier ▧▧▧ dans son champ.

Françoise parle au fermier:
• Bonjour, ▧▧▧ ! À quelle heure passe le bus pour Paris?
❏ À 14 ▧▧▧ 20.
• Merci.

Après un certain temps, Françoise ▧▧▧ au fermier:
• Et le bus pour Calais, il passe à ▧▧▧ heure?
❏ À 18 heures 30.

Quelques minutes plus tard, Sandrine dit:
• ▧▧▧, Monsieur, à quelle heure passe l'autobus pour ▧▧▧ ?

❏ À 21 heures, répond le ▧▧▧, qui commence à se fâcher.

Au bout de quelques minutes, Françoise dit:
• Finalement, Monsieur, à quelle heure ▧▧▧ le bus pour Le Touquet?
❏ Demain à 7 heures! crie le fermier, ▧▧▧ .
• Super! répond Françoise. On peut traverser la route sans danger!

travaille   passe   Boulogne
heures   monsieur   demande
fermier   quelle   furieux
vacances   pique-nique   pardon

> se fâcher   *to get angry*

3 Vous allez faire un échange en France. Faites une liste des cadeaux pour votre correspondant et sa famille.

Personne	Cadeau
Paul	*un livre*
le père de famille	
la mère de famille	
frère de Paul (6 ans)	
sœur de Paul (21 ans)	
grand-mère de Paul	
grand-père de Paul	

4 Paul vous a envoyé un message. Répondez en français à toutes ses questions.

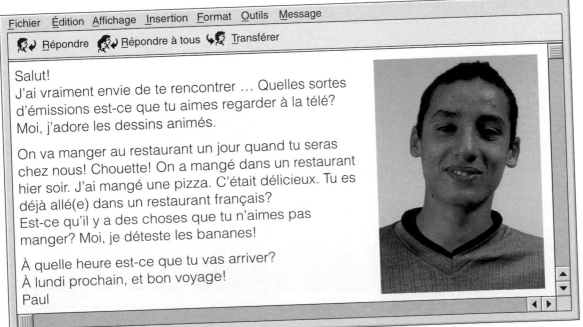

Fichier Édition Affichage Insertion Format Outils Message

↩ Répondre   ↩ Répondre à tous   ↪ Transférer

Salut!
J'ai vraiment envie de te rencontrer … Quelles sortes d'émissions est-ce que tu aimes regarder à la télé? Moi, j'adore les dessins animés.

On va manger au restaurant un jour quand tu seras chez nous! Chouette! On a mangé dans un restaurant hier soir. J'ai mangé une pizza. C'était délicieux. Tu es déjà allé(e) dans un restaurant français? Est-ce qu'il y a des choses que tu n'aimes pas manger? Moi, je déteste les bananes!

À quelle heure est-ce que tu vas arriver?
À lundi prochain, et bon voyage!
Paul

En bonne forme

CUISINE BONNE SANTÉ

～ Piperade Basquaise ～

Ingrédients *(pour 4 personnes)*

6 œufs
1 poivron vert
1 poivron rouge
2 oignons
3 tomates
2 gousses d'ail
2 cuillerées à soupe d'huile d'olive
Sel
Poivre
Un peu de persil haché

1 Couper les oignons, les poivrons, les tomates et l'ail en petits morceaux.

2 Faire chauffer l'huile d'olive dans une poêle.

3 Faire cuire les oignons, les poivrons et l'ail pendant 5 minutes.

4 Ajouter les tomates.

5 Faire mijoter pendant 25 minutes, à feu doux, en remuant de temps en temps.

6 Casser les œufs dans un bol avec le persil, et mélanger avec une fourchette.

7 Ajouter les œufs à la poêle, et faites cuire pendant 2 ou 3 minutes.

8 Ajouter du sel et du poivre.

9 Servir avec du pain et de la salade.

Bon appétit!

 1a Quels ingrédients sont nécessaires?
Notez les bonnes lettres.

1b Mettez les images dans le bon ordre.

2 Une journée typique. Regardez les symboles et écrivez des phrases.

Exemple: **1** *Je me lève a huit heures.*

Paul

1 Je me lève a sept heures et demie.
2 Au petit déjeuner je prends du pain et de la confiture.
3 Je bois du café.
4 Je vais au collège à pied.

5 Pendant la récré je joue aux cartes.
6 Après le collège j'écoute de la musique .
7 Je fais mes devoirs dans le salon.
8 Je me couche à dix heures.

Moi

3 Vous êtes malade! Vous devez rester au lit! Pour passer le temps, vous écrivez une lettre à votre correspondant(e).

● Demandez-lui comment il/elle va. (*Comment ça va?*)
● Dites-lui depuis quand vous êtes malade. (*Je suis malade depuis deux jours.*)
● Dites exactement ce qui ne va pas (3 symptômes). (*J'ai mal au ventre, …*)
● Expliquez ce que vous faites pour passer le temps (3 activités). (*Je lis des magazines, je …*)
● Dites ce que vous allez faire ce week-end, si ça va mieux. (*Ce week-end, si ça va mieux, je vais faire/aller …*)

À toi!

MODULE 10 — Le transport

LIRE 1 Regardez les panneaux et choisissez la bonne définition.

1 Eau potable

a L'eau est propre
b L'eau est sale

2 Défense de fumer

a On a le droit de fumer
b On n'a pas le droit de fumer

3 Compostez votre billet

a Mettez votre billet dans la machine
b Donnez votre billet au conducteur

4 Autoroute A2 fermée à cause d'accident

a L'autoroute A2 est ouverte
b On ne peut pas prendre l'autoroute A2

5 Stationnement interdit

a On a le droit de laisser sa voiture ici
b On ne doit pas laisser sa voiture ici

6 Le train à destination de Lyon a 10 minutes de retard

a Le train est à l'heure
b Le train n'est pas à l'heure

7 Cette salle d'attente est strictement réservée aux voyageurs

a Les voyageurs peuvent attendre ici
b Tout le monde peut attendre ici

8 Guichet ouvert

a On peut acheter un billet ici
b On ne peut pas acheter un billet ici

9 Achetez un carnet: c'est moins cher!

a Si on achète 10 billets, ça coûte moins cher
b Si on achète 10 billets, ça coûte plus cher

10 Parking réservé aux cars

a On a le droit de laisser sa voiture ici
b On ne doit pas laisser sa voiture ici

est à l'heure   *is on time*
tout le monde   *everyone*

2 Annette décrit une visite en ville. Lisez sa description, puis utilisez les symboles et décrivez votre visite en ville.

Exemple: *Samedi, je suis allé(e) en ville.*

Annette		Moi
Monday	Lundi, je suis allée en ville.	Saturday
	J'ai quitté la maison à 14h.	
	J'ai voyagé en métro.	
	Je suis arrivée en ville à 14h25.	
	J'ai acheté un magazine et un CD.	
	J'ai mangé une pizza et j'ai bu une limonade.	

3 Vous allez passer une semaine à Paris avec votre famille. Vous décidez de contacter votre correspondant(e). Écrivez un message et mentionnez:

- comment vous allez voyager (*On va voyager à Paris en voiture …*)
- votre opinion sur cette méthode de transport et pourquoi vous l'aimez/vous ne l'aimez pas (*J'aime voyager en voiture parce que c'est …*)
- combien de temps le voyage va durer (*Le voyage va durer … heure(s)*)
- à quelle heure vous allez arriver à Paris (*On va arriver à … heures*)
- trois détails de l'hôtel que vous avez réservé. (*À notre hôtel il y a un restaurant …*)

Invitez votre correspondant(e) à passer le week-end avec vous à Paris. (*Est-ce que tu voudrais/Est-ce que tu as envie de …*)

Grammaire

1   Nouns

Nouns are naming words. They are used to name things (chien *dog*, crayon *pencil*) people (tante *aunt*) and places (musée *museum*).

1.1   Gender

All French nouns are either **masculine** (m) or **feminine** (f).

Learning the gender of people is easy – men are masculine and women are feminine, e.g. le père (m), la mère (f).

But the gender of all other words must be learned by heart, e.g. la table (f), le stylo (m).

> **Entraînez-vous**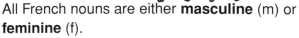
>
> Divide these words into two groups: masculine and feminine.
>
> belle-sœur, frère, grand-mère, nièce, serveur, serveuse, table, stylo, rideau, concert, volley, veste, gomme, chat, chambre, avion, fromage, amie

1.2   Plurals

Plural means 'more than one'.

As in English, most French nouns add an **s** to show they are plural, e.g. des bonbon**s**, deux sœur**s**.

But nouns with the following endings are irregular and change like this.

Ending	Singular	Plural
-al	un chev**al**	des chev**aux**
-eu	le nev**eu**	les nev**eux**
-eau	un bat**eau**	des bat**eaux**

Entraînez-vous

Form the plural.

1 une chaussette des …   4 un cheveu des …

2 un cinéma   des …   5 un animal des …

3 un cadeau   des …

2   Articles

There are various small words (e.g.: the, a, some) which come before nouns. These are known as 'articles'.

2.1   'The'

The three words for 'the' are: **le** (m), **la** (f), **les** (plural).

Masculine	Feminine	Plural
le	la	les
l'	l'	

le vélo *the bike*, la voiture *the car*
les trains *the trains*

Attention: Le and **la** shorten to **l'** before a vowel or a mute 'h'. E.g.:

l'autobus *the bus*,

The words for 'the' are used:

● to translate the word 'the', e.g.:
le chat est dans le salon.
The cat is in the sitting room.

● when talking about likes and dislikes, e.g.:
J'aime le foot et le tennis.
I like football and tennis.

● when talking about something in general terms, e.g.:
Les professeurs sont intelligents.
Teachers are intelligent.

● before the names of countries, e.g.:
La France est un beau pays.
France is a beautiful country.

Entraînez-vous

Fill in the gaps with **le**, **la** or **les**.

1 Je n'aime pas … tennis.

2 … professeurs sont mal payés.

3 Il est sur … table.

4 … Canada est un très beau pays.

5 Passe-moi … pain, s'il te plaît.

2.2   'A'

The word for 'a' or 'one' is either **un** (m) or **une** (f). E.g.:

un vélo *a bike*, une voiture *a car*
Un monocycle
a une roue.
*A unicycle has
one wheel.*

Entraînez-vous

Translate these phrases using either **un** or **une**.

1 one brother   3 one shop   5 a present

2 a dress   4 a station

2.3   'Some'

The words for 'some' are **du** (m), **de la** (f), **des** (plural).

Masculine	Feminine	Plural
du	de la	des
de l'	de l'	

du coca *some cola*, de l'eau *some water*,
de la salade *some salad*, des bananes
some bananas

Attention: Use **de l'** before a vowel or a mute 'h'.

The words for 'some' are used:

● when translating the word 'some', e.g.:
Donne-moi du papier. *Give me some paper.*

● when there is no article in English, e.g.:
J'ai acheté du pain et de la glace. *I bought bread and ice-cream.*

cent quatre-vingt-un

3 Verbs

Verbs are doing words, e.g. jouer *to play*, aller *to go*, sentir *to feel*.

3.1 The infinitive

This is the verb in its unchanged form, as you would find it listed in the dictionary, e.g.: regarder *to watch*, finir *to finish*, être *to be*. There are some instances where you can use the infinitive form as it is. However, most of the time, you need to change the infinitive to agree with the subject and to show the tense (see below).

You use the infinitive:

● after the following expressions:
 Il faut *it is necessary to, you have to*
 E.g.: Il faut changer. *You have to change.*
 Il est interdit de *It is forbidden to*
 E.g.: Il est interdit de fumer. *You are not allowed to smoke.*

● after these verbs:
 adorer *to adore*
 aimer *to like*
 détester *to hate*
 devoir *to have to*
 pouvoir *to be able to*
 préférer *to prefer*
 vouloir *to want to*
 aider à *to help to*
 apprendre à *to learn to*
 commencer à *to start to*

continuer à *to continue to*
encourager à *to encourage to*
choisir de *to choose to*
décider de *to decide to*
essayer de *to try to*
proposer de *to suggest*
refuser de *to refuse to*

E.g.: On peut aller à la pêche. *One/you can go fishing.*
 J'aime nager. *I like swimming.*
 Il a commencé à pleuvoir. *It started to rain.*

● After the word 'pour' *in order to.*
 Je fume pour avoir plus de confiance en moi. *I smoke in order to have more self-confidence.*

3.2 The present tense

The present tense is used to talk about:

● what is happening now
● what usually happens.
E.g.: je regarde *I watch* or *I **am** watch**ing***

Regular verbs
The formation of regular verbs follows a pattern.

Take the ending off the infinitive (e.g. take away **-er**, **-ir**, or **-re**), and add on the correct ending as shown:

-er *verbs (e.g.* regard**er** *to watch)*

je regard**e**	nous regard**ons**
tu regard**es**	vous regard**ez**
il/elle/on regard**e**	ils/elles regard**ent**

-ir verbs
(e.g. fin**ir** *to finish)*

je fin**is**	nous fin**issons**
tu fin**is**	vous fin**issez**
il/elle/on fin**it**	ils/elles fin**issent**

-re verbs
(e.g. attend**re** *to wait)*

j'attend**s**	nous attend**ons**
tu attend**s**	vous attend**ez**
il/elle/on attend	ils/elles attend**ent**

Irregular verbs
These verbs have their own unique pattern, and must be learned by heart. See verb tables on page 193.

See verb tables on page 193.

Entraînez-vous

Refer to the regular verb patterns above, then change these infinitives. Give two present tense meanings for each verb. E.g.:
je (ranger)   je range (*I tidy, I am tidying*)

1 tu (habiter)
2 on (descendre)
3 nous (décider)
4 vous (finir)
5 elles (attendre)

Depuis
The word 'depuis' is used to say how long something has been happening, e.g.:

> Je regarde la télé depuis 50 minutes.
> *I have been watching TV for 50 minutes.*

It is used with the present tense, e.g.:

> Je suis membre du club depuis trois ans.
> *I have been a member of the club for three years.*

Expressions with *avoir*
These expressions use the verb **avoir** in French where English uses **to be**:

> avoir chaud *to be hot*   avoir froid *to be cold*
> avoir faim *to be hungry* avoir soif *to be thirsty*
> avoir … ans *to be … years old*
> avoir peur *to be afraid*

E.g.: J'ai faim *He is hungry*
      J'avais peur *I was frightened*

3.3   The perfect tense
The perfect tense is used to talk about something which happened in the past, e.g.:

> J'ai regardé **I watched** or *I have watched.*

Two parts are needed to form the perfect tense:
- the **present tense** of the verb **avoir** or **être**
- the **past participle** of the main verb

Avoir verbs
The vast majority of verbs form their perfect tense with **avoir**.

avoir (present tense)

j'ai	nous avons
tu as	vous avez
il/elle/on a	ils/elles ont

Regular verbs
The **past participle** of the main verb is formed as follows.

-er verbs: take off **-er** and add **–é**, e.g. regardé *watched*

-ir verbs: take off **-r**, e.g. fini *finished*

-re verbs: take off **-re** and add **–u**, e.g. attendu *waited*

Irregular verbs
The **past participle** of irregular verbs needs to be learned by heart.

j'ai **bu** *I drank*	j'ai **dû** *I had to*
j'ai **connu** *I knew*	j'ai **voulu** *I wanted*
j'ai **cru** *I believed*	j'ai **été** *I was*
j'ai **eu** *I had*	j'ai **fait** *I made/did*
j'ai **lu** *I read*	j'ai **pris** *I took*
j'ai **su** *I knew*	j'ai **mis** *I put*
j'ai **vu** *I saw*	j'ai **conduit** *I drove*
j'ai **pu** *I could*	j'ai **écrit** *I wrote*
j'ai **appris** *I learned*	
j'ai **compris** *I understood*	

Être verbs
Thirteen verbs form their perfect tense with **être**.

être (present tense)

je suis	nous sommes
tu es	vous êtes
il/elle/on est	ils/elles sont

The perfect tense of être verbs is formed with the present tense of **être** + the **past participle** of the main verb.

je suis **allé(e)** *I went*   je suis **parti(e)** *I left*
je suis **venu(e)** *I came*   je suis **resté(e)** *I stayed*
je suis **arrivé(e)** *I arrived*
je suis **descendu(e)** *I went down*
je suis **entré(e)** *I entered*
je suis **monté(e)** *I went up*
je suis **mort(e)** *I died*   je suis **tombé(e)** *I fell*
je suis **né(e)** *I was born*
je suis **retourné(e)** *I went back*
je suis **sorti(e)** *I went out*

Reflexive verbs also use **être**.

Je me suis couché(e) à minuit. *I went to bed at midnight.*

Attention: With **être** verbs in the perfect tense, add **-e** to the past participle for feminine, add **-s** for plural, and add **-es** for feminine plural, e.g.:

Elle est part**ie**. *She left.*
Marie et Laure sont sort**ies**. *Marie and Laure went out.*

Entraînez-vous ■■■■■■■

Write each verb in the perfect tense; then write what it means. E.g.: Je + (regarder) J'ai regardé. *I watched, I have watched.*

1 Tu + (aider)   4 Vous + (faire)
2 On + (boire)   5 Elle + (prendre)
3 Nous + (voir)

Entraînez-vous ■■■■■■■

Complete these perfect tense verbs with the right part of être. Then write what they mean. E.g.: Elles … parties. Elles sont parties. *They left, they have left.*

1 Vous … nés   4 Nous … montés
2 Elle … venue   5 Tu … arrivé
3 Ils … retournés

3.4   The imperfect tense

The imperfect tense is used to:
● describe what things were like in the past
● say what was happening at a given moment
● say what used to happen.

Je regardais *I was watching* or *I used to watch*

The following imperfect endings are a sign that the imperfect tense is being used.

Imperfect endings

je	-ais	nous	-ions
tu	-ais	vous	-iez
il/elle/on	-ait	ils/elles	-aient

J'avais un chien. *I used to have a dog.*
Il faisait beau. *The weather was nice.*

Attention: For **être** (*to be*), the imperfect endings are added onto the stem, **ét-.**

J'étais triste. *I was sad.*
C'était chouette. *It was great.*

Entraînez-vous ■■■■■■■■■■

What were the suspects doing when the murder was committed? Translate the alibis. E.g.: Je passais l'aspirateur. *I was doing the hoovering.*

1 Je faisais mes devoirs.
2 Je jouais aux cartes avec des amis.
3 Je mangeais un hamburger chez MacDo.
4 Je me douchais.
5 J'étais au cinéma.

3.5   The near future tense

The near future tense is used to talk about what is *going to happen* in the future.

Je vais regarder. *I am going to watch.*

It is formed from:
● the present tense of the verb **aller**
● the infinitive of the main verb.

Je vais aller au cinéma.
I'm going to go to the cinema.
Elle va avoir un bébé.
She's going to have a baby.

3.6   The future tense

The future tense is used to talk about what *will happen* in the future.

Je regarderai
I will watch

It is formed by adding the future tense ending onto the future stem.

Future tense endings

je	-ai	nous	-ons
tu	-as	vous	-ez
il/elle/on	-a	ils/elles	-ont

Future tense stems

Regular verbs:
For regular **-er** and **-ir** verbs the future tense stem is the same as the infinitive.

For regular **-re** verbs, the future stem is formed by taking off the final **-e**.

Irregular verbs:
For irregular verbs, the future tense stems need to be learned by heart.

Verb	Future tense stem
aller	ir-
être	ser-
avoir	aur-
faire	fer-

e.g.: Tu visiteras *You will visit*
Nous aurons *We will have*

3.7   The conditional tense

The conditional tense is used to say what *would happen* in the future.

Je regarderais *I would watch*

It is formed by adding imperfect endings to the future stem.

J'**irais** en Amerique, si j'étais riche.
*I **would go** to America if I were rich.*
Elles **voudraient** rester à la maison.
*They **would like** to stay at home.*

3.8   Reflexive verbs

These are normal verbs but, as well as having the usual pronouns *je, tu, il/elle/on, nous, vous, ils/elles*, they have an extra pronoun. The reflexive pronouns are **me**, **te**, **se**, **nous**, **vous**, **se**. A reflexive verb is written with 'se' before the infinitive. E.g.:

se coucher *to go to bed.*

je **me** couche	nous **nous** couchons
tu **te** couches	vous **vous** couchez
il/elle/on **se** couche	ils/elles **se** couchent

In the perfect tense, reflexive verbs go with **être**, and the reflexive pronoun comes before the part of être, e.g.: Nous **nous** sommes bien amusés. *We enjoyed ourselves.*

Entraînez-vous

Write out each verb in the present tense, then translate it into English, e.g.: Je (se coucher)   Je me couche *I go to bed.*

1 tu (s'amuser)
2 il (se lever)
3 elle (s'appeler)
4 on (se laver)
5 ils (s'arrêter)

3.9 The imperative

The imperative form of the verb is used to tell somebody what to do. It is a command or instruction.

Regarde! Regardez! *Look!*

When speaking to people you would call 'tu', use the 'tu' form of the verb, e.g.: Vas! *Go!* For **-er** verbs only, take off the final **-s**, e.g.: Regarde! *Look!*

When speaking to people you would call 'vous', use the 'vous' form of the verb, e.g.: Regardez! *Look!*

Reflexive verbs need an extra part:

Lève-**toi**. *Stand up!*
Levez-**vous**! *Stand up!*

3.10 The present participle

The present participle is like '**-ing**' endings in English. So, **en + present participle** means 'while you were doing something'.

E.g.: En regardant par la fenêtre j'ai vu Alex. ***While** I was **looking** out of the window I saw Alex.*

Present participles are formed by adding **-ant** to the end of the verb stem.

4 Questions

4.1 Question words

Qui? *Who?*
Quand? *When?*
Comment? *How?*
À quelle heure? *At what time?*
Combien? *How much? How many?*
Où? *Where?*
Que? *What?*

Combien de temps? *How long?*
D'où? *From where?*
Pourquoi? *Why?*

Entraînez-vous

Choose the correct answer to each question:

1 Où habites-tu? Paris./Trois ans.
2 Quand est-ce qu'on part? Le 21 juin./En train.
3 Qui a fait ce gâteau? Muriel./Des œufs.
4 Comment voyages-tu? À 4h14./En voiture.
5 D'où vient-elle? De Londres./En France.

To use a question word to ask a question:

● put the question word at the end, raise your voice and add a question mark

Il arrive à quelle heure? *At what time does he arrive?*
Tu voyages comment? *How are you travelling?*

Attention: Don't put 'que' at the end of a sentence.

● put the question word at the beginning, and use '**est-ce que**' after it

À quelle heure est-ce qu'il arrive?
Comment est-ce que tu voyages?

● put the question word at the beginning, and change the order of the subject and verb.

À quelle heure arrive-t-il?
Comment voyages-tu?

Entraînez-vous

Ask your penfriend these questions, using any of the above methods. Write down your questions.

1 What time he is arriving.
2 When he is leaving.
3 What he prefers eating.
4 Why he is going to Paris.
5 How he is travelling there.

4.2 Intonation

You can ask questions which don't use a question word by:

● making the statement, raising the pitch of your voice and adding a question mark

Il est malade? *Is he ill?*
Paris est la capitale de la France?
Is Paris the capital of France?

● using the phrase '**Est-ce que**' at the start of the sentence, raising the pitch of your voice and adding a question mark

Est-ce qu'il est malade?
Est-ce que Paris est la capitale de la France?

● changing the order of the subject and verb.

Est-il malade?
Paris est-elle la capitale de la France?

Entraînez-vous ▅▅▅▅▅

Write these questions to your penfriend, using any of the above methods.

1 Do you like cheese?
2 Do you have a brother?
3 Do you watch 'Grandstand'?
4 Do you play basketball?
5 Have you visited London?

4.3 'Quel'

'Quel' means which/what and comes before a noun.

'Quel' changes like this:

	Masculine	*Feminine*
Singular	quel	quelle
Plural	quels	quelles

Quel est le jour? *What is the day?*
Quelle est la date? *What is the date?*
Quels sont tes passe-temps? *What are your hobbies?*
Quelles chaussures est-ce que tu préfères? *Which shoes do you prefer?*

Entraînez-vous ▅▅▅▅▅

Choose **quel**, **quelle**, **quels** or **quelles**.

1 … fille?   4 … dames?
2 … garçon?   5 … homme?
3 … livres?

---

5 Negatives

5.1 'Ne … pas'

'Ne … pas' forms a sandwich round the main verb and means 'not'.

Elle **ne** regarde **pas**. *She is not watching.*
Je **ne** voudrais **pas** aller en France.
I would not like to go to France.

Attention: **Ne** becomes **n'** before a vowel or a mute 'h'.

Je **n'**ai **pas** d'animal. *I do not have a pet.*

In the perfect tense, 'ne … pas' forms a sandwich round the part of avoir or être.

Je **n'**ai **pas** visité l'Amérique. *I have not visited America.*
Tu **n'**es **pas** sorti(e) hier soir? *Didn't you go out last night?*

After '**pas**', **du**, **de la**, **un**, **une** and **des** become '**de**'.

Je n'ai pas de frères. *I haven't got any brothers.*
Il n'y a pas de piscine. *There isn't a swimming pool.*

Entraînez-vous ▅▅▅▅▅

Make these sentences negative using 'ne pas'.

1 Je vais à la plage.   4 J'ai fait mes devoirs.
2 J'ai un stylo.   5 Je suis arrivé(e) à l'heure.
3 J'ai bu du coca.

5.2 Other negatives

These work in the same way as 'ne … pas'.

ne … jamais *never*
ne … que *only*
ne … plus *no longer*
ne … rien *nothing*
ne … ni … ni *neither nor*
ne … aucun *not a single, none at all*

Elle n'habite plus ici. *She doesn't live here any more.*
Je n'ai rien mangé. *I didn't eat anything.*

Entraînez-vous

Translate these sentences.

1 Je n'ai rien bu.
2 Il n'y a ni cinéma ni piscine dans la ville.
3 Je n'ai aucune idée.
4 Je n'ai que €10.
5 Je ne suis jamais allée en Belgique.

5.3 'Ne … personne'

'Ne … personne' means 'nobody'.

Je n'aime personne.
I like nobody. / I do not like anybody.

Look out for sentences with personne at the start:

Personne n'est venu à la boum.
Nobody came to the party.
Qui est absent? Personne!
Who is absent? Nobody!

6 Adjectives

Adjectives are describing words, e.g.: bleu *blue*, heureux *happy*, ennuyeux *boring*.

6.1 Regular adjectives

Adjectives add endings which *agree* with the gender and number of the noun(s) being described.

Add **-e** to a feminine noun Ma chambre est grande. *My bedroom is big.*

Add **-s** to a masculine plural noun Mes livres sont intéressants. *My books are interesting.*

Add **-es** to a feminine plural noun Ses chaussures sont vertes. *His shoes are green.*

Entraînez-vous

Add an ending to the adjective if needed.

1 Ma chambre est (petit).
2 Mon frère est (intelligent).
3 Les magasins sont (fermé).
4 Mes sœurs sont (amusant).
5 Ma ville est (animé).

6.2 Irregular adjectives

1 Adjectives which already end in **-e** do not add an extra **-e**.

Elle est rouge. *It is red.*

2 Adjectives with one of these endings change as follows.

Ending (m)	Change (f)	Example
-eux/-eur	-euse	Il est heureux. Elle est heureuse.
-il/-el	-ille/-elle	Il est gentil. Elle est gentille.
-ien	-ienne	Il est italien. Elle est italienne.
-er	-ère	Il est cher. Elle est chère.
-aux	-ausse	Il est faux. Elle est fausse.
-f	-ve	Il est sportif. Elle est sportive.
-s	-sse	Il est gros. Elle est grosse.

3 These adjectives never change.

chic *smart*   cool *cool*
extra *great*   génial *brilliant*
super *super*   marron *brown*

6.3 Beau, nouveau, vieux

These adjectives follow a special pattern.

Masculine	Masculine plural	Feminine	Feminine plural
beau	beaux	belle	belles
nouveau	nouveaux	nouvelle	nouvelles
vieux	vieux	vieille	vieilles

Attention: If the noun being described is masculine singular and begins with a vowel or mute 'h', use the form **bel**, **nouvel**, or **vieil**.

une nouvelle maison *a new house*
les beaux garçons *the handsome boys*
un vieil arbre *an old tree*

6.4 Position of adjectives

Most adjectives come after the noun.

une veste bleue *a blue jacket*
un livre allemand *a German book*

But these short, common adjectives come before the noun.

petit *small*	grand *big*
bon *good*	mauvais *bad*
nouveau *new*	vieux *old*
beau *nice*	ancien *former*
autre *other*	jeune *young*

6.5 Comparative and superlative

Adjectives can be used to compare things with each other, e.g.: 'Sara is tall, Anna is taller, Marie is the tallest.'

plus … (que) *more … (than)*
moins … (que) *less … (than)*
aussi … (que) *just as … (as)*

Marie est plus grande que Sara.
Marie is taller than Sara.
Marie est la plus grande.
Marie is the tallest.
C'est le garçon le plus intelligent de la classe. *He's the most intelligent boy in the class.*

6.6 'This', 'these'

'This' and 'these' are demonstrative adjectives. They come before a noun, and like other adjectives, they agree with the noun. The words for 'this' are **ce** (m), **cet** (m), **cette** (f). The word for these is **ces** (plural).

Masculine	Feminine	Plural
ce	cette	ces
cet		

Attention: Ce changes to **cet** before a vowel or a mute 'h'.

> ce garçon *this boy*, cet homme *this man*, cette femme *this woman*, ces gens *these people*

Entraînez-vous

Fill in the gaps with **ce**, **cette**, **cet** or **ces**.

1 … chaussures sont belles.
2 Tu aimes … jean?
3 Je préfère … hôtel.
4 … stylo ne marche pas.
5 … église est magnifique.

6.7 Possessive adjectives

Possessive adjectives show who owns something. They come before the noun and agree with the noun (not the owner), e.g.: sa sœur *his/her sister*, son frère *his/her brother*.

	Masculine	Feminine	Plural
my	mon	ma	mes
your (tu)	ton	ta	tes
his/her	son	sa	ses
our	notre	notre	nos
your (vous)	votre	votre	vos
their	leur	leur	leurs

Attention: Mon, **ton** or **son** is used before a feminine word starting with a vowel or 'h'.

> Où est mon stylo? *Where's my pen?*
> Elle adore sa chambre. *She loves her room.*
> Il a perdu ses clefs. *He has lost his keys.*

Entraînez-vous

Translate these phrases.

1 our father
2 your (tu) parents
3 his sister
4 her sister
5 your (vous) mother

7 Pronouns

Pronouns stand in place of a noun, e.g.: it, her, we.

7.1 Subject pronouns

Pronoun	Use
je *I*	when speaking about yourself (becomes j' before a vowel)
tu *you*	when speaking to a friend, family member, child, young person, animal
il *he/it*	instead of a masculine noun
elle *she/it*	instead of a feminine noun
on *one, we*	to speak about people in general
nous *we*	
vous *you*	when speaking to more than one person, a stranger, an adult you don't know well
ils *they*	for more than one male, masculine nouns or a mixed group
elles *they*	for more than one female or a feminine noun

Entraînez-vous

Would you use **tu** or **vous** to talk to these people?

1 a stranger in the street
2 your penpal's little sister
3 an adult you meet on a campsite
4 a teenager you meet on a campsite
5 a group of friends

7.2 Object pronouns

An object pronoun stands in place of a noun which is the object of the sentence.

> I like Peter. I like **him**.
> Can you see the plane? Can you see **it**?
> Look at those shoes! Look at **them**!

Object pronouns

Masculine nouns	Feminine nouns	Plural nouns
le *him/it*	la *her/it*	les *them*

The pronoun comes before all parts of the verb.

> Je la déteste. *I hate her* or *I hate it.*
> Nous l'avons mangé. *We ate it.*
> Je les ai laissés à la maison. *I left them at home.*

Attention:

- lui *to him/her*
- leur *to them.*

> Je lui ai dit de rester à la maison.
> *I told him to stay at home.*
> Elle leur donne des devoirs.
> *She gives them homework.*

Entraînez-vous ▮▮▮▮

Translate these questions and answers:

1 Où est le gâteau? Nous l'avons mangé.
2 Tu as tes devoirs? Non, je les ai laissés à la maison.
3 Tu as vu ce film? Oui, je l'ai vu.
4 Tu as parlé au professeur? Oui, je lui ai parlé.
5 Est-ce qu'ils ont de l'argent? Oui, je leur ai donné 30€.

7.3 'Y'

'Y' means 'there'. It comes before all parts of the verb.

> J'y suis allé(e) hier. *I went there yesterday.*
> On y reste tout l'été. *We stay there all summer.*

7.4 'En'

'En' means some, any, of them. It comes before all parts of the verb.

> Il y en a dix. *There are ten of them.*
> Je n'en ai pas. *I haven't got any (of them).*

7.5 Pronouns after prepositions

After words like avec *with*, chez *at the house of*, you need to use:

moi *me*	elle *her*	eux *them (m)*
toi *you*	nous *us*	elles *them (f)*
lui *him*	vous *you*	
chez toi *at your house*		avec lui *with him*

Entraînez-vous ▮▮▮▮

Translate these phrases using the correct pronouns.

1 at my house   4 at our house
2 with her   5 with you
3 with them (m)

---

8 Prepositions

8.1 Prepositions

Prepositions tell you the position of something in relation to something else.

> Le bureau est contre le mur.
> *The desk is against the wall.*
> Le lapin est au milieu de la pelouse.
> *The rabbit is in the middle of the lawn.*

devant *in front of*
derrière *behind*
dans *in*
contre *against*
entre *between*
sur *on*
sous *under*
vers *towards*
chez *at the house of*
avec *with*

à côté de *next to*
au bout de *at the end of*
au fond de *at the back of*
au milieu de *in the middle of*
autour de *round*
de l'autre côté de *on the other side of*
en face de *opposite*

Entraînez-vous ▮▮▮▮

Where did you see the criminal? Translate these phrases.

1 devant la poste
2 de l'autre côté de la rue Victor Hugo
3 en face du stade
4 dans l'autobus numéro 4
5 sous le pont

8.2 'À'

'À' means 'to' or 'at'. When **à** comes before **le**, you use **au**. When **à** comes before **les**, you use **aux**.

> Je vais au cinéma. *I go to the cinema.*
> Tournez à gauche aux feux. *Turn left at the lights.*

Entraînez-vous

Write out using **à, au** or **aux**.

1 à+ le cinéma
2 à+ la piscine
3 à+ les magasins
4 à+ les restaurants
5 à+ le marché

8.3 'To' or 'in' with names of places

- 'to' or 'in' + name of town = **à**
  Elle habite à Londres. *She lives in London.*
- 'to' or 'in' + names of region/country = **en**
  Il habite en Normandie en France.
  He lives in Normandy in France.
- 'to' or 'in' + name of masculine country = **au**
  Je vais au Portugal. *I'm going to Portugal.*

Entraînez-vous

Choose the right word for **to** or **in**.

1 Je vais … France.
2 Je passe mes vacances … Portugal.
3 J'habite … Glasgow.
4 Tu vas … Espagne?
5 Nous habitons … Canada.

9 Numbers

9.1 Numbers

1	un/une	11	onze
2	deux	12	douze
3	trois	13	treize
4	quatre	14	quatorze
5	cinq	15	quinze
6	six	16	seize
7	sept	17	dix-sept
8	huit	18	dix-huit
9	neuf	19	dix-neuf
10	dix	20	vingt

21	vingt et un
22	vingt-deux
30	trente
40	quarante
50	cinquante
60	soixante
70	soixante-dix
71	soixante et onze
72	soixante-douze
80	quatre-vingts
81	quatre-vingt-un
82	quatre-vingt-deux
90	quatre-vingt-dix
91	quatre-vingt-onze
92	quatre-vingt-douze
100	cent
101	cent un
200	deux cents
201	deux cent un
1000	mille

9.2 First, second, third

1ère premier/première *first*
2ème deuxième *second*
3ème troisième *third*

10 Days, dates and times

10.1 Days

In French, days of the week start with a small letter.

> lundi *Monday*
> mardi *Tuesday*
> mercredi *Wednesday*
> jeudi *Thursday*
> vendredi *Friday*
> samedi *Saturday*
> dimanche *Sunday*

Attention:

on Monday = lundi
> Je vais à Paris lundi. *I'm going to Paris on Monday.*

every Monday, on Monday**s** = le lundi/tous les lundis.
> Je vais à Paris le lundi.
> *I go to Paris every Monday.*

10.2 Dates

In French, months start with a small letter.

janvier *January*
février *February*
mars *March*
avril *April*
mai *May*
juin *June*
juillet *July*
août *August*
septembre *September*
octobre *October*
novembre *November*
décembre *December*

Attention:

on **the** 12**th** February = **le 12** février

On est parti le 2 mars.
We left on the 2nd of March.

10.3 Times

dix heures *10 o'clock*
dix heures et demie *half past ten*
dix heures et quart *quarter past ten*
dix heures moins le quart *quarter to ten*
dix heures cinq *five past ten*
dix heures moins cinq *five to ten*

à dix heures **at** *10 o'clock*
il **est** dix heures *it **is** 10 o'clock*

Verb tables

Present tense of key irregular verbs

avoir *to have*

j'ai	nous avons
tu as	vous avez
il/elle/on a	ils/elles ont

être *to be*

je suis	nous sommes
tu es	vous êtes
il/elle/on est	ils/elles sont

aller *to go*

je vais	nous allons
tu vas	vous allez
il/elle/on va	ils/elles vont

faire *to do, to make*

je fais	nous faisons
tu fais	vous faites
il/elle/on fait	ils/elles font

Present tense of other irregular verbs

apprendre *to learn (see **prendre**)*

boire *to drink*

je bois	nous buvons
tu bois	vous buvez
il/elle/on boit	ils/elles boivent

comprendre *to understand (see **prendre**)*

conduire *to drive*

je conduis	nous conduisons
tu conduis	vous conduisez
il/elle/on conduit	ils/elles conduisent

connaître *to know (a person or place)*

je connais	nous connaissons
tu connais	vous connaissez
il/elle/on connaît	ils/elles connaissent

croire *to believe*

je crois	nous croyons
tu crois	vous croyez
il/elle/on croit	ils/elles croient

devoir *to have to*

je dois	nous devons
tu dois	vous devez
il/elle/on doit	ils/elles doivent

dormir *to sleep*

je dors	nous dormons
tu dors	vous dormez
il/elle/on dort	ils/elles dorment

écrire *to write*

j'écris	nous écrivons
tu écris	vous écrivez
il/elle/on écrit	ils/elles écrivent

lire *to read*

je lis	nous lisons
tu lis	vous lisez
il/elle/on lit	ils/elles lisent

mettre *to put*

je mets	nous mettons
tu mets	vous mettez
il/elle/on met	ils/elles mettent

partir *to leave*

je pars	nous partons
tu pars	vous partez
il/elle/on part	ils/elles partent

pouvoir *to be able to*

je peux	nous pouvons
tu peux	vous pouvez
il/elle/on peut	ils/elles peuvent

prendre *to take*

je prends	nous prenons
tu prends	vous prenez
il/elle/on prend	ils/elles prennent

revenir *to come back (see* **venir***)*

savoir *to know*

je sais	nous savons
tu sais	vous savez
il/elle/on sait	ils/elles savent

sentir *to feel, smell*

je sens	nous sentons
tu sens	vous sentez
il/elle/on sent	ils/elles sentent

venir *to come*

je viens	nous venons
tu viens	vous venez
il/elle/on vient	ils/elles viennent

vouloir *to want*

je veux	nous voulons
tu veux	vous voulez
il/elle/on veut	ils/elles veulent

Vocabulaire anglais-français

A

A levels	le bac
a.m.	du matin
about	environ
advertising	la publicité
again	encore une fois
against	contre
airport	l'aéroport (m)
you are allowed to …	on a le droit de …
also	aussi
I am	je suis
and	et
to answer the phone	répondre au téléphone
they are	ils/elles sont
art	le dessin
at	à
at my house	chez moi

B

baseball cap	une casquette
bathroom	la salle de bains
to be	être
beach	la plage
(green) beans	les haricots (verts) (mpl)
beard	une barbe
because	parce que
bed	un lit
bedroom	une chambre
Belgium	la Belgique
the best	le/la meilleur(e)
by bike	à vélo
bill	l'addition (f)
birthday	un anniversaire
black	noir(e)
block of flats	un immeuble
blonde	blond(e)
blouse	un chemisier
blue	bleu(e)
bookshop	la librairie
boring	ennuyeux/euse
break	la récré(ation)
brilliant!	genial!
brochure	une brochure
brother	un frère
brown	marron
brown hair	les cheveux bruns (mpl)
bus	un bus
to buy	acheter

C

café	un café
cake	un gâteau
to go camping	faire du camping
campsite	le camping
Canada	le Canada
can I …	est-ce que je peux …
canteen	la cantine
carrot	une carotte
cartoons	les dessins animés (mpl)
castle	le château
cat	le chat
cereal	les céréales (fpl)
chatty	bavard(e)
cheese	le fromage

chicken	le poulet
chips	les frites (fpl)
church	une église
cinema	le cinéma
to close	fermer
coat	le manteau
to have a cold	être enrhumé(e)
compulsory	obligatoire
computer	l'ordinateur (m)
concert	le concert
to continue	continuer
to cost	coûter
in the/to the country	à la campagne
crisps	les chips (mpl)
crossroads	le carrefour
curly	bouclé(e)
cute	mignon(ne)
to go cycling	faire du vélo

D

day	le jour
the day after tomorrow	après-demain
to deliver newspapers	distribuer les journaux
difficult	difficile
disco	la disco
dog	le chien
I don't like	je n'aime pas
double bed	un grand lit
drink	une boisson

E

early	de bonne heure
to earn	gagner
ears	les oreilles
easy	facile
egg	un œuf
English	l'anglais
every day	tous les jours
excuse me	excusez-moi
expensive	cher/ère
eyes	les yeux

F

family	la famille
is it far?	c'est loin?
father	le père
favourite	préféré(e)
first floor	le premier étage
fish	un poisson
to go fishing	aller à la pêche
fizzy	gaseux/euse
flat	un appartement
flu	la grippe
it's foggy	il fait du brouillard
on foot	à pied
for	pour
it is forbidden to …	il est interdit de …
France	la France
free	gratuit(e)
free time	le temps libre
French	le français
friends	les amis
in front of	devant
funny	marrant(e)
in the future	à l'avenir

G

game-show	un jeu télévisé
garden	le jardin
German	l'allemand
Germany	l'Allemagne
I get on well with	je m'entends bien avec
I get up	je me lève
I go/am going	je vais
he/she goes/is going	il/elle va
go up	monter
good at	fort(e) en
good-bye	au revoir
gram	une gramme
ground floor	le rez-de-chaussée

H

ham	le jambon
happy	content(e)
hard-working	travailleur/euse
he/she has	il/elle a
hate	je déteste
I have	j'ai
head	la tête
health	la santé
heart disease	les maladies cardiaques (fpl)
hello	bonjour
help	aider
her	son/sa/ses
his	son/sa/ses
history	l'histoire (f)
holiday job	un job
homework	les devoirs
to hoover	passer l'aspirateur
to go horse-riding	faire de l'équitation
hospital	l'hôpital (m)
it's hot	il fait chaud
hot chocolate	un chocolat chaud
hour	une heure
house	la maison
at my house	chez moi
at your house	chez toi
at X's house	chez X
how do I get to …	pour aller à …
how long	combien de temps
how much/many	combien

I

ice cream	une glace
ice rink	la patinoire
in	dans/à/en
indoors	à l'intérieur
inside	dedans
interesting	intéressant(e)
interview	un interview
he/she is	il/elle est
it is	c'est
is there	est-ce qu'il y a
it	il/elle
Italy	l'Italie

J

jam	la confiture
jeans	le jean
journey	le voyage
(orange) juice	un jus (d'orange)
jumper	un pullover

K

keep fit	garder la forme
kilogram	un kilo
kind	gentil/le
kitchen	la cuisine

L

(foreign) languages	les langues étrangères (fpl)
to last	durer
last year	l'année dernière
to lay the table	mettre la table
lazy	paresseux/euse
to leave	quitter/partir
lesson	un cours
lettuce	la salade
I like	j'aime
to live	habiter
London	Londres
to look like	ressembler à
lost property	les objets trouvés
lottery ticket	un billet de loterie
luggage lockers	la consigne automatique
lunch	le déjeuner

M

main course	le plat principal
make-up	le maquillage
to make your bed	faire son lit
map	une carte
market	le marché
maths	les maths
meat	la viande
medium-sized	moyen/ne
menu	la carte
(pocket) money	l'argent (de poche)
month	le mois
mother	la mère
motorway	une autoroute
museum	le musée
mushroom	un champignon
music	la musique

N

his/her name is	il/elle s'appelle
do you need …?	tu as besoin de …?
next	prochain(e)
next to	à coté de
next year	l'année prochaine
nice	sympa
night	une nuit
not bad	pas mal
notebook	un cahier
novel	un roman

O

office	le bureau
often	souvent
OK	d'accord
old	vieux/vieille
old-fashioned	démodé(e)
omelette	une omelette
opposite	en face de
outdoors	en plein air
outside	dehors

P

parking	le stationnement
pasta	les pâtes
pavement	le trottoir
PE	le sport/l'EPS
peas	les petits pois
pedestrian zone	une zone piétonne
pen	un stylo
pencil	un crayon
people	les gens
per person	par personne
pet	un animal
pink	rose
to play	jouer
police station	le commissariat
pollution	la pollution
potato	une pomme de terre
prescription	une ordonnance
present	un cadeau
public transport	les transports en commun

R

I read	j'ai lu
red hair	les cheveux roux
reduction	une réduction
return ticket	un aller-retour
rice	lc riz
roundabout	le rond-point
rubber	une gomme
ruler	une règle

S

to save money	mettre de l'argent de côté
school	l'école
science	les sciences
at/to the seaside	au bord de la mer/à la mer
sea view	une vue sur la mer
secretary	un(e) sécretaire
to see	voir
selfish	égoïste
to serve customers	servir les clients
to share	partager
shop	un magasin
shopping centre	un centre commercial
shy	timide
sister	une sœur
to sit an exam	passer un examen
soap/TV series	le savon/un feuilleton
sometimes	parfois, quelquefois
I have a sore …	j'ai mal a …
southwest	le sud-ouest
Spain	l'Espagne
Spanish	l'espagnol
sports centre	le centre de sports
stadium	le stade
to start	commencer
starter	un hors-d'œuvre
stationery (department)	la papeterie
to stay	rester
to stay at home	rester à la maison
straight on	tout droit
strict	sévère
student	un(e) étudiant(e)
studies	les études
stupid	bête
subject	une matière
summer holidays	les grandes vacances
it is sunny	il fait du soleil
to surf the (inter)net	surfer sur l'internet
to swim	nager
swimming pool	la piscine
swimsuit	un maillot de bain
Switzerland	la Suisse

T

table	une table
teacher	le professeur
technology	la technologie
thank you	merci
that	ça
there is/are	il y a
throat	la gorge
from time to time	de temps en temps
tired	fatigué(e)
toast	le pain grillé
today	aujourd'hui
tomato	une tomate
tomorrow	demain
too (much)	trop (de)
toothpaste	le dentifrice
town	une ville
town hall	l'hôtel de ville
town plan	le plan de la ville
traffic	la circulation
traffic jams	les embouteillages (mpl)
trainers	les baskets (fpl)
traveller's cheques	les chèques de voyage (fpl)
trousers	un pantalon
tuna(fish)	le thon
turn	tourner
twin beds	deux petits lits

U

I don't understand	je ne comprends pas
unemployed	au chômage
United States	les États-Unis
university	l'université/la faculté
unwell	malade
upstairs	en haut
usually	d'habitude
useful	utile

V

vegetables	les légumes (mpl)
vegetarian	végétarien(enne)
very	très
vocational training	la formation professionnelle

W

waiting room	la salle d'attente
to go for a walk	faire une promenade
it was	c'était
to do the washing-up	faire la vaisselle
to watch TV	regarder la télé
weak at	faible en
week	une semaine
he/she weighs …	il/elle pèse …
I went	je suis allé(e)
what kind …?	quelle sorte …?
what time …?	à quelle heure …?
where is …?	où est …?
to go windsurfing	faire de la planche à voile
it's windy	il y a du vent
with	avec
to work	travailler
work experience	un stage en entreprise
I would like	je voudrais
year	un an
yellow	jaune
yesterday	hier
yoghurt	un yaourt
youth hostel	une auberge de jeunesse

Vocabulaire français-anglais

A

à feu doux	at a low heat
à … kilomètres de	… kilometers from
à 100 km à l'heure	at 100 km an hour
à … km/m/ minutes	… km/m/minutes away
abattu(e)	slaughtered
un abricot	apricot
accepter une chambre	to take a room
accompagner	to accompany
d' accord	OK
à acheter	to buy
un(e) acteur(actrice)	an actor
s' adapter	to adapt yourself
l' addition (f)	the bill
additionner	to add
adolescent(e)	adolescent
adorer	to love
l' adresse (f)	the address
un(e) adulte	an adult
l' aéroport (m)	the airport
les affaires (fpl)	things
une affiche	a poster
l'heure d'affluence	the rush hour
affreux(affreuse)	awful
l' âge (m)	the age
âgé(e) de …	… years old
un agent de police	a policeman/ woman
l' aggressivité	aggression
il s' agit de …	it is about …
agréable	pleasant
aider	to help
l' ail	garlic
aimable	friendly
aimer	to like
j' aimerais mieux	I would prefer
je n' ai pas de	I don't have any
aîné(e)	older
avoir l' air	to seem
une aire de jeu	a playground
ajouter	to add
l' alcool (m)	alcohol
l' alimentation (f)	food
Si on allait …	How about going …
l' Allemagne	Germany
l' allemand (m)	German
allemand(e)	German
aller	to go
un aller-retour	return ticket
un aller-simple	single ticket
allô	Hello
les Alpes	the Alps
une ambulance	an ambulance
américain(e)	American
l' Amérique (f)	America
un(e) ami(e)	a friend
amicalement	with best wishes
un film	
d' amour	romantic film
l' amour	love
amusant(e)	funny,fun
s' amuser	to have fun
un an	year
un ananas	a pineapple

ancien(ne)	ancient/former
l' anglais (m)	English
en anglais	in English
l' Angleterre (f)	England
un animal marin	a sea animal
les animaux (mpl)	animals, pets
animé(e)	busy
une année	a year
un anniversaire (m)	a birthday
une annonce	an advert
l' annuaire téléphonique (m)	the phone directory
un anorak	a jacket
août	August
c'est …	it's … on the
à l' appareil (m)	phone
un appareil-photo	a camera
un appartement	a flat
s' appeler	to be called
apporter	to bring
apprendre	to learn
un(e) apprenti(e)	an apprentice
après	then,after
après-demain	the day after tomorrow
l' après-midi (m)	the afternoon
un arbre	a tree
l' argent de poche	pocket money
une armoire	a wardrobe
s' arrêter	to stop
l' arrivée (f)	the arrival
arriver	to arrive
arriver à la maison	to get home
l' art dramatique	drama
les arts martiaux	martial arts
un ascenseur	a lift
passer l'aspirateur (m)	to vacuum
assez de	enough
une assiette	a plate
l' Atlantique	Atlantic
attendre	to wait
atterrir	to touch down
attirer	to attract
une auberge de jeunesse	youth hostel
augmenter	to increase
aujourd'hui	today
un jeune garçon/ une jeune fille	
au pair	an au pair boy/girl
une auto	a car
un autobus	a bus
automatique	automatic
en automne	in autumn
autour de	around
autoritaire	bossy
une autoroute	a motorway
autre	other
autres	others
à l' avance	in advance
avant	before
un avantage	an advantage
avec	with
une avenue	an avenue

un avion	a plane
À mon avis	In my opinion
avoir	to have
avoir … ans	to be … years old
avril	April

B

jouer au babyfoot	to play table football
faire du babysitting	to do babysitting
le bac/baccalauréat	A-Level equivalent
les bagages (mpl)	luggage
une baguette	French bread
la baignade	bathing
se baigner	to bathe
un bal	dance
le balcon	the balcony
une baleine	a whale
un ballon	a balloon, ball
une banane	a banana
une bande dessinée	comic strip/cartoon
la banlieue	the suburbs
la banque	the bank
le bar	the bar
barbant(e)	boring
une barbe	a beard
en bas	downstairs
le basket	basketball
les baskets (fpl)	trainers
le bateau	the boat
se battre	to fight
bavard(e)	chatty
bavarder	to chat
il fait beau	it is sunny
beau(belle)	beautiful
beaucoup de	a lot of
un beau-frère	a stepbrother
un beau-père	a stepfather
la beauté	beauty
un bébé	a baby
belge	Belgian
la Belgique	Belgium
une belle-mère	a stepmother
une belle-sœur	a stepsister
avoir besoin de	to need
bête	stupid
le beurre	butter
la bibliothèque	the library
un bic	biro
bicolore	two-coloured
aller bien	to be well
bien payé(e)	well paid
bien sûr	of course
bienvenue	welcome
une bière	a beer
un bifteck	a steak
les bijoux (mpl)	jewellery
un billet	a ticket
un billet de € …	… € note
la biologie	biology
un biscuit	a biscuit
grosses bises	Lots of love
bizarre	strange
blanc(he)	white
un blanc	a blank
se blesser	to hurt oneself
blessé(e)	wounded
bleu(e)	blue

	bleu marine	*navy blue*
	blond(e)	*blond*
	bloquer	*to block*
un	blouson	*a track-suit top*
le	bœuf	*beef*
	bof	*well (exclamation for when you are not too bothered about something)*
	boire	*to drink*
le	bois	*wood*
en	bois	*wooden*
une	boisson	*a drink*
une	boîte	*a night-club/a tin*
une	boîte aux lettres	*a letter box*
un	bol	*a bowl*
la	bombe	*spray*
	bon(bonne)	*good*
un	bon	*a voucher*
	bon anniversaire	*happy birthday*
	bon appétit	*enjoy your food*
	bon séjour	*have a good trip*
	bon voyage	*have a good journey*
	bon week-end	*have a good week-end*
un	bonbon	*a sweet*
	bonne année	*happy New Year*
	bonne chance	*good luck*
	bonne fête	*happy Saint's day*
de	bonne heure	*early*
	bonne idée	*good idea*
	bonne journée	*have a good day*
	bonne nuit	*good night*
	bonnes vacances	*have a good holiday*
	bonsoir	*good evening*
au	bord de la mer	*beside the sea*
	Bordeaux	*Bordeaux*
	border	*to border*
un(e)	boucher/ère	*a butcher*
	bouclé(e)	*curly*
un(e)	boulanger/ère	*a baker*
la	boulangerie	*the bakery*
les	boules	*bowls*
le	boulevard	*the boulevard*
les petits	boulots	*part-time jobs*
une	boum	*a party*
une	bouteille	*a bottle*
la	boutique	*the shop*
le	bras	*the arm*
la	Bretagne	*Brittany*
une	bretelle	*a strap*
	britannique	*British*
une	brochure	*a brochure*
il y a du	brouillard	*it's foggy*
le	bruit	*noise*
	brun(e)	*brown*
	Bruxelles	*Brussels*
le	buffet	*restaurant*
un	bureau	*an office*
le	bureau de renseignements	*the information office*
le	bureau de tabac	*the tobacconist's*
le	bus	*the bus*

C

	Ça va?	*Are you OK?*
une	cabine téléphonique	*a phone booth*
un	cadeau	*a present*
	cadet(te)	*younger*

un	café-crème	*a coffee with hot milk*
un	cahier	*an exercise book*
la	caisse	*the cash desk*
un(e)	caissier/ière	*a cashier*
	Calais	*Calais*
	calme	*quiet*
à la	campagne	*in the country*
le	camping	*the campsite*
faire du	camping	*to go camping*
le	Canada	*Canada*
un	canapé	*a sofa*
le	cancer	*cancer*
un	canoë-kayak	*a canoe*
la	cantine	*the canteen*
une	capuche	*a hood*
le	car	*the coach*
les	Caraïbes	*the Caribbean*
une	caravane	*a caravan*
un	carnet	*a book of tickets*
une	carotte	*a carrot*
le	carrefour	*the crossroads*
une	carte	*a card/menu/map*
une	carte d'identité	*an ID card*
une	carte postale	*a postcard*
jouer aux	cartes	*to play cards*
en	cas d'urgence	*in an emergency*
un	casque	*a helmet*
une	casquette	*a cap*
	casse-pieds	*annoying*
	casser	*to break*
la	cathédrale	*the cathedral*
la	cave	*the cellar*
un	CD	*a CD*
	célèbre	*famous*
	célibataire	*single*
une	centaine	*a hundred*
dans le	centre	*in the centre*
le	centre commercial	*the shopping centre*
le	centre de recyclage	*the recycling centre*
un	centre sportif	*a sports centre*
les	céréales (*fpl*)	*cereal*
une	cerise	*a cherry*
	C'est …	*It's …*
	C'est-à-dire	*That is to say*
une	chaîne hi-fi/ stéréo	*a hi-fi/stereo system*
une	chaise	*a chair*
	chaque	*every*
la	chambre	*the bedroom*
une	chambre de libre	*a free room*
le	champ	*the field*
un	champignon	*a mushroom*
	chanter	*to sing*
un(e)	chanteur/euse	*singer*
la	charcuterie	*pork butcher's*
un	chat	*a cat*
le	château	*the castle*
il fait	chaud	*it is hot*
avoir	chaud	*to be hot*
	chauffer	*to heat*
un(e)	chauffeur/euse	*a driver*
une	chaussette	*a sock*
une	chaussure	*a shoe*
le	chef	*the boss*
le	chemin de fer	*the railway*
une	chemise	*a shirt*

un	chèque de voyage	*a traveller's cheque*
	cher(chère)	*expensive*
	chercher	*to look for*
le	cheval	*the horse*
les	cheveux (*mpl*)	*hair*
les	cheveux bizarres	*weird hairstyles*
	chez moi/toi/ lui/elle	*at my/your/his/ her house*
	chic	*trendy*
un	chien	*a dog*
une	chiffre	*a figure*
la	chimie	*chemistry*
les	chips (*mpl*)	*crisps*
un	chocolat chaud	*a hot chocolate*
Vous avez	choisi?	*Have you chosen?*
	choisir	*to choose*
le	choix	*the choice*
le	chômage	*unemployment*
une	chose	*a thing*
un	chou	*a cabbage*
	chouette	*great*
un	chou-fleur	*a cauliflower*
	ci-dessous	*above*
	ci-dessus	*below*
une	cigarette	*a cigarette*
aller au	cinéma	*to go to the cinema*
la	circulation	*traffic*
un	cirque	*a circus*
une	cité	*a housing estate*
un	citron	*a lemon*
	clair(e)	*light (colour)*
en	classe	*in class*
la	clé	*the key*
un(e)	client(e)	*a client*
le	club	*the club*
un	coca	*a coke*
avoir mal au	cœur (*m*)	*to feel sick*
le	cœur	*the heart*
un(e)	coiffeur/euse	*a hairdresser*
le	coin	*the corner*
le	collège /CES	*secondary school*
	colorié(e)	*coloured*
	Combien de temps?	*How long?*
	C'est combien?	*How much is it?*
un film	comique	*a comedy*
	commander	*to order*
	comme ci, comme ça	*so-so*
	commencer	*to start*
pour	commencer	*to start with*
	Comment dit-on … ?	*How do you say…?*
le	commerce	*business*
le	commissariat	*the police station*
	communiquer	*to communicate*
	complet (complète)	*full*
	composez le numéro	*dial the number*
	composter	*to punch (a ticket)*
Je ne	comprends pas	*I don't understand*
les	comprimés (*mpl*)	*tablets*
Service (non)	compris	*Service (not) included*
un	concert	*a concert*
un	concours	*a competition*

conduire	to drive
la confiance	confidence
confirmer	to confirm
la confiserie	confectioner's
la confiture	jam
un jour de congé	a day's holiday
la consigne	left luggage
contenir	to contain
content(e)	happy
continuer	to continue
être contre	to be against
par contre	on the other hand
cool	cool
un(e) copain/copine	a friend
le corps	the body
C'est correct?	Is that right?
un(e) correspondant(e)	a penfriend
sur la côte	on the coast
la Côte d'Azur	the Riviera
le côté	the side
d'un autre côté	on the other side (of argument)
à côté de	next to
en coton	cotton
la couche d'ozone	the ozone layer
se coucher	to go to bed
une couleur	a colour
la Coupe du Monde	the World Cup
couper	to cut
la cour	the playground
le courrier	the post
le courrier électronique	email
le cours	the lesson
avoir cours à …	to have lessons at …
faire les courses	to do the shopping
court(e)	short
un(e) cousin(e)	a cousin
le coussin	the cushion
un couteau	a knife
coûter	to cost
une cravate	a tie
un crayon	a pencil
créer	to create
la crème	cream
une crêpe	crêpe, pancake
critiquer	to criticise
un croissant	a croissant
un croque-monsieur	cheese on toast with ham
les crudités (fpl)	raw vegetable salad
une cuillère	a spoon
en cuir	leather
cuire	to cook
faire la cuisine	to do the cooking
la cuisine	the kitchen
la cuisinière à gaz	the gas cooker
la cuisse de grenouille	frog's leg
le cyclisme	cycling

D

d'accord	alright
d'abord	first
dans	in
la danse	dancing
danser	to dance
la date	the date

débarrasser la table	to clear the table
le déboisement	deforestation
au début	at the beginning
décembre	December
les déchets (mpl)	rubbish
déchiffrer	to decode
décider	to decide
décrire	to describe
décrochez	pick up the receiver
dedans	inside
la déesse	the goddess
Défense de …	You are not allowed to …
un défilé	a parade
un degré	a degree
se déguiser (en …)	to dress up (as …)
dehors	outside
le déjeuner	lunch
délicieux (délicieuse)	delicious
demain	tomorrow
demander	to ask
un demi-frère	a half-brother
un(e) demi-pensionnaire	a day pupil
une demi-sœur	a half-sister
démodé(e)	old-fashioned
les dents (fpl)	teeth
le dentifrice	toothpaste
un(e) dentiste	a dentist
le départ	the departure
dépenser	to spend
un dépliant	a leaflet
depuis	since, for
derrière	behind
descendre	to go down
la description physique	physical description
désirer	to want
Vous désirez?	What would you like?
désolé(e)	sorry
le dessert	dessert
le dessin	art
un dessin animé	a cartoon
le dessus	the top
détester	to hate
la deuxième classe	second class
devant	in front of
devenir	to become
les devoirs (mpl)	homework
un diable	a devil
le dieu	the god
difficile	hard
le dimanche	Sunday
le dîner	supper
dire	to say
les directions (fpl)	directions
la discipline	discipline
disparaître	to disappear
disponible	available
une dispute	an argument
les distractions (fpl)	the attractions
distribuer les journaux	to deliver newspapers
ça ne me dit rien	that doesn't interest me
divorcé(e)	divorced
un documentaire	a documentary

un doigt	a finger
le domaine	the area
quel dommage	what a shame
donc	so, therefore
donnez-moi …	give me …
dormir	to sleep
le dos	the back
doubler	to overtake
une douche	a shower
Douvres	Dover
une douzaine	a dozen
la drogue	drugs
drogué(e)	drugged, drug addict
se droguer	to take drugs
on a le droit de …	… is allowed
à droite	on the right
drôle	funny
du … au …	from … until …
durer	to last

E

une eau minérale	a mineral water
un échange	an exchange
une école	a school
écolo(gique)	ecological
faire des économies	to save money
économiser	to save
l' Écosse (f)	Scotland
écouter	to listen to
l' éducation physique (f)	sport
efficace	effective
une église	a church
un jeu électronique	video game
l' élève (m)	a pupil
un embouteillage	a traffic jam
les émissions de télévision (fpl)	TV programmes
un emploi	a job
l' emploi du temps (m)	the timetable
un(e) employé(e)	an employee
employer	to use
emporter	to carry away
… en français?	… in French?
en	in
encore	more
encourager	to encourage
l' endroit (m)	the place
l' énergie	power
énerver	to annoy
les enfants (mpl)	children
ennuyeux	boring
enregistrer	to check in
être enrhumé(e)	to have a cold
enseigner	to teach
ensoleillé(e)	sunny
ensuite	then
s' entendre avec	to get on with
enterrer	to bury
entier (entière)	whole
entouré(e) de	surrounded by
l' entraînement (m)	training
une entrée	entrance ticket/ hall/entrance
entrer en collision avec	to hit
avoir envie de	to want to
l' environnement	the environment

les environs	the surroundings
envoyer	to send
une épaulette	a shoulder pad
une épicerie	the grocer's
l' EPS/le sport	PE/games
équilibré(e)	balanced
une équipe	a team
l' équitation (f)	horse riding
un escalier	a staircase
l' espagnol (m)	Spanish
espagnol(e)	Spanish
les espèces rares	rare species
espérer	to hope
essayer de	to try to
dans l' est (m)	in the east
n' est pas là	… is not there
l' estomac (m)	the stomach
l' estuaire(m)	the estuary
Et avec ça?	Anything else?
un étage	a floor
les États-Unis	the United States
en été	in summer
à l' étranger	abroad
être	to be
étroit(e)	narrow
un(e) étudiant(e)	student
étudier	to study
l' Euro (m)	the Euro
faire une excursion	to go for an outing
je m' excuse	I'm sorry
excusez-moi	excuse me
extra!	great!

F

la fabrication	the manufacture
la fac/faculté	university
en face de	opposite
fâché(e)	angry
facile	easy
un(e) facteur	postman/ postwoman
être faible/fort en …	to be bad/good at …
avoir faim	to be hungry
faire	to do
faire un apprentissage	to do an apprenticeship
ça me fait rire	it makes me laugh
les faits (mpl)	the facts
une chambre de famille	a family room
fatigué(e)	tired
il faut …	one/you must …
un fauteuil	an armchair
faux(fausse)	wrong
une femme	a woman, wife
la fenêtre	the window
fermé(e)	closed
fermer	to close
un(e) fermier/ière	a farmer
la fête	a festival
les (fpl) fêtes	special days
le feu	the fire
un feu d'artifice	fireworks
le feu rouge	the red light
un feuilleton	a soap
les feux	traffic lights
février	February
s'en ficher de	not to care about
une fille	a daughter
un film	a film

un fils	a son
la fin	the end
finir	to end
une fleur	a flower
le foie gras	foie gras (preserved goose or duck liver)
une fois	a time, once
foncé	dark
le football	football
la formation	the team
la formation professionnelle	professional training
être en forme	to be healthy/fit
formidable	fantastic
fort(e)	strong
le four à micro-ondes	the microwave oven
une fourchette	a fork
une fraise	a strawberry
une framboise	a raspberry
le français	French
français(e)	French
la France	France
francophone	French-speaking
un frère	a brother
le frigo	the fridge
les frites (fpl)	chips
il fait froid	it is cold
avoir froid	to be cold
le fromage	cheese
un fruit	fruit
les fruits de mer (mpl)	seafood
la fumée	smoke
fumer	to smoke
fumeur/ non-fumeur	smoking/ non-smoking
furieux(euse)	furious

G

gagner	to earn, win
un gant	a glove
un garage	a garage
un garçon	a waiter
garder	to keep
un(e) gardien(ne)	a caretaker
le gardien (de but)	the goalkeeper
à la gare	at the station
la gare routière	the bus station
garer	to park
un gâteau	a cake
à gauche	on the left
le gaz	gas
en général	usually
génial(e)	wonderful
le genou	the knee
les gens (malades) (mpl)	(sick) people
gentil(le)	kind
la gentillesse	kindness
la géographie	geography
un gîte	a gite
une glace	an ice-cream
une gomme	a rubber
la gorge	the throat
le goût	the taste
le goûter	snack
Grâce à …	Thanks to …
le graffiti	graffiti

une gramme	a gram
un grand lit	a double bed
le grand magasin	the department store
grand(e)	tall
la Grande-Bretagne	Great Britain
les grandes vacances (fpl)	summer holidays
un(e) grand-père (-mere)	a grandfather (-mother)
un grand-parent	a grandparent
gras(se)	fat
gratuit	free of charge
grave	serious
grec(que)	Greek
la Grèce	Greece
grièvement	gravely, seriously
la grippc	the flu
gris(e)	grey
gros(se)	fat
un groupe	a group
la guerre	war
le guichet	the ticket office
la gymnastique	gymnastics

H

habillé(e)	dressed
les habitants (fpl)	the inhabitants
habiter	to live
d' habitude	usually
une habitude	a habit
s' habituer	to get used to
haché(e)	chopped
un hamburger	a hamburger
les haricots verts (mpl)	green beans
en haut	upstairs, above
l' hébergement	accommodation
un héros	A hero
par heure	per hour
l' heure (f)	time
l' heure d'affluence	rush hour
l' heure du déjeuner	lunchtime
à quelle heure?	at what time?
à huit heures	at 8 o'clock
les heures d'ouverture	opening times
heureux(euse)	happy
hier	yesterday
l' histoire (f)	history
historique	historical
en hiver	in winter
un HLM	a council flat
le hockey sur glace	(ice) hockey
hollandais(e)	Dutch
l' Hollande (f)	Holland
un homme d'affaires	a businessman
un hôpital	a hospital
l' horaire (f)	the timetable
un film d'horreur	a horror film
l' hors-d'œuvre (m)	starter
Merci de votre hospitalité	Thank you for your hospitality
à l' hôtel	at the hotel
l' hôtel de ville	the town hall
une hôtesse de l'air	an air hostess
l' huile (f)	oil
huit heures cinq	five past eight

huit heures et demie	half past eight	
huit heures et quart	quarter past eight	
huit heures moins cinq	five to eight	
huit heures moins le quart	quarter to eight	
une huître	an oyster	
hurler	to howl	
un hypermarché	a hypermarket	

I

idiot(e)	daft
il n'y a pas de …	there aren't any …
il n'y a plus de	there are no more
il n'y en a pas	we haven't got any
il y a	there is/are
une île	an island
illuminé(e)	floodlit
immédiatement	at once
un immeuble	a block of flats
impatient(e)	impatient
un imperméable	a raincoat
impoli(e)	rude
impressionnant(e)	impressive
une incendie	a fire
un inconvénient	a disadvantage
industriel(le)	industrial
un(e) infirmier (infirmière)	a nurse
les informations (fpl)	news
l' informatique (f)	IT
un(e) ingénieur(e)	an engineer
les installations (fpl)	installations
intelligent(e)	intelligent
interdit(e)	forbidden
il est interdit de …	… is forbidden
intéressant(e)	interesting
à l' intérieur	indoors
un(e) interprète	an interpreter
introduisez (la télécarte/pièce)	put in (the phonecard/coin)
l' intrus (m)	the odd one out
les invitations (fpl)	invitations
les invités	guests
irlandais(e)	Irish
l' Irlande (du nord) (f)	Northern Ireland
l' Italie (f)	Italy
italien(ne)	Italian

J

ne … jamais	never …
la jambe	the leg
une jambière	a shinpad
le jambon	ham
janvier	January
le jardin	the garden
faire du jardinage	to do the gardening
jaune	yellow
un jean	jeans
jeter	to throw away
un jeu	a game
un jeu télévisé	a game show
jeudi	Thursday
jeune	young
jouer aux jeux vidéo	to play electronic games
un job	a temporary job
un jogging	track-suit bottom

joindre	to join, link
joli(e)	pretty
jouer	play
un joueur	a player
par jour	per day
un jour	a day
jour férié	a public holiday
un journal	a news bulletin
la journée scolaire	the school day
tous les jours	every day
le 14 juillet	Bastille day
juillet	July
juin	June
une jupe	a skirt
le jus d'orange	orange juice
un jus de …	a … juice
jusqu'à	until/up to

K

un kilo	a kilo

L

là-bas	over there
la laboratoire	the laboratory
le lac	the lake
en laine	in wool
laisser	to leave
au lait (m)	with milk
une lampe	a lamp
un lancer de ballons	a balloon launch
une langue étrangère	a foreign language
un lapin	a rabbit
large	big
le lavabo	the basin
laver	to wash
le lave-vaisselle	the dishwasher
la lecture	reading
léger (légère)	light
un légume	a vegetable
le lendemain	the next day
une lettre	a letter
se lever	to get up
libre	free
au lieu de	instead of
avoir lieu à	it takes place in …
une limonade	a lemonade
lire	to read
faire le lit	to make the bed
aller au lit	to go to bed
un litre	a litre
un livre	a book
livrer	to deliver
se livrer à	to be engaged in
la livre sterling	the pound sterling
local	local
la location	the rental
le logement	housing/accommodation
loin de	far from
la Loire	the Loire
loisirs	leisure facilities
Londres	London
long(ue)	long
louer	to rent
lundi	Monday
la lune	the moon
les lunettes (fpl)	glasses
lui	him, her
le lycée	secondary school/grammar school

le lycée technique	technical secondary school
Lyon	Lyons

M

la machine à laver	washing machine
un magasin	a shop
un magazine	a magazine
magnifique	magnificent
mai	May
un maillot de bain/ de hockey	a swimsuit/ a hockey jersey
la main	the hand
la mairie	the town hall
mais	but
à la maison	at home
une maison individuelle	detached house
une maison jumelée	semi-detached house
une maison mitoyenne	terraced house
le maître	the master
pas mal de …	quite a lot of ..
avoir mal à …	to have a … ache
être malade	to be ill
une maladie (alimentaire)	an illness (food-related)
malheureux/euse	unhappy
une maman	a mother
la Manche	the English Channel
manger	to eat
manquer (le train)	to miss (the train)
un manteau	a coat
le maquillage	make-up
un marché	a market
mardi	Tuesday
un mari	a husband
un mariage	a wedding
marié(e)	married
se marier	to marry
le marketing	marketing
marron	brown
mars	March
un match de foot	a football match
un matelas	a mattress
les maths (fpl)	maths
ma matière préférée (f)	my favourite subject
le matin	the morning
ce matin	this morning
il fait mauvais	it is bad weather
méchant(e)	naughty
un(e) médecin	doctor
la Méditerranée	the Mediterranean
mélanger	to mix
être membre de …	to be a member of …
les membres de la famille (mpl)	family members
même	same
au même temps	at the same time
faire le ménage	to do the housework
ménager(ère)	household
le menu à €100	100€ menu
mercredi	Wednesday
une mère	a mother
la mer	the sea
Vous voulez laisser un message?	Do you want to leave a message?

Vocabulaire

la messe	Mass
mesurer … m	to be … m tall
la météo	the weather report
les métiers (mpl)	jobs
le métro	the underground
mettre la table	to lay the table
les meubles (mpl)	furniture
le Midi	the South of France
midi/minuit	midday/midnight
aller mieux	to be better
mignon/ne	sweet, cute
mijoter	to simmer
mince	slim
une minute	a minute
un miroir	a mirror
mixte	mixed
à la mode	fashionable
moderne	modern
moi	me
moins que	less than
un mois	a month
le monde	the world
tout le monde	everyone
la monnaie	change
Monsieur	Sir
à la montagne	in the mountains
monter	to go up
la moquette	the carpet
le morceau	the piece
une moto	a motorbike
un mouchoir	a handkerchief
mourir	to die
la moutarde	mustard
le mouton	the sheep
le Moyen Âge	the Middle Ages
le mur	the wall
le musée	the museum
écouter de la musique	to listen to music

N

nager	to swim
la natation	swimming
les nationalités (fpl)	nationalities
né(e) le …	born on …
il neige	it is snowing
nettoyer	to clean
neuf (neuve)	brand new
le nez	the nose
Noël	Christmas
noir	black
le nom	the name
dans le nord	in the north
une note	a grade
la nourriture	food
nouveau (nouvelle)	new
novembre	November
un nuage	a cloud
une nuit	a night
par nuit	per night
le numéro	the number

O

les objets trouvés (mpl)	lost property
obligatoire	compulsory
l' océan (m)	the ocean
octobre	October
un œil	eye
un œuf	an egg

à l' office de tourisme	at the tourist office
une offre	an offer
offrir	to offer, give
un oignon	an onion
un oiseau	a bird
une omelette	an omelette
un oncle	an uncle
les opinions (fpl)	opinions
optimiste	optimistic
orange	orange
un orange	an orange
un orchestre	an orchestra
jouer avec l' ordinateur (m)	to play with the computer
une ordonnance	a prescription
une oreille	ear
Où?	Where?
c'est où, …?	where is …?
j'ai oublié	I have forgotten
dans l' ouest (m)	in the west
ouvert(e)	open
ouvrir	to open

P

le pain (grillé)	bread (toast)
une paire de …	a pair of …
le panneau	the sign
un pantalon	trousers
un papa	a father
Pâques	Easter
un paquet	a packet
par contre	however
par terre	on the ground
un parapluie	an umbrella
le parc	the park
parce que	because
pardon	excuse me
les parents (mpl)	parents
paresseux/euse	lazy
parfois	occasionally
le parfum	the flavour
la parfumerie	the perfumery
Paris	Paris
le parking	the car park
parler	to speak
parmi	among
C'est de la part de qui?	Who is speaking?
le partage de poste	the jobshare
partager	to share
partir	to leave
à partir de …	from …
partout	everywhere
ne … pas	not …
pas mal	not bad
pas mal de	quite a lot of
passer	to spend, to pass time
passer l'aspirateur	to vacuum
passer le temps à	to spend one's time
passer un examen	to take an exam
les passe-temps (mpl)	hobbies
passionnant(e)	exciting
les pastilles (fpl)	pastilles
le pâté	pâté

les pâtes (fpl)	pasta
patient(e)	patient
le patin	the skate
patiner	to skate
une patinoire	an ice rink
la pâtisserie	the cake shop/ pastries, cakes
un(e) patron(ne)	a boss
la pause de midi	the lunch break
mal payé(e)	badly paid
payer	to pay
les pays (mpl)	countries
le pays de Galles	Wales
aller à la pêche	to go fishing
une pêche	a peach
la pelouse	the lawn
pénible	dreadful
la pension complète	full board
un père	a father
la perle	the pearl
la permission	permission
le persil	parsley
la personnalité	the personality
par personne	per person
le personnel	the staff
les personnes âgées (fpl)	elderly (people)
peser … kilos	to weigh … kilos
pessimiste	pessimistic
le petit déjeuner	breakfast
un petit lit	a single bed
petit(e)	small
un(e) petit(e) ami(e)	boyfriend/girlfriend
des petits pois (mpl)	peas
le pétrole	oil
peu de	little
avoir peur	to be afraid
Je peux avoir …?	Can I have..?
Tu peux me prêter …?	Can you lend me …?
Je peux parler à …?	Can I speak to …?
la pharmacie	the chemist
la physique	physics
la pièce	the room/each one
une pièce de … E	… E coin
à pied	by foot
le pied	the foot
les piercings (mpl)	body piercing
les pierres levées (fpl)	the standing stones
un piéton	a pedestrian
jouer au ping-pong	to play table tennis
le pion	the lunchtime supervisor
un pique-nique	a picnic
de pire en pire	worse and worse
une piscine	a swimming pool
une pizza	a pizza
un placard	a cupboard
la place	the square
aller à la plage	to go to the beach
avec plaisir	with pleasure
un plan de la ville	a town plan
la planche à voile	wind-surfing
plat(e)	flat
le plat du jour	the dish of the day
le plat principal	the main course
en plein air	outdoors
il y a plein de	plenty of

plein(e) de vie	lively
il pleut	it is raining
un plombier	a plumber
plonger	to dive
la pluie	rain
il n'y a plus de	there aren't any more
de plus en plus	more and more
plus que	more than
plus tard	later
plutôt	rather
pluvieux/euse	rainy
une pochc	a pocket
une poêle	a pan
le poids	the weight
la pointure	the (shoe) size
une poire	a pear
le poisson	fish
le poivre	pepper
un poivron	a pepper
poli(e)	polite
la police	the police
un film policier	a detective film
pollué(e)	polluted
la pollution	pollution
une pomme	an apple
une pomme de terre	a potato
le pont	the bridge
le porc	pork
le port	the port
la porte	the door
porter	to wear
portugais(e)	Portugese
le Portugal	Portugal
poser un risque	to pose a risk
posséder	to own
la poste	the post office
un poster	a poster
un pot	a pot
potable	drinkable
le potage	the soup
sortir la poubelle	to take out the bin
un poulet rôti	a roast chicken
être pour	to be for
une chambre pour deux personnes	a double room
le pour et le contre	pros and cons
une chambre pour une personne	a single room
pourtant	however
pousser	to push
Pouvez-vous lui donner …	Can you give him …
le pouvoir	the power
précédent(e)	past, former
premier	first
prendre	to take
prendre rendez-vous	to arrange to meet someone
le prénom	the first name
près d'ici	close to here
présenter	to introduce
prêt à	ready to
Tu peux me prêter …	Can you lend me …
les prévisions (fpl)	the weather forecast
Prière de …	Kindly …
au printemps (m)	in spring

privé	private
le prix	the price, prize
le prix fixe	the fixed price
prochain(e)	next
les produits laitiers	dairy products
les produits sucrés	sweet foods
un(e) professeur	a teacher
une programme	a programme
les projets d'avenir (mpl)	future plans
faire des promenades	to go for walks
propre	clean, own
le protège-coude	the elbow-pad
protéger	to protect
la publicité	advertising
puer	to stink
puis	then
un pull(over)	a jumper
punir	to punish
un pyjama	pyjamas
les Pyrénées	the Pyrenees

Q

Qu'est-ce que vous voulez?	What do you want?
le quai	the platform
Quand?	When?
les quantités (fpl)	quantities
le quartier	the district
quel(quelle)	which
Quel est .., numéro de …	What number is the..?
À quelle heure est-ce que je peux …	At what time can I …?
quelque chose	something
quelquefois	sometimes
quinze jours	a fortnight
quitter	to leave
ne quittez pas	hold on
C'est quoi exactement?	What is it exactly?

R

raccrochez	hang up
écouter la radio	to listen to the radio
les raisins (mpl)	grapes
faire la randonnée	to go for a ramble
ranger	to tidy
rapide	fast
rappeler	to call back
le rayon	the shelf
recevoir	to receive
le réchauffement de la terre	global warming
la récréation	break-time
recycler	recycle
le redoublement	repeating a school year
une réduction	a reduction
réduit(e)	reduced
réel(le)	real
regarder la télé	to watch TV
la région	the region
une règle	a ruler
le règlement	rules
je regrette	I'm sorry
rejeter la faute sur	to put the blame on
remarquer	to notice
les remèdes (mpl)	remedies
remplacer	to replace

remplir	to fill
remuer	to stir
se rencontrer	to meet
la rentrée scolaire	the start of the school year
rentrer	to go back
les repas (mpl)	meals
répéter	to repeat
un répondeur téléphonique	answering machine
un requin	a shark
se reposer	to rest
les réservations (fpl)	reservations
réserver	to reserve
résoudre la problème	to solve the problem
responsable de	responsible for
ressembler à	to look like
au restaurant (m)	at the restaurant
il me reste …	I have … left
rester	to stay
les résultats (mpl)	the results
être en retard	to be late
une retenue	a detention
retirez	take away
On se retrouve à quelle heure?	What time shall we meet?
une réunion	a meeting
réussir	to succeed
réutiliser	to reuse
un réveil	an alarm clock
le rez-de-chaussée	the ground floor
le Rhône	the Rhône
les rideaux (mpl)	the curtains
ne rien	nothing …
il n'y a rien à faire	there is nothing to do
un risque	a risk
les rivières	rivers
le riz	rice
une robe	a dress
la musique rock	rock music
un roman	a novel
le rond-point	the roundabout
rose	pink
rouge	red
la route	the road
la routine	the daily routine
roux	red (hair)
la rue	the road
le rugby	rugby

S

un sac	a bag
sage	clever
sain(e)	healthy
je ne sais pas	I don't know
les saisons (fpl)	the seasons
la salade	lettuce
un salaire	a salary
sale	dirty
la salle à manger	the dining room
la salle d'attente	the waiting room
la salle de bains	the bathroom
la salle de classe	the classroom
la salle de séjour	the living room
le salon	the drawing room
samedi	Saturday
un sandwich	a sandwich

sans	without	
la santé	health	
les sapeurs-pompiers (mpl)	the fire brigade	
la sauce	sauce	
une saucisse	a sausage	
un saucisson	a sausage (salami)	
sauf	except	
sauver	to save	
le savon	soap	
les sciences (f)	science	
un film de science fiction	a sci-fi film	
scolaire	school (adjective)	
une séance	a performance	
le secourisme	First Aid	
Au secours!	Help!	
secret (secrète)	secretive	
un(e) secrétaire	a secretary	
la sécurité	safety	
la Seine	the Seine	
un séjour	a stay	
le sel	salt	
par semaine	per week	
une semaine	a week	
un sens de l'humour	a sense of humour	
sensible	sensitive	
sentir mauvais	to smell bad	
séparé(e)	separated	
septembre	September	
une série	a series	
un(e) serveur/serveuse	a waiter/waitress	
service (non) compris	service (not) included	
une serviette	a towel	
seulement	only	
sévère	stern	
le shopping	shopping	
un short	shorts	
si	if	
si on allait …	let's go …	
le siècle	the century	
le sirop	syrup	
être situé	to be situated	
faire du ski nautique	to water ski	
une sœur	a sister	
avoir soif	to be thirsty	
ce soir (m)	this evening	
la soirée	the evening	
un soldat	a soldier	
une solde	a sale	
le soleil	the sun	
un sondage	survey	
une sorte de	a kind of	
sortes de ville	types of town	
une sortie	a trip	
la sortie de secours	the emergency exit	
sortir	to take out/to go out	
souffrir	to suffer	
souligner	to underline	
la soupe	soup	
une souris	a mouse	
sous	under	
le sous-sol	the basement	
sous-titré	sub-titled	
des souvenirs (mpl)	souvenirs	
souvent	often	
les spaghettis	spaghetti	
une spécialité	a speciality	
un spectacle	a show	

faire du sport	to do sport	
les sports d'hiver (mpl)	winter sports	
le stade	the stadium	
un stage en entreprise	work experience	
une station balnéaire	a seaside resort	
le stationnement	parking	
un steward	an air steward	
un stylo	a pen	
sucer	to suck	
le sucre	sugar	
sucré(e)	sweet	
dans le sud	in the south	
Ça ne me suffit pas	That's not enough	
la Suisse	Switzerland	
suisse	Swiss	
suivre	to follow	
super	amazing	
le supermarché	the supermarket	
la suppression	removal	
sur	on	
surgelé(e)	frozen	
un surnom	a nickname	
surtout	above all, mostly	
surveiller	to watch over	
le survêtement	the tracksuit	
un sweat-shirt	a sweat shirt	
sympathique/sympa	nice	
le syndicat d'initiative	the tourist information office	

T

le tabac	tobacco/the newsagent's	
une table	a table	
le tableau	the table	
une tâche	a task, chore	
la taille	the size, height	
une tante	an aunt	
une tasse	a cup	
le taxi	the taxi	
la technologie	technology	
au téléphone (m)	on the phone	
la télévision	the television	
la température	the temperature	
le temps	the weather, time	
à temps partiel	part-time	
le tennis	tennis	
une tente	a tent	
tenter	to try	
terminer	to end	
un terrain	a pitch	
par terre	on the ground	
la tête	the head	
la tétine	the dummy/comforter	
un thé	tea	
un théâtre	a theatre	
un ticket	a ticket	
un timbre	a stamp	
timide	shy	
le tir à l'arc	archery	
tirer	to pull	
toi	you	
les toilettes (fpl)	toilets	
une tomate	a tomato	

attendez		
la tonalité	wait for the tone	
le tourisme	tourism	
tourner	to turn	
c'est tout	that's all	
tout droit	straight ahead	
tout le monde	everybody	
tout près	close by	
toutes les … minutes	every … minutes	
le train	the train	
en train de	in the act of	
le trajet	the distance	
les transports en commun (mpl)	public transport	
le travail	work	
travailler comme/chez	to work as/at	
travailleur/euse	hard-working	
traverser	to cross	
très	very	
un trimestre	a school term	
triste	sad	
trop	too	
trop de	too much/too many	
le trottoir	the pavement	
le trou	hole	
une trousse de secours	a first –aid kit	
trouver	to find	
se trouver	to be situated	
un T-shirt	a T-shirt	
un(e) tueur(tueuse)	a killer	
typique	typical	

U

l' uniforme scolaire (f)	the school uniform	
unique	only	
l' université/la faculté	the university	
une usine	a factory	
utile	useful	
utiliser	to use	

V

les vacanciers	the holidaymakers	
la vache	a cow	
faire la vaisselle	to do the washing-up	
le vandalisme	vandalism	
la vanille	vanilla	
pommes à la vapeur	boiled potatoes	
varié	varied	
une vedette	a star	
végétarien(ne)	vegetarian	
faire du vélo (m)	to go cycling	
un vendeur/une vendeuse	a sales assistant	
vendez–vous …?	do you sell?	
vendre	to sell	
vendredi	Friday	
venger	to avenge	
venir	to come	
le vent	the wind	
il fait du vent	it is windy	
le ventre	the stomach	
un verre	a glass	
vers	at about, towards	

version française	French language version	
version originale	original version	
vert(e)	green	
une veste	a jacket	
les vêtements (mpl)	clothes	
veuillez (écrire)	please (write)	
que veut dire … en	what does … mean	
je veux bien	I would love to	
la viande	meat	
vide	empty	
la vie	life	
vieux(vieille)	old	
vilain(e)	ugly	
le village	the village	
en ville (f)	in town	
le vin	the wine	

le vinaigre	the vinegar
la violence	violence
violet(te)	violet
visiter	to visit
la vitamine	the vitamin
à toute vitesse	at full speed
vivant(e)	alive
voilà	there
faire la voile	sailing
se voir	to see someone
voir un film	to see a film
la voiture	the car
le volant	the steering-wheel
jouer au volley (m)	to play volley ball
vomir	to be sick
je voudrais parler à …	I would like to speak to …

Voulez-vous autre chose?	Would you like anything else?
un voyage (scolaire)	a (school) trip
voyager	to travel
faire du VTT	to do mountain biking
une vue sur la mer	a sea view

W

les W-C (mpl)	WC

Y

le yaourt	yogurt
y compris	including
les yeux (mpl)	eyes

Z

zippé(e)	with a zip
une zone piétonne	a pedestrian zone

Les instructions

À deux.	In pairs.
À tour de rôle.	Take turns.
Adaptez la lettre.	Adapt the letter.
Catégorisez les adjectifs.	Categorise the adjectives.
Changez les mots soulignés.	Change the underlined words.
Cherchez l'intrus.	Find the odd one out.
Choisissez.	Choose.
Commandez un repas.	Order a meal.
Comparez.	Compare.
Copiez et complétez la grille.	Copy and fill in the grid.
Copiez et complétez les blancs.	Copy and fill in the blanks.
Copiez et complétez les phrases.	Copy and complete the sentences.
D'accord ou pas?	Do you agree or not?
Déchiffrez les codes.	Decipher the codes.
Décidez si …	Decide if …
Décrivez.	Describe.
Dessinez un poster.	Draw/design a poster.
Discutez.	Discuss.
Dites des phrases complètes.	Say complete sentences.
Donnez un exemple.	Give an example.
Écoutez et notez.	Listen and note down.
Écoutez et vérifiez.	Listen and check.
Écoutez la météo.	Listen to the weather report.
Écrivez un paragraphe.	Write a paragraph.
Écrivez votre opinion.	Write your opinion.
Enregistrez-le.	Make a recording.
Épelez le nom.	Spell the name.
Expliquez votre problème.	Explain your problem.
Faites correspondre.	Match.
Faites des recherches.	Do some research.
Faites un sondage (de classe).	Do a (class) survey.
Finissez les phrases correctement.	End the sentences correctly.

Formez des phrases.	*Make sentences.*
Identifiez l'image.	*Identify the right picture.*
Indiquez si vous êtes d'accord.	*Show if you agree.*
Interviewez votre partenaire.	*Interview your partner.*
Inventez des réponses.	*Make up answers.*
Jeu(x) de rôle.	*Role play.*
Lisez et répondez aux questions.	*Read and answer the questions.*
Mettez les phrases dans le bon ordre.	*Put the sentences in the correct order.*
Notez la commande.	*Take down the order.*
Notez l'heure.	*Note the time.*
Parlez de …	*Talk about …*
Posez et répondez aux questions.	*Ask and answer the questions.*
Pour ou contre?	*For or against?*
Pratiquez la conversation.	*Practise the conversation.*
Prenez des notes/le rôle de …	*Take notes/the part of …*
Préparez une présentation.	*Prepare a presentation.*
Qu'en pensez-vous?	*What do you think?*
Regardez le menu.	*Look at the menu.*
Préparez l'addition.	*Calculate the bill.*
Remplacez les mots en caractères grasses.	*Replace the words in bold.*
Répétez les conversations.	*Repeat the conversations.*
Répondez aux questions.	*Answer the questions.*
Séparez les phrases.	*Separate the sentences.*
Travaillez à deux.	*Work in pairs.*
Trouvez la définition.	*Find the meaning.*
Trouvez le bon nom.	*Find the correct name.*
Trouvez le dessin qui correspond.	*Find the matching picture.*
Trouvez le mot/le français pour …	*Find the word/the French for …*
Trouvez le nom de …	*Find the name of …*
Trouvez un exemple.	*Find an example.*
Utilisez un dictionnaire.	*Use a dictionary.*
Vérifiez vos réponses.	*Check your answers.*